**이틀에
끝내는
재개발
재건축**

**이틀에
끝내는
재개발
재건축**

초판 1쇄 인쇄 2019년 11월 25일
초판 1쇄 발행 2019년 11월 30일

지은이   김중순
펴낸이   金泰奉
펴낸곳   한솜미디어
등록   제5-213호

편집   박창서 김수정
마케팅   김명준
홍보   김태일

주소   05044 서울시 광진구 아차산로413
         (구의동 243-22)
전화   02)454-0492(代)
팩스   02)454-0493
이메일   hansom@hansom.co.kr
홈페이지 www.hansom.co.kr

값 17,000원
ISBN 978-89-5959-516-7 (13320)

* 잘못 만들어진 책은 구입하신 서점에서 바꿔드립니다.
* 이 책은 아모레퍼시픽의 아리따 글꼴을 사용하여 편집되었습니다.

조합원 입주권·분양권 관련
취득세 및 양도소득세 비과세 완결판

이틀에 끝내는
재개발 재건축

김중순 지음

한솜미디어

| prologue |

부동산은 어떻게 자본주의의 무기가 되는가?

칠면조 한 마리가 살고 있었다. 매일 오전 9시만 되면 주인이 맛있는 식사를 차려주었다. 이제껏 주인은 한 번도 칠면조의 식사를 거른 일이 없었다. 눈이 오나 비가 오나 식사는 항상 오전 9시면 어김없이 나왔다. 정말로 고마운 주인이 아닐 수 없었다. 칠면조는 점점 살이 찌기 시작했다. 그러던 어느 날 오전 9시에 나타난 주인의 행동은 평소와 완전히 달랐다. 손에는 맛있는 식사 대신 칼이 들려 있었다. 추수감사절 오전 9시 칠면조는 세상을 하직하였다.

철학자 버트런드 러셀Bertrand Russell이 들려주는 '칠면조 예화'이다. 과거에 일어난 일을 근거로 미래를 예측하는 귀납법은 오류라는 것이다. 오늘 오전 9시까지 예외 없이 식사가 나왔다는 사실이 내일도 같은 시간에 식사가 나올 것이라는 근거가 될 수 없다.

대부분의 월급쟁이들도 칠면조 신세와 크게 다르지 않다. 따박따박 나왔던 월급이 갑자기 끊기거나 잘 다니던 회사에서 쫓겨날 수 있다. 자본주의라는 말 자체가 월급을 받아서는 결코 풍족한 삶을 영위할 수 없고, 부자도 될 수 없다는 의미를 내포하고 있다. 경제학자인 데이비드 리카르도David Ricardo는 월급을 더 많이 주게 되면 아이를 더 낳게 되고 그러면 시장에 월급쟁이 숫자가 많아져 또다시 월급이 낮아지기 때문에 겨우 먹고 살 정도의 월급을 받는 구조가 반복된다고 주장하기도 했다.

아무튼 월급쟁이가 부자가 되기 어려운 이유는 입에 풀칠할 정도의 월급만 주기 때문이다.

지난 7월 실거래가로 신고된 서울 반포주공 1단지 138㎡(42평)의 매매가는 39억 원, 3.3㎡당 1억 원에 가깝다. 최저임금 노동자의 경우 202년치 월급을 한 푼도 쓰지 않고 모아야 살 수 있다. 이러한 현상은 비단 우리나라에만 국한되는 것은 아니다.

선진국들도 마찬가지다. 사회가 선진화될수록 월급으로 집을 사기는 더 어려워진다. 미국인의 95%는 연 소득 4만 달러 이하의 월급쟁이나 파트타이머다. 게다가 월급쟁이 생활은 길어야 28년 정도이며 퇴직하고도 30년 이상을 더 살아야 한다. 끔찍하다. 이런 엄중한 상황임에도 마치 물의 온도가 서서히 올라가는 위험을 느끼지 못한 채 삶겨 죽는 개구리처럼 안이하게 대응하고 있다. 혹자는 오래 다니다 보면 회사가 알아서 직급도 올려주고 월급도 올려주어 삶을 윤택하게 해줄 것이라고 생각한다. 착한 믿음이다.

자본주의의 게임 룰에서 기업은 최대한 인건비를 줄여 이익을 많이 내는 것이 목표다. 단도직입적으로 기업은 월급쟁이를 소모품이자 하나의 상품으로 간주한다. 그것이 자본주의의 기업시스템이다. 존엄한 인간을 하찮은 상품으로 간주한다는 데 발끈한다면 월급쟁이를 벗어날 수 없다. 자본주의 기업의 법칙을 이해하지 못하는 사람들이 자주 하는 말이 있다. "평생 내 모든 것을 바쳐 일한 회사인데 해고라니! 회사가 어떻게 이럴 수 있나!" 이러한 분노는 분풀이에 지나지 않는다.

능력이 부족하거나 회사에서 더 이상 쓸모없는 상품이 되었다고 생각하고 문을 박차고 나오는 것이 현명하다. 그렇지 않으면 가수 신해철이 노래했던 '사는 대로 사니, 가는 대로 사니, 그냥 되는 대로 사니, 니가 진짜로 원하는 게 뭐야? 그 나이 퍼먹도록 그걸 하나 몰라!'라는 노랫말이 가슴을 후벼팔 것이다.

이처럼 월급쟁이에게 불리한 구조가 고착화되고 있지만 새로운 방법을 모색하려는 사람은 드물다. 월급 외의 수입을 위한 준비가 필요하다. 미리 준비하지 않으면 설령 쌈짓돈을 모았다 하더라도 투자를 못 한다. 퇴직금 받아 도박에 가깝다고 하는 선물·옵션과 같은 파생상품에 투자할 수 있겠는가, 변화무쌍한 주식에 투자할 수 있겠는가, 환금성이 낮다는 부동산에 투자할 수 있겠는가. 10년 이상 걸리는 재개발·재건축에 투자할 수 있겠는가….

결국 위험하다는 이유로 제로 금리에 가까운 은행에 예금하는 손쉬운 방식을 따른다. 안전하다는 이유에서다. 종잣돈으로 위험이 있는 투자에 나설 필요가 없다고 생각하는 것이다. 또한 주위 사람들과 비교해 봐도 크게 불만이 없다. 비슷한 아파트 평수에, 비슷한 월급에, 비슷한 자동차를 타고 있다. 결국 대중 속으로 들어가는 편안함을 택한다. 부자가 될 수 없는 사고의 전형이다.

미국 시카고의 부동산 중개업소 이야기를 담은 영화 〈글렌게리 글렌

로스Glengarry Glen Ross〉에 "너희들처럼 앉아서 장사하려는 놈들은 현대차를 몰고, 나같이 뛰어다니는 사람은 BMW를 타고 다니는 거야"라는 대사가 나온다. 어떤 일을 하든 현 상태에서 머무르고 있다는 것은 현상유지가 아니라 후퇴다. 부자들은 골프 치고 해외여행만 다니는 것으로 보이지만 저변의 일상은 치열하다. 수백만 원 하는 부동산 강의를 듣기 위해 해외를 오가고, 수십만 원 하는 새벽 조찬 모임을 통해 새로운 투자처를 끊임없이 물색한다.

지금 우리 경제는 과거의 부동산 투기 열풍에 따른 후유증에 산업화 시대의 규칙과 절차를 뛰어넘어야 하는 구조적 문제에 직면해 있다. 게다가 고용시장의 경직성으로 소득계층 간 양극화는 더욱 고착화되고 있다. '합리적 경제인'이라는 기존의 사고방식과 '경제의 효율성'만으로는 이러한 문제를 해결하기에 한계에 이른 것이다. 따라서 숫자 너머의 인간 심리와 사회문화적 요소가 경제학은 물론 부동산에도 새로운 의사결정 요인으로 등장하고 있다.

경제학자 존 메이너드 케인스John Maynard Keynes는 『고용, 이자 및 화폐에 관한 일반 이론』에서 '야성적 충동'이란 말을 처음 사용했는데, 이 말은 결국 '경제는 심리다'라는 의미다. 경제는 돈으로만 굴러가지 않으며 그보다 시장 참여자들의 심리적 요인이 더 큰 영향을 미친다는 것이다. 그는 주류경제학이 경기순환, 실업, 부동산, 금융시장 등 현대사회의 중요한 문제들에 대해 신앙처럼 주장해 왔던 묘수들이 이제는 결코 설득력 있는 답을 제시하지 못하고 있다고 지적했다. 1930년대 경제공황도 경제 주체들의 비관적 심리가 더 크게 영향을 미쳤다는 것이다.

우리나라도 예외가 아니다. 1997년 IMF 외환위기 당시로 돌아가 보자. 경기침체와 높은 실업률 등으로 부동산시장에 매물 폭탄이 쏟아졌다. 국가가 곧 부도날 것이라는 악의적 언론 기사들이 더해지자 부정적 심리가 활개를 쳤고 금리는 10%를 웃돌았다. 부동산을 사겠다는 사람은 거의 없었다. 놀란 개미들은 약속이나 한 듯 꽁꽁 숨어버렸다.

주택가격은 1998년 한 해에만 무려 12.4% 폭락했다. 이에 화들짝 놀란 정부는 경기회복을 위해 부동산 활성화 대책들을 쏟아냈다. 차츰 매수세가 증가하고 환율도 안정세를 찾아가기 시작했다. 게다가 국가가 부도날 것이라는 소문이 자취를 감추자 부동산가격도 상승하기 시작했다. 그로부터 몇 년 후, 가격이 폭등하자 이번에는 또 여러 규제책을 내놓았다. 매수세가 꺾이고 가격은 다시 하락하기 시작했다. 규제를 강화하면 매수세가 줄어 가격이 하락하고 규제를 완화하면 매수세가 늘어 가격이 상승하는 흐름이다. 역대 어느 정부 할 것 없이 이러한 패턴을 반복하고 있다.

그렇다면 부동산 매입 시점은 언제가 바람직할까?

의견은 분분하겠지만 가격이 폭락하고 매수자가 거의 없는 '최악의 경우'에 사는 것이다. IMF 당시 국가부도설이 판치는 상황에서도 부동산을 집중적으로 매입한 사람들이 있었다. 이들은 불과 3년 만에 몇 배의 차익을 남겼다. 일거에 부자 반열에 오른 것이다. 최악의 상황에서는 매수자가 칼자루를 쥐고 있어 선택의 폭도 넓고 괜찮은 물건을 싸게 살 수 있다. 한 마디로 대중이 사면 팔고 대중이 팔 때 사는 것이 가장 현명한 투자다.

그러나 최악의 시기에 독불장군처럼 행동한다는 것은 말처럼 쉬운 일이 아니다. 남들이 왼쪽으로 갈 때 오른쪽으로 가려면 돈이 아니라 확신이 있어야 한다. 확신은 시장에 대한 이해가 있어야 가능하다. 부동산에 심리학과 인문학을 입혀야 하는 이유다. 특정 지역의 부동산가격이 폭등하는 것은 단순히 입지가 좋고 수요가 많은 것으로 설명하기는 어렵다. 그보다는 그 부동산으로 인해 향유하는 자존감이나 권위와 같은 심리적 요인이 더 크게 작용하기 때문에 인문으로 무장한 부동산투자는 가장 강력한 무기가 된다.

그럼 부동산시장에서 '최악의 상황'은 어떻게 판단할 수 있을까?

먼저 입지 좋은 대단지 소형아파트의 미분양이 발생하는 경우이다. 한 마디로 가장 인기 있는 국민주택의 미분양은 매수세가 최악이라는 반증이다.

다음은 매매가와 전세가 차이가 거의 없는 경우다. 우리나라에만 있는 전세는 실거주 목적이지 투자 목적은 아니다. 간혹 전세가 상승이 매매가를 동반 상승시키는 역할을 하지만 매매가가 떨어지고 전세가가 오른다는 것은 결국 투자 가치가 별로 없다는 의미다. 물론 갭투자 기회일 수도 있지만 대출이 막혀 쉽지 않은 상황이다.

　마지막으로 주위 사람들이 집을 사지 않을 뿐만 아니라 도시락 싸들고 말리는 경우다. 또한 출근해서 신문을 펼쳤는데 '국민주택 미분양 발생', '부산 아파트값 100주 연속 하락' 같은 섬뜩한 기사들이 경제신문 1면을 차지하고 있다면 이 역시 최악의 상황이라 할 수 있다.

　셰익스피어는 "지금이 최악이라고 말할 기력이 남아 있다면 아직은 최악이 아니다"라고 했다. 부동산가격도 영원한 하락은 없고, 투자에서 영원한 하락장은 없다. 동트기 전이 가장 어두운 법이다. 그 어떤 전문가도 부동산시장을 100% 정확하게 예측할 수 없고, 수많은 시장참여자들의 심리를 정확하게 읽을 수 없다. 신의 영역이기 때문이다. 부동산에 훈풍이 불면 대중은 모였다 하면 '기·승·전·부동산'이다. 뒷골목 포장마차에서 소주잔을 기울이면서도 대화 주제는 '어디가 올랐네', '어디에 분양을 하네' 등과 같이 온통 부동산 이야기뿐이다. 그러나 가격이 폭락하고 언론에서도 양념을 치고 정부의 규제가 더해지면 매수심리가 확 꺾여 언제 그랬냐는 듯 부동산 이야기는 쏙 들어가고 연예인 가십 기사로 술잔을 기울인다.

　『21세기 자본』의 저자 피케티Thomas Piketty도 일찍이 '자본이 돈을 버는 속도가 노동이 돈을 버는 속도를 앞질러, 갈수록 불평등이 심화될 수밖에 없다'고 지적했다. 돈이 돈을 번다는 것이다. 일해서 버는 돈보다 부동산으로 버는 돈이 훨씬 많다. 『부자 아빠 가난한 아빠』로 잘 알려진 로

버트 기요사키Robert Kiyosaki는 『부자들의 음모』에서 우리가 익히 알고 있는 금융상식을 모두 쓰레기통에 버리라고 한다. "분산투자하지 말고, 저축도 하지 말고, 보험도 들지 말라"고 한다. 모두 부자들의 호주머니를 채우기 때문이다.

부자들을 위한 허가 난 도박장, 주식시장에서 지금이 주식을 살 적기라면서 끊임없이 꼬드긴다. 한 푼 두 푼 모아 은행에 저축하면 부자들, 기업들이 모두 가져간다. 그리고 대출금을 떼먹고 잠깐 감옥 갔다 오면 끝이다. 결국 부자들이 떼먹은 돈을 메꾸려면 또 가난한 사람들의 호주머니를 털어야 하는 악순환을 반복하고 있다. 부동산도 과거와 같이 투기성 눈먼 돈은 사라졌지만 여전히 자본주의적 삶을 살아가는 데 중요한 열쇠를 쥐고 있음은 분명해 보인다.

빛을 향해 활짝 열려 있는 입구에서 깊숙이 이어진 통로 저 안쪽에 사람들이 살고 있다. 이 동굴거주자들은 어릴 때부터 다리와 목에 사슬이 채워진 채 움직일 수조차 없게 되어 있다. 게다가 눈가리개까지 씌워져 있어 고개를 돌리지도 못하고 오로지 앞만 볼 수 있다. 동굴 위쪽에는 불빛이 타오르고 있다. 한 포로가 스스로의 족쇄에서 벗어나려 한다. 모두들 동굴 밖은 춥다며 동굴을 탈출하려는 사람의 바짓가랑이를 잡아당긴다.

플라톤의 『국가』 제7권에 나오는 '동굴 우화'이다. 동굴은 우리 모두

가 어떤 시점에서 머무르게 되는 장소, 즉 편안한 '안락지대'를 말한다. 직장일 수 있고 현재 하고 있는 일일 수도 있다. 인간은 안락지대가 주는 편안함에서 벗어나기가 매우 어렵다. 안락지대에 빠진 사람들은 자신이 위치한 장소에서 뿌리를 내려 마치 아무 생각도 없는 자동판매기처럼 일상을 이어간다. 간혹 변화를 시도하는 선구자적인 사람이 나타나기도 하지만 안락지대 거주자들이 숫자로 뭉개기 일쑤다. 동굴을 벗어나는 것은 변신하는 과정이지만 동굴을 벗어나 모든 위험을 감수하고 경험한 것들을 동굴거주자들에게 전하기가 쉽지 않다. 떼로 몰려들어 "그것 봐, 내가 안 된다고 했잖아!" 하면서 바짓가랑이를 잡아당기기 때문이다.

게 한 마리를 냄비에 넣고 삶을 때는 뚜껑을 덮어야 한다. 그렇지 않으면 게는 유유히 탈출한다. 그러나 여러 마리를 삶을 때는 뚜껑을 덮을 필요가 없다. 게들은 절대 밖으로 나오지 못한다. 용감한 게 한 마리가 냄비 위쪽으로 기어 올라가 밖으로 나가려 하면, 잽싸게 다른 게들이 힘을 합쳐 탈출하려는 게의 뒷다리를 물고 늘어져 다시 냄비 속으로 끌어들인다. 같이 죽는 물귀신 작전을 쓰는 것이다. 지금도 대중은 둘 이상만 모이면 이른바 '냄비 속의 게' 같은 짓을 하고 있다.

성직자 장 칼뱅Jean Calvin은 "신은 노력하면 구원받을 수 있다고 말하지 않았다"고 했다. 필자가 지금껏 직장이나 사회에서 만난 사람들은 정말 치열하게 살고 있다. 매일 아침 눈뜨면 기계적으로 집을 나서고 저녁 어둠이 깔려야 귀가한다. 하루 중 깨어 있는 시간의 대부분을 노동하는 데 투자한다. 일하는 시간에도 여유가 없다. 조직은 연일 새로운 목표를 부여하고 관리자를 내세워 목표 달성을 다그친다. 목표에 미달한 사람 순서대로 도태된다. 자본주의의 태생이 경쟁을 위해 몸을 다그치고 정신을 황폐화시키기 때문이다. 이런 판국에 '삶을 어떻게 살아야 하는가?'라는 철학적 담론은 고리타분한 존재로 취급받기 일쑤다. 목구멍이 살찔수록 그에 따른 정신은 공허해진다.

물리학자 아르망 트루소Armand Trousseau는 "최악의 과학자는 예술가가 아닌 과학자이다"라고 했다. 인문학이 바탕이 되지 않는 그 어떤 지식이나 학문도 모래성에 불과하다. 마찬가지다. 최악의 투자자는 인문학이 부재한 투자자이다. 그간 우리는 수학, 과학, 역사 등을 철저하게 분리하여 배웠다. 수학자들은 산식 안에서, 작가들은 단어 안에서, 역사가들은 역사 안에서만 생각하도록 강요받아 왔다. 그러나 이제는 이 모든 것을 아우를 수 있는 통섭의 시대이다. 철을 깎는 인문학자, 그림 그리는 수학자, 심리학을 공부한 공인중개사가 필요한 것이다. 그 어떤 학문도 결국 인간에 다가가는 과정이기 때문이다.

최재천 교수는 『통섭적 인생의 권유』에서 이렇게 조언했다.

"인문학은 모든 학문에서 상당히 중요하다. 인문학적 기반이 없다면 열심히 공부하고 결과를 낸다고 해도 제대로 표현할 수 없다. 어떤 결과의 의미를 찾고 이해하려면 인문학을 알아야 한다. 지금 당장 보기엔 배

고픈 것일 수 있지만 미래를 봐야 한다. 삶의 질을 논하는 시대에는 인문학이 더욱 각광 받는다."

       ＊ ＊ ＊ ＊ ＊

 우리나라 대도시 신규주택의 40% 정도가 재개발·재건축으로 공급되고 있다. 덩달아 투자자들의 관심도 증가하면서 입주권 관련 각종 세금에 대한 관심도 높아지고 있다. 필자는 재개발·재건축 현장에서 부동산중개와 투자상담 및 부동산컨설팅을 겸하고 있는데, 많은 투자자들이 계약체결 전에 취득세나 양도소득세 등과 같은 세무 관련 상담을 원한다. 사실 세금 문제는 복잡하고 자주 개정되는 통에 특히, 입주권 관련 양도소득세 비과세 사례들은 세무사들도 어려워하는 분야인데 공인중개사가 정확하게 상담하기란 쉽지 않다. 그럼에도 불구하고 기본적인 세무 관련 서비스를 제공하지 않으면 계약 자체가 깨지기 때문에 어느 정도의 세무 지식이 필요하다.

 본서는 얼마 전 출간한 『하루에 끝내는 재개발·재건축』의 후속작이다. 전작이 재개발·재건축 관련 총론이라면 본서는 각론이다. 전작이 사업절차, 분양자격, 특약사항, 투자수익률 산정 및 핵심 용어 20선(비례율, 무상지분율, 종전자산평가액, 초과이익환수제, 지분제와 도급제, 영업손실보상, 이주비, 자율주택정비사업 등)과 같은 정비사업에 대한 전반적인 내용을 담고 있는 반면, 본서는 투자 타이밍, 입주권·분양권 관련 취득세, 재산세, 종합부동산세와 양도소득세 비과세 특례 및 투자 시 고려해야 할 입지·정부 정책·심리 등으로 구성되어 있다.

또한 2020년 3월 정비구역 일몰제 도래를 앞두고 있어 정비구역 해제가 본격화될 것으로 예상되므로 이에 따른 투자자들의 유의사항 등을 정리하였다. 세금 관련 내용은 2019년 9월 기준이며, 관련 조항이 자주 개정되므로 실무에 적용할 때는 세무사 등에 거듭 확인할 필요가 있음을 밝혀둔다.

끝으로, 늘 관심과 애정으로 응원을 보내주시는 부산상공회의소 통상진흥본부 한병철 본부장님, 한국공인중개사협회·동의과학대학교 부동산학과 이찬희 교수님, 부동산학 박사·동의대학교 김혜경 교수님, 삼성생명서비스 석광호 부장님, JAK부동산중개법인 정남진 대표님 그리고 김석민 우리은행 양산금융센터장님께 진심을 담아 감사함을 전합니다.

2019년 가을
부산 남구 재개발 현장 부동산사무실에서
저자

| 서 문 |

지폐 몇 장에 구겨진 삶은 고단하다

　어둠이 채 가시지 않은 새벽 분식집에서 2천 원짜리 김밥을 말고, 일당 몇만 원을 벌겠다고 인력사무실에서 번호표를 받아 기다리고, 병원 청소를 하기 위해 새벽 첫차를 기다리는 사람들. 성실의 표상이다. 그러나 지폐 몇 장에 구겨지는 삶은 고단하다. 부자들은 구겨지는 삶의 처절함을 모른다. 아니, 알 필요조차 없다. 개구리는 올챙이 시절을 모른다. 개천에서 용이 되었다고 별반 다르지 않다. 구겨진 삶은 하루하루가 지옥이고 매 순간이 전쟁이지만 구겨진 삶에도 볕 들 날이 올 것이라 믿으며 날마다 부자를 꿈꾼다.

　더 이상 세상에 무슨 아름다움이 있을까
　구겨진 지폐 몇 푼을 '깎자, 못 깎는다' 흥정을 하고
　욕을 먹고 돌아오는 밤에도
　별, 너는 나뭇가지 끝에 지상의 모든 빛을 흐리며 빛나고 있구나
　이제 나는 알고, 슬프다
　멀리서 반짝이기만 하는 것은
　몇억 년 후에라도 닿을 수 없는 것은
　있는 것이 아니라는 걸

'장사를 하며'라는 양애경의 시다. 자영업자 수가 유독 많은 우리에게 시장은 그야말로 구겨진 삶의 체험 현장이다. OECD가 발표한 자료(2016년)에 따르면, 전체 취업자 중 자영업자가 차지하는 비율은 25.1%로 OECD 국가 중 독보적인 1위다. 우리나라 전체 취업자의 4분의 1이 자영업자인 셈이다. 7%의 미국과 11%인 일본에 비해 월등히 높은 수치다. 콩나물 한 주먹을 두고 한 푼이라도 '깎자, 못 깎는다' 옥신각신하는 전쟁터가 된 것이다.

욕까지 먹으며 전쟁 같은 하루를 끝내고 돌아오는 밤에도 '별은 뜬다'며 애써 위로해 보지만, 한 번 구겨진 삶은 쉽게 펴지지 않는다. 그러나 또 다른 누군가는 단지 부동산가격이 오르는 지역에 살았다는 이유만으로 수천만 원에서 수억 원씩 돈방석에 앉는 사람들도 있다. 청소일을 하거나 일용직을 전전하는 사람들은 평생 만져볼 수 없는 돈일지도 모른다. 물론 치열하게 공부하고 발이 불어터지도록 현장을 다닌 결과일 수 있다. 그러나 강남에 살았다는 이유로 해외여행을 즐기고 백화점 문지방이 닳도록 들락거리고, 집을 여러 채 소유하면서 소위 '경제적 자유'를 만끽하는 현실을 보면서, 구겨진 삶에 매일 연고를 발라주어야 하루가 무탈한 개미들에겐 선뜻 와닿지 않는다.

'경제정의실천시민연합'이 국세청 자료를 바탕으로 〈국내 민간토지 보유 실태〉를 조사(2017.3.30.)한 결과를 보면, 1964년부터 2015년까지 50년간 땅값 상승분 6,702조 원 가운데 상위 1%가 38.1%인 2,551조

원, 상위 5%가 65.5%인 4,391조 원을 차지하고 있는 것으로 나타났다. 이를 상위 10%로 확대하면 무려 82.8%에 해당하는 5,546조 원을 차지하고 있다. 국민 3,500만 명은 땅 1평도 보유하지 못하고 있다.

그러나 "세상은 늘 그랬듯이 스스로 길을 보여주지 않는다. 길을 여는 것은 결국 소외된 자들의 용기였고, 그것을 가능하게 만든 배경은 그들이 처한 극한 상황이었다"는 스티브 잡스Steve Jobs의 말을 곱씹어보자. 자본주의가 변질될수록 개천에서 용이 나오기는 점점 어려워지는 측면이 있다. 그렇다고 언제까지 부자들을 욕하고 삿대질하며 구겨진 삶을 그대로 방치할 것인가. 발가락이 없는 사람은 발목 없는 사람을 만나기 전까지 불평한다.

이제 부동산은 부자들, 투기꾼들만의 전유물이 아니라 개미들에게도 닥친 현실적인 문제다. 그간 우리나라 부동산은 살아 움직이는 존재처럼 미쳐 날뛰었다. 입지니 지표니 통계니 하는 것으로 온전히 설명되지 않는 소위 '얼빠진 시장'이었다. 개미들은 얼빠진 시장에 도덕의 골무를 끼워 손가락질하기에 바빴다. 시장이 미치면 같이 미쳐야 하는데 정의와 도덕 타령만 했다. 반면 미친 시장에 동참한 사람들은 부자가 되었다. 소설가 이외수는 『하악하악』에서 이렇게 지적했다.

"가난한 사람들은 대개 돈을 욕하는 공통점이 있다. 개 같은 놈의 돈, 원수 놈의 돈, 썩을 놈의 돈, 더러운 놈의 돈. 이해는 할 수 있다. 그러나 인간이든 물건이든 욕을 하면 더욱 멀어지기 마련이다."

얼마 전, 프랑스 칸Cannes 영화제에서 최고상인 황금종려상을 수상한 〈기생충〉, 개봉한 지 불과 53일 만에 천만 관객을 끌어모았다. 관객들이 열광한 이유는 기생 관계로 살 수밖에 없는 자본주의 시스템에 대한 날선 비판의식 때문이었다. 돈에 의해 지하와 반지하 그리고 지상으로 구분되어 그 선을 넘어오는 걸 용납하지 않는 그 지점에서부터 기생 관계는 싹트기 시작했다.

영화에서 부잣집 사모님 연교를 만난 후 기택 부부는 서로 다른 평가를 한다. 기택이 "그 집 사모님은 부자인데도 착해"라고 말하자, 아내 충숙은 "부자니까 착한 거지"라고 정정한다. 착해서 부자가 된 것인지, 부자라서 착한 건지. 사실 누가 목장주이고 누가 목동인지 구분하는 것은 그리 중요치 않다. 그보다 누군가는 숙주이고 누군가는 소를 키워야 하는 기생적 시스템이 갈수록 고착화되고 있다는 점이다.

목동들에게 부동산이 원수가 된 이유는 성실하고 정직하게 살아가는 삶을 파괴하는 장본인이 되어왔기 때문이다. 멀쩡하던 가족의 삶을 박살 내고 죽음으로 내몰기도 한다. 정직과 신뢰는 적어도 부동산에서는 사라진 지 오래다. 세상은 예나 지금이나 결국 가진 자와 못 가진 자, 힘 있는 자와 힘없는 자의 싸움이다. '가난 구제는 국가도 못 한다'는 경구처럼 양극화는 국가정책으로도 해결되지 않는다. 그것은 정책 너머의 범주이기 때문이다. 수치화가 불가능한 것은 정책으로 온전히 해결할 수 없다. '대중의 반대편으로 가라'는 선각자의 가르침을 따랐던 투자자들은 대부분 자본주의적 삶을 누리고 있다.

사실 돈이 많으면 입지니 통계니 하는 골치 아픈 부동산 공부를 할 필요가 없다. 그냥 현금 들고 강남 가서 사면 된다. 물론 강남에 대한 희망 자체에 제동을 걸고 싶지는 않지만, 강남에 투자할 여력이 안 되는 개미들은 강남을 쳐다보지 않는 것이 상책이다. 그림의 떡이자 희망 고문일 뿐이다. 강남에 투자할 만한 돈이 없기 때문에 힘들게 공부하고 발에 땀이 나도록 현장을 누비는 것이다.

얼마 전, 청와대 사회수석이었던 『부동산은 끝났다』의 저자는 "부동산이 우리를 겁박하고 위협하던 시대는 끝났다. 부동산으로 국민을 현혹시키던 정치인, 돈 벌 기회를 보장하라는 말을 시장주의로 포장하던 언론, 믿고 싶은 것을 과학이라 얘기하는 전문가, 이들이 아니라 시민들 스스로 올바른 부동산 정책의 방향을 제시하고 실천하는 일에 나설 것이기 때문이다. 그동안 잊고 지냈지만 진작부터 집은 인권이요, 삶의 자리였어야 했다. 인질의 공포감을 벗어던지고 깨어난 시민들이 이제 부동산을 제자리로 돌려놓을 것이다"라고 했다. 저자가 '민족 중흥의 역사적 사명을 위해' 한 말인지는 모르겠으나 현실과는 괴리가 있어 보인다. 대구가톨릭대학교 전강수 교수도 『부동산공화국 경제사』 서문에서 이렇게 한탄했다.

한때 자발적인 근로 의욕과 창의력, 높은 저축률, 뜨거운 교육열과 학습열, 모험적인 기업가 정신으로 충만한 사람들이 땀 흘리고 절제하며 노동하고 기업을 일구고 자식을 공부시키며 공평한 경제성장을 이끌었는데, 이들은 다 어디 가고 생산적 투자에는 관심 없이 비업무용 땅 사재기에 열을 올리는 기업, 대출받아 갭 투자하는데 관심과 정력을 쏟는 회사원, 부동산 특강 강사를 따라 '아파트 사냥 투어'에 나서는 주부, 건물주가 꿈인 중학생이 우리 사회의 상징처럼 떠올랐을까? 도대체 그동안 무슨 일이 있었던 걸까?

성경 다음으로 많이 팔린 『진보와 빈곤』의 저자 헨리 조지의 사상을 연구하는 학자답게 부동산문제를 중심으로 우리나라 경제사를 파헤친 책이다. 저자는 우리나라를 "불로소득의 나라, 정직한 사람들이 실패한 역사"라고 일갈했다. 부동산의 부정적인 면을 지적하고 있지만 역설적이게도 여전히 부동산이 새로운 기회라는 것을 반증해 준다. 물론 과거와 같은 화려한 결과물을 내기는 어렵지만 현실적으로 부동산을 능가하는 투자 대안은 없어 보인다.

거리가 피바다가 될 때가 기회다

잘 알려지지 않았지만 세계에서 가장 부자인 로스차일드 가문Rothschild Family, 제2대 총사령관 역할을 했던 네이선은 "거리가 피바다가 될 때마다 나는 부동산을 사들였다"고 했다. 유대인 가문을 대표하는 로스차일드 가문의 자산은 한화로 5경에 이른다고 한다. 로스차일드가가 돈을 벌 때는 대부분의 부동산이 폭락하는 위기였을 뿐만 아니라 나라가 극도로 혼란스러운 상황이었다. 어느 나라 할 것 없이 부자들의 자산 원천의 일등공신 역할을 한 것은 부동산이었다.

철학자 세네카Lucius Annaeus Seneca는 "어려우니까 감히 손을 못 대는 것이 아니라, 과감하게 손을 못 대니까 어려워지는 것이다"라고 했는데, 투자도 그렇다. 어렵다, 위험하다 하면서 준비만 하다가는 준비로 그치고 만다. 시장침체로 부동산가격이 하락하면 십중팔구 부동산을 쳐다보지도 않는다. 물론 쉬는 것도 투자의 한 방법이기는 하지만 돈을 버는 사람들은 분명 대중과는 다른 반응을 보인다. 몰려다니는 대중의 심리를 이용하여 그들의 반대편으로 가는 것이다.

부동산에 국한해 보면, 과거 급속한 산업화 시대에는 입지나 각종 지표, 통계를 분석하면 어느 정도의 수익을 낼 수 있었다. 그러나 이젠 정보통신의 발달로 그러한 자료들은 기계의 영역으로 넘어갔거나 과거보다는 중요도가 확 떨어졌다. "거짓말에는 세 종류가 있다. 그럴듯한 거짓말, 새빨간 거짓말 그리고 통계다"라고 벤자민 디즈레일리Benjamin Disraeli는 주장하면서 통계에 대한 우려를 나타낸 바 있다.

주위를 보라. 투자에 조금이라도 관심 있는 사람이라면 과거와 달리 쏟아져 나오는 온갖 통계나 지표, 정부 정책에 이르기까지 대부분 파악하고 있다. 대중이 알고 있는 지식은 지식이 아니다. 결과를 내려면 '대중의 반대편으로 가라'는 만고불변의 투자 진리는 여전히 유효하다. 그럼에도 오히려 대중 속으로 더 깊이 들어간다. 이러한 현상은 지금도 계속되고 있고 앞으로도 계속될 것이다. 장 자크 루소Jean-Jacques Rousseau도 "군중이 가는 길은 늘 틀리며, 성공의 길은 늘 대중이 가는 반대쪽 길이다"라고 했다. 대중의 심리를 일일이 들여다볼 수 없다고 해서 걱정할 필요 없다. 대중의 심리를 역이용할 수 있는 간단한 방법은 그들이 가는 곳으로 가지 않는 것이다.

그럼 대중의 반대편으로 가라는 투자 원칙을 대부분 알고 있는데도 왜 그렇게 하지 않는 것일까. 편하고 따뜻하기 때문이다. 함께 무리 지어 다니면 결과에 관계없이 마음이 편안해지고 혼자가 아니라는 데 안심을 하는 것이다. 손해를 봐도 내 탓이 아니라 정부 탓, 시장 탓으로 돌리기 쉽고, 또 혼자 손해를 본 것이 아니기 때문에 핑계를 댈 수 있다. 따라서 정부의 규제가 극에 달하고 시장이 침체되어 곡소리가 나고 거리가 피바다가 될 때가 바로 투자의 적기이다.

부동산 역사를 봐도 정부의 규제와 완화는 도돌이표처럼 반복되고 있다. 이명박, 박근혜 정부에서 연이어 완화 위주의 정책을 펼쳤기 때문에 누가 대통령이 되든 다음 정부는 규제 위주의 정책을 펼칠 수밖에 없다. 부동산은 그 특성상 온전히 '보이지 않는 손'에만 맡겨둘 수 없기 때문이다.

미인선발대회에 참가한 후보 100명의 사진을 보여주고 누가 우승할지 맞혀보라고 했다. 멍청한 사람은 자기가 좋아하는 미인을 선택했지만, 현명한 사람은 다른 사람들이 어떤 후보를 선택할지 고려한 후 결정을 내렸다. 즉, 사람들은 자신이 가장 예쁘다고 생각하는 미인을 선택하기보다는 다른 사람들이 예쁘다고 생각할 후보를 고른다는 것이다. 존 메이너드 케인스John Maynard Keynes가 주장한 '미인선발대회'이다. 그는 주식 투자를 미인선발대회에 비유했는데, 자신이 선택한 미인을 다른 사람들이 선택하지 않았을 경우, 자신의 심사능력이 떨어진다거나 불공정하게 평가했다는 비판을 받기 싫어, 자신이 좋다고 생각하는 종목보다는 다른 사람들이 선호하는 종목을 선택한다는 것이다. 그래서 자크 라캉Jacques Lacan은 "인간은 타인의 욕망을 욕망한다"고 했다. 인간의 욕망은 타자의 욕망이라는 것이다.

  소망도 내 것이 아닌 다른 사람들의 소망을 소망하는 것이다. 도예가가 되고 싶었지만 부모와 사회가 요구하는 의사나 판사의 길로 가는 것이다. 한 마디로 지나치게 다른 사람들의 '눈치'를 보는 것이다. 자신의 눈으로, 자신의 욕망으로 세상을 보지 않고 타인의 욕망이 덧씌워진 채로 살아간다. 유행하는 옷을 입고, 줄을 길게 선 식당을 찾고, 유명 관광지만 찾는다. 자신의 행복보다 남들에게 행복하게 보이려는 데 시간을 낭비한다. 투자할 때도 레밍 쥐처럼 우르르 몰려가고, 자신이 거주할 아파트를 살 때도 자신이 좋아하는 아파트보다 다른 사람들이 좋아할 아파트를 사는 이유도 이와 다르지 않다.

부동산 정책, 서울은 기침하고 지방은 몸살 났다

과거 영국의 식민지였던 인도에서는 코브라에게 물려 죽거나 다치는 사람들이 많아지자 인명 피해를 막기 위해 코브라를 잡아오면 보상금을 주는 정책을 펼쳤다. 코브라를 잡는 일은 때로 목숨을 위협할 만큼 위험한 일이었지만 사람들은 돈을 벌 수 있다는 생각에 만사를 제쳐두고 코브라를 잡아 보상금을 받았다. 보상금을 세금으로 처리해야 했지만 코브라는 많이 사라졌다. 인명 피해가 확연하게 줄어 정책 효과는 금방 나타나기 시작했다. 그런데 시간이 갈수록 뭔가 이상했다. 코브라가 줄어들어 인명 피해는 줄었는데 코브라를 잡아 보상금을 받아가는 사람들은 계속 늘어나고 있었던 것이다. 아무래도 이상하다고 느낀 정부는 보상금을 받아가는 사람들을 조사하기 시작했다.

그런데 어처구니없게도 그 사람들은 인도 델리 곳곳에 아예 코브라 농장을 만들어 코브라를 사육하고 있었던 것이다. 힘들고 위험하게 돌아다니면서 코브라를 잡는 것이 아니라 자신이 기른 코브라로 안전하게 보상금을 받고 있었던 것이다. 결국 코브라 보상금 제도를 폐지했다. 그러자 사람들은 사육하던 코브라를 야산에 무단으로 버렸고, 결과적으로 더 심각한 피해를 초래하게 되었다.

어떤 문제를 해결하기 위한 대책을 내놓았는데 오히려 문제가 더욱 악화하는 결과를 낳는 현상을 '코브라 효과Cobra Effect'라고 한다. 집값 안

서문 25

정화라는 정부의 부동산 정책이 종종 집값을 부추기는 역효과를 낳고 있다. 시장은 언제나 옳고, 시장을 이기는 정부는 없다. 개미들은 곡소리를 내지만 부자들은 현금을 주체할 수 없어 금붙이를 모으고 해외여행을 다니는데도 자산은 불어난다. 온 집안에 책 대신 현금을 쌓아놓고 사는 사람들이 생각보다 많다.

그러나 이들은 시장이 '최악의 상황'에 빠지면 기다렸다는 듯이 현금다발을 들고 부동산 쇼핑에 나선다. 갈 곳 없는 부동자금 규모는 사상 최대치를 기록하고 있다. 처음 1,000조 원(2016년)을 넘은 시중의 부동자금은 1년 반 만에 100조 원 이상 증가하여 1,117조(2018.6.)를 넘었다. 부동자금이 증가한 가장 큰 요인은 저금리기조 때문으로 보이지만 향후 추가 금리 인하와 맞물려 부동자금 규모는 계속 증가할 것이다.

각종 규제에도 불구하고 시중 부동자금의 상당수가 여전히 부동산으로 몰려들고 있다. 정책의 핵심은 결국 대출을 조이는 것인데 자금 여유가 있는 사람들은 대출받아 투자할 이유가 없다. 돈이 없는 실수요자들은 대출이 막히다 보니 상대적으로 싼 작은 평수의 매물만 찾고, 부동산 쇼핑에 나선 부자들은 현금을 동원하여 가격이 떨어진 중대형 급매물을 싹쓸이하고 있다.

정부의 수많은 규제에도 불구하고 최근 부동산 소비심리는 오히려 살아나고 있다. 〈국토연구원〉 조사(2019.6.)에 의하면, 전국 주택매매시장 소비심리지수는 106.9로 97.3인 전월 대비 9.6 상승했다. 9·13 대책이 발표된 이후부터 줄곧 100 이하였던 전국 주택매매시장 소비심리지수가 6개월 만에 100을 넘은 것이다. 특히 서울은 128.3으로 108.5의 전월 대비 19.8이나 올랐는데, 2018년 9·13 대책 이후 최고치를 기록했다. 결과적으로 서울 집값을 잡겠다던 정부 정책은 애꿎은 지방만 죽였다. 부산의 아파트 가격(2018.8.)은 무려 100주 연속 하락했다.

그러나 겁부터 먹을 필요는 없다. 〈한국감정원〉에 따르면, 이 기간 부산의 아파트 가격은 누적으로 7.63% 떨어졌을 뿐이다. 조정대상지역인 해운대구가 9.11%로 하락 폭이 가장 컸다. 전세 가격도 거의 비슷한 시기인 2017년 9월 둘째 주부터 떨어지기 시작해 잠깐 보합을 유지한 것을 제외하고는 줄곧 하락했다. 동래구가 12.85%로 하락세가 가장 컸고, 12.5%인 강서구와 9.83%인 해운대구가 뒤를 이었다.

하지만 금리도 계속 하락하는 추세인데다 에코델타시티 토지보상금이 풀리고, 해운대구를 포함한 수영구, 동래구가 조정대상지역에서 해제(2019.11.6.)되어 반등할 여지는 충분하다. 최근 부산의 미분양 가구 수도 뚜렷한 감소세를 보이고 있어 사하구의 미분양관리지역 해제 가능성도 커지고 있다.

전체 미분양 가구 수(2019.8.)는 4,644가구로 전월보다 211가구 줄었는데, 지역별로 보면 부산진구가 1,226가구로 미분양 가구 수가 가장 많았고 기장군 716가구, 영도구 540가구, 사하구 412가구, 동구 300가구, 북구 287가구 순이었다. 특히 9월 들어서는 16개 구·군 대부분 지역에서 미분양 가구 수가 줄었다. 부산지역 부동산 경기가 다소 살아난 다는 청신호로 해석할 수 있지만 전체적인 시장 분위기는 아직 회복으로 보기에 힘들다는 의견이 지배적이다.

1950년대 초까지만 해도 인간이 1마일(1.6km)을 4분 안에 뛰는 것은 불가능하다고 생각했다. 의사들까지 나서 1마일을 4분 안에 뛰면 심장이 터질 것이라고 경고했다. 육체가 감당할 수 있는 한계라고 여겼다. 그러나 1954년 영연방체육대회에서 옥스퍼드 대학 의대생이었던 무명의 육상선수 로저 베니스터 Roger Bannister가 3분 59초 4로 '1마일 4분 벽'을 넘었다. 그의 심장은 터지지 않았다. 놀라운 것은 그로부터 한 달 후 1명, 1년 후 27명, 2년 뒤에는 무려 300명이 1마일 4분 벽을 깼다. 불가능한 것처럼 보였던 일들도 누군가 그 한계를 뛰어넘으면 급속도로 확산된다.

아크로리버파크, 부동산에 관심이 있는 사람이라면 한 번쯤 들어봤을 것이다. 서울 한강변 랜드마크인 최고가 아파트다. 얼마 전 정부는 야심차게 '민간택지 분양가상한제'라는 8·12 대책을 발표했는데, 잉크가 채 마르기도 전에 이를 비웃기라도 하듯 3.3㎡당 9,208만 원으로 사상 최고가 기록을 갈아치웠다. 구 24평형이 22억 1,000만 원에 거래된 것이다. 5개월 전보다 1억 8,000만 원이 오른 가격이다.

정부는 강남 아파트의 3.3㎡당 가격 마지노선을 1억 원으로 보고 있다. 분양가상한제를 통해 강남의 3.3㎡당 1억 원을 막겠다고 했지만,

역설적으로 강남 신축아파트에 대한 프리미엄을 더 띄워 1억 원에 근접하는 계기가 된 것이다. 더욱 우려스러운 것은 3.3㎡당 1억 원을 넘는 순간 심리적인 마지노선이 무너져 걷잡을 수 없을 정도로 여기저기서 1억 원을 돌파할 것이라는 점이다. 마치 로저 베니스터가 '1마일 4분벽'이라는 기록을 깨자 많은 선수들이 덩달아 기록을 넘어선 것처럼 말이다.

'3.3㎡당 1억 원'이라는 둑이 무너지는 순간 더 이상 정부 정책은 약발이 없을 것이다. 3.3㎡에 1억 원은 돈의 차원이 아닌 심리와 욕망의 차원이기 때문이다. 3.3㎡의 건축비는 1,000만 원 남짓인데, 거래가가 1억 원을 넘는다는 걸 단순히 경제 논리로, 수학적으로 객관화할 수 있겠는가. 인간의 심리나 욕망은 수치화가 되지 않는다. 그래서 신의 영역이라고 하는 것이다. 수치화하려는 시도 자체가 단편적이다.

수도권 인구가 계속 증가하는 마당에 심리적 저항선이 무너지면 공급을 확 늘리는 것 외에는 뾰족한 대책이 없어 보인다. 강남의 아파트값이 3.3㎡당 1억 원을 넘는 순간 우리나라 주택시장에 한바탕 회오리가 몰아칠 것이다. 그동안 고전을 면치 못하던 일부 지역의 집값은 심리적 저항선이 무너져 상승할 수 있는 전환점이 될 것이다.

부동산 대책의 마지막 히든카드라 불리는 분양가상한제는 재건축에 대한 수요를 일시적으로 진정시킬 수 있을지는 모르지만 그렇다고 '새 집'에 대한 인간의 욕망 자체에 대한 '씨'까지 말릴 수는 없다. 공급을 늘리는 것이 특효약인데 현실적으로 재개발·재건축을 제외하고는 대도시에 대규모 주택을 공급할 땅이 없다.

'철저히 준비하겠다'는 말은 '그냥 관두자'는 말이다

P는 금융기관에서 15년 근무한 베테랑 경력자다. 업무성과는 물론 평판도 좋아 승승장구하여 지점장으로 근무하고 있었다. 하지만 P는 더 늦기 전에 자신의 삶을 살고 싶다는 마음 한구석의 소망을 이루기 위해 2년 전 은행을 박차고 나와 부동산 일을 하기로 마음먹었다. 여러 금융 관련 자격증도 있었던 터라 부동산 일을 하기에는 금상첨화였다.

게다가 퇴사 전부터 차근차근 준비하여 공인중개사 자격증도 취득하였다. 업계에서도 인정받아 온 만큼 경력과 노하우는 물론 자금도 있었지만 정작 창업할 타이밍을 잡지 못해 2년 가까이 준비만 하고 있다. 더 많은 정보를 파악하여 창업해야 하는 것은 아닌지, 더 공부해서 창업해야 하는 것은 아닌지, 부동산시장이 침체되어 아직은 좀 더 기다려야 하는 것은 아닌지 하면서 여전히 준비 중이다.

많은 사람들이 어떤 일을 시작하기 전에 소위 유비무환이라는 그럴듯한 논리를 펴며 최대한 많은 정보를 수집하고 준비하려 한다. 그러나 철저한 준비를 위해 백방으로 자료를 찾는 사이 시작 타이밍을 놓치기 일쑤다. 심리학자 피터 홀린스Peter Hollins는 우리가 중요한 의사결정을 내릴 때 필요한 정보의 양은 40~70%에 불과하다고 한다.

우리가 새로운 도전을 하기 위해 더 많은 정보를 수집하고 더 확신을 갖기 위해 완벽하게 준비하려 하지만 그러는 사이 오히려 그러한 정보에 파묻혀 타이밍을 놓치기 십상이다. 세상일이란 대개 준비하고 계획한 대로 딱딱 들어맞지는 않는다. 따라서 너무 완벽하게 준비하려다 보면 오히려 준비가 장애가 되기도 한다. 정보와 준비보다 더 중요한 것은 추진력이다. 준비 부족은 추진력으로 충분히 커버할 수 있다. 불안함 때문에 끊임없이 더 완벽한 준비를 하려고 하지만 어떤 일이든 완벽한 준비와 완벽한 정보는 없다.

그리스의 코린토스 왕이었던 시시포스Sisyphus는 신들을 속인 죄로 바위를 산꼭대기로 밀어 올리는 형벌을 받게 된다. 며칠 아니 몇 달에 걸쳐 등골이 휘어지는 중노동을 통해 바위를 산꼭대기로 겨우 밀어 올리자마자 바위는 엄청난 속도로 산 아래로 굴러떨어졌다. 다시 바위를 산꼭대기까지 밀어 올렸으나 바위는 언덕 아래로 굴러떨어졌다. 정말 무의미하고 맥 빠지는 노동을 반복해야 했다. 이것은 오로지 신들만이 고안할 수 있을 법한 가장 잔혹한 형벌이었다.

산꼭대기의 바위는 계속 굴러떨어질 것이고 시시포스는 그 산길을 터벅터벅 걸어 내려오면서 어쩌면 영혼의 저 깊숙한 곳에서 들려오는 아주 작고 나직한 목소리를 들을 것이다. 그리고 그런 속삭임을 통해 그는 자기 삶을 회상하고 반성하게 될 것이다. 무의미한 반복노동에 담겨 있는 진짜 형벌은 등골이 휘는 노동 그 자체가 아니라 처음부터 노동에 대한 결과라고 간주할 만한 게 아무것도 없다는 사실이다. '20세기의 양심'으로 불리는 알베르 카뮈Albert Camus의 소설 『시시포스의 신화Le Mythe de Sisyphe』에 나오는 이야기다.

지나친 준비도 문제지만 현재의 일상을 유지한 채 삶의 전환점을 만들겠다는 것은 더 심각하다. 시시포스의 형벌처럼 우리의 삶도 무한반복적인 일상으로 채워지고 있는 것은 아닌지 반문해 봐야 한다. 반복적 일상에 따른 맹목적 노력으로는 결실을 볼 수 없다. 그저 노력만 한다고 해서 해피엔딩을 기대할 수 없다. '열심히 노력했다', '최선을 다했다'라는 말로 자신의 인생에 사기 치지 마라. 삶에 대한 결과물이 없을 때 써먹는 핑계, 그 이상도 그 이하도 아니다. 노력의 틀과 의식의 뿌리 자체부터 바꾸어야 한다. 아무 생각 없이 바위를 밀어 올리는 형벌을 무비판적으로 수행하면 사실 별다른 문제가 되지 않는다. 하지만 그 불합리함을 인식하고 의식이 깨어난 상태에서 바위를 밀어 올리는 일은 매 순간이 고통이다.

우리가 부동산에 관심을 가지는 이유는 부자를 꿈꾸기 때문이다. 인문학이 궁핍하여 배려심이 부족한 우리나라에서 부자가 되면 좋은 점이 많다. 자신보다 못사는 사람들을 멸시하는 것으로 존재감을 드러낼 수 있을 뿐만 아니라 멸시의 강도를 높일수록 자신의 존재감도 더 높아진다. 인간은 대개 나보다 부자인 사람이 자신을 멸시하면 그 멸시를 시정하라고 요구하지 않고, 그 멸시를 나보다 못사는 사람들에게 전가시키는 편을 택한다. 영화 〈설국열차〉에서는 태어날 때부터 탑승할 수 있는 칸과 자리가 지정되어 있다. 뒤칸에서 앞칸으로 가기 위해서는 죽음을 불사하는 전투를 벌여야 한다. "한 계급을 억압하려면 그 계급이 적어도 자신의 노예적 존재를 지속할 수 있도록 하는 일정한 조건이 보장되어야 한다"는 마르크스의 지적은 날카롭다.

리언 페스팅어Leon Festinger는 "인간은 합리적인 생물이 아니라 나중에 합리화를 도모하는 생물이다"라고 했다. 사냥개를 평가할 때도 날렵한 움직임이 최고의 기준이지 개의 목걸이는 생각하지 않는다. 수많은 추종자를 거느리거나 화려한 저택에 엄청나게 많은 월세를 거둬들이는 사람들, 자본주의적 표현으로 하면 부자다. 이 역시 외형적인 소유물에 대한 산물이지 그 사람의 내면에 의한 기준은 아니다. 자본주의의 폐해 중 하나는 가짜 욕망을 심어줌으로써 외형을 위해 살도록 만드는 것에 익숙한 시스템이라는 것이다. 아파트를 살 때 위치는 물론 수도꼭지까지 철저하게 살피지만, 사람을 평가할 때에는 그 사람이 걸친 장신구만을 보고 평가한다. 이것이 자본주의의 본성이다.

자본의 힘이 옳고 그름의 문제까지 바꿀 수 있는 시스템에서 '인간을 이해하자'라는 철학적 담론은 발붙이기 어렵다. 철학이든 도덕이든 현실에서 마주하게 되는 먹고사는 문제를 완벽하게 해결할 수 없기 때문이다. 돈을 위해서라면 그 어떤 훌륭한 철학이나 도덕도 가뿐하게 무시되기 때문이다. 소설가 김훈도 "인간은 기본적으로 입과 항문이다. 나머지는 다 부속기관이다"라고 일갈하지 않았던가! 철학이 입과 항문 앞에서도 신나게 주접떨 수 있는 날이 과연 오기는 할까?

차례

프롤로그 • 부동산은 어떻게 자본주의의 무기가 되는가? ... 4
서문 • 지폐 몇 장에 구겨진 삶은 고단하다 ... 16

제1장 재개발·재건축 개론 ... 39

01 재개발 · 재건축 길라잡이 ... 42
02 재개발 vs 재건축 비교 ... 44
03 토지등소유자 및 분양자격 ... 48
04 국민주택 및 임대주택 의무건설비율 ... 55
05 정비사업구역 〈임대차보호법〉 적용 ... 58
06 재건축 르네상스가 도래하고 있다 ... 60
07 주택보급률이 100%를 넘었는데 주택이 더 필요할까? ... 63
08 주택시장의 핵심 지표, 인구 1,000명당 주택 수 ... 67

제2장 재개발·재건축 사업절차 및 투자타이밍 ... 71

01 재개발 · 재건축 사업절차 ... 73
02 재개발 · 재건축 투자타이밍 ... 100
03 재개발 · 재건축 투자 체크리스트 ... 105
04 투자에서 최악은 꾸물대는 것이다 ... 111

제3장
재개발·재건축 입주권과 분양권 ... 115

01 입주권과 분양권 ... 119
02 세법상 입주권 정의 ... 124
03 입주권은 카멜레온이다 ... 127
04 입주권과 분양권은 주택이 아니다 ... 129
05 입주권과 분양권의 투자금액 ... 132
06 입주권·분양권 관련 세금 ... 134
07 분양권 전매제한 ... 136
08 이주비 대출 이자에 대한 배당소득세 ... 138
09 국가는 세금 걷는 폭력단이다 ... 140

제4장
재개발·재건축 입주권·분양권 관련 취득세·재산세·종합부동산세 ... 143

01 입주권 관련 취득세 ... 145
02 입주권 관련 재산세 ... 169
03 입주권 관련 종합부동산세 ... 171

차 례

제5장
재개발·재건축 입주권 관련 양도소득세 ... 173

01 양도소득세 일반 ... 176
02 1세대 1주택 양도소득세 비과세 ... 187
03 1세대 2주택 양도소득세 비과세 특례 사례 ... 191
04 조정대상지역에 대한 규제사항 ... 228
05 관리처분계획인가 후 조합원 간 평형 및 동·호수 교환 시 양도소득세 ... 234
06 1+1에 대한 양도소득세 ... 235
07 입주권 상태라도 주택이 철거되지 않으면 보유기간으로 인정된다 ... 240
08 분양권 전매와 미등기 전매 ... 242
09 다주택자 중과 제외 기준 ... 244
10 주택은 1년 이상 보유하라 ... 245

제6장
재개발·재건축 투자의 3요소 ... 247

01 입지 ... 248
02 정부 정책 ... 257
03 심리 ... 283

**제7장
정비구역 해제** ... 309

01 일몰제로 인한 정비구역 해제 본격화 ... 310
02 부산지역 정비구역 해제 현황 ... 316
03 정비구역 해제 후 재지정되는 경우 ... 327

"세상에서 가장 같이 일하기 힘든 사람은
가난한 사람들이다."
자유를 주면 함정이라고 하고
작은 비즈니스라고 하면 돈을 별로 못 번다고 하고
큰 비즈니스라고 하면 돈이 없다고 하고
새로운 걸 시도하자고 하면 경험이 없다고 하고
전통적인 비지니스라고 하면 어렵다고 하고
새로운 비지니스 모델이라고 하면 다단계라고 하고
상점을 같이 운영하자고 하면 자유가 없다고 하고
새로운 사업을 시작하자고 하면 전문가가 없다고 한다.
가난한 사람들은 공통적인 한 행동 때문에 실패한다.
그들의 인생은 기다리다 끝난다.

- 알리바바, **마윈**

도 랑 치 고 가 재 잡 는 재 개 발 재 건 축

제 1 장
재개발·재건축 개론

옛날 리디아에 욕심 없고 착하기만 했던 양치기 소년 '기게스Gyges'가 살았다. 양을 치던 기게스는 어느 날 갑자기 커다란 지진을 맞게 된다. 지진이 일어난 자리에는 땅이 갈라져 동굴이 생겼고, 그는 호기심이 생겨 갈라진 동굴 속으로 들어갔다. 동굴 안에서 거인의 시체를 발견했는데 시체의 손가락에 금반지가 끼워져 있었다. 기게스는 거인의 손가락에서 반지를 빼서 밖으로 나왔다.

그러다 우연히 반지의 흠집 난 곳을 안으로 돌리면 자신은 투명인간이 되고 밖으로 돌리면 자신의 모습이 다시 나타난다는 사실을 알게 되었다. 이제 '보이지 않는 힘', '절대 마법의 반지'를 갖게 된 기게스는 나쁜 마음을 먹는다. 가축의 상태를 왕에게 보고하는 전령으로 궁전에 들어간 그는 마법 반지를 이용하여 투명인간이 된 후 왕비를 간통하고, 칸다울레스 왕을 암살하여 왕위를 찬탈하고 스스로 리디아의 왕이 된다.

고대 그리스의 철학자 플라톤의 저서 『국가』 2권에 나오는 가공의 마법 반지인 '기게스의 반지Ring of Gyges'라는 우화이다. 이 반지는 소유자 마음대로 자신의 모습을 보이지 않게 할 수 있는 신비한 힘이 있었다. 플라톤은 기게스의 반지 이야기를 통해 일반인이 자신의 행동에 대한 결과를 책임질 필요가 없다면 어떻게 행동할 것인가? 즉 '도덕의 수단화'를 설명하는 과정에서 등장한다.

그럼에도 불구하고 인간 세상은 소크라테스보다 소피스트인 글라우콘의 말대로 돌아가고 있는 듯하다. 시인 루카누스Marcus Annaeus Lucanus 역시 "힘은 정의의 잣대다"라고 일갈했다. 힘 있는 자는 정의 따위를 내팽개치고 필요에 따라 지켜야 하는 불편한 의무감 정도로 생각한다는 것이다. 한낱 양치기에 불과했던 기게스도 절대 마법의 반지를 손에 넣는 순간 머리 회전이 빨라졌다. 돈과 명예, 욕망을 가장 빨리 얻어낼 수 있는 방법이 무엇일까를 고민하다 그가 내린 결론은 '권력'이었다. 당신의 마음속에 간직한 기게스의 반지는 무엇인가?

새로운 변화를 갈망하는 촛불혁명으로 정의와 공정을 기치로 들어선 정부, 대통령까지 나서서 정의를 외치지만 저항이 만만치 않다. 부동산 시장 역시 정의를 불편한 의무 정도로 치부하고 있다. 멀리 있는 불의를 지적하는 것은 쉽지만 그것이 '나'의 이해관계와 관련되는 순간, '이건 좀 아니지'가 되어 정의의 잣대는 뒤틀린다. 내가 잃을 것이 아무것도 없을 때, 내가 분쟁에 휘말리지 않아도 될 때 정의를 이야기하는 건 쉽지만 정작 내가 피해를 볼 수 있는 상황에서도 정의를 지킬 수 있는 사람은 생각보다 많지 않다.

제3자 입장에서는 정의를 말하지만 당사자가 되어서도 정의로운 사람은 많지 않다. 정의와 도덕은 고정되어 있는 것이 아니라 필요에 따라 변하기 때문이다. 심리학자 알버트 반두라Albert Bandura는 "많은 사람들이 상황과 대상에 따라 도덕의 끈을 붙들지 놓을지, 죄책감을 느낄지 말지를 달리한다"고 했다. 인간은 상황과 대상에 따라 자유자재로 '선택적 도덕적 이탈selective moral disengagement'을 하는 동물이라는 것이다.

우리는 언제든 도덕을 던져버릴 준비가 되어 있고 그걸 가능하게 하는 자신만의 수많은 장치들을 가지고 있다. 욕망을 먹고사는 부동산이 대표적이다.

01 재개발·재건축 길라잡이

　재개발·재건축은 〈도시 및 주거환경정비법〉(이하 '도시정비법'이라 한다)이라는 법에 의거 사업절차가 정해지고 그에 따라 진행된다. '정비사업'이란 〈도시정비법〉에서 정한 절차에 따라 도시기능을 회복하기 위해 정비구역 내에서 정비기반시설을 정비하고 건축물을 개량·건설하는 것으로 대상구역의 기반시설 정도, 용도지역, 시행목적 등에 따라 2018년 2월 9일 개정되어 주거환경개선사업, 재개발사업 및 재건축사업으로 통폐합되었다.

〈표 1〉〈도시 및 주거환경정비법〉 통폐합 현황

정비 사업명	주거환경 개선	주거환경 관리	주택 재개발	도시환경 정비	주택 재건축	가로주택정비
대상 지역	저소득층 집단거주	단독 및 다세대 밀집	노후·불량 건축물 밀집	상·공업 지역	공동주택	노후·불량 주택밀집 가로구역
통폐합 (개정)	주거환경개선사업		재개발사업		재건축 사업	'빈집 및 소규모주택 정비에 관한 특례법'으로 이동
			주택 정비형	도시 정비형		

　〈표 1〉을 보면, 종전의 주거환경개선사업과 주거환경관리사업은 주거환경개선사업으로, 주택재개발사업과 도시환경정비사업은 재개발사업으로 통폐합되었다. 재개발사업은 주택정비형 재개발사업과 도시정

비형 재개발사업으로 나누어졌다. 주택재건축사업은 변동사항이 없고, 가로주택정비사업은 〈도시정비법〉에서 제외되어 〈빈집 및 소규모주택 정비에 관한 특례법〉으로 이동하였다. 즉 종전의 6개 사업군이 3개로 통폐합되고 가로주택정비사업은 〈도시정비법〉에서 제외되었다.

특이한 점은 도시정비형 재개발사업(구 도시환경정비사업)의 경우에는 원칙적으로 국민주택 의무건설비율이 없지만, 해당 구역의 사업시행인가 신청이 2018년 2월 9일 이후인 경우에는 국민주택 의무건설비율 규정을 적용받는다. 부산시의 경우 재개발에 대해서는 국민주택 의무건설비율을 전체 세대수의 40% 이상을 85㎡ 이하로 건설하도록 완화하여 적용하고 있다.

최근 부산시가 관내 재개발구역 내 임대주택 의무건설비율을 대폭 상향조정했다. 〈도시정비법〉 개정 고시(2019.2.13.)를 통해 재개발사업 임대주택 의무건설비율을 기존 총세대수의 5% 이하에서 8.5% 이하로 상향 적용하기로 했다. 이번 임대주택 의무건설비율 상향조정은 개정(2018.2.9.)된 〈도시정비법〉과 국토교통부 고시 〈정비사업의 임대주택 주택규모별 건설비율〉 개정에 따른 것으로, 부산시의 상향조정 비율은 15%인 서울을 제외한 광역시(인천·대구·대전·울산 5% 이하) 중 가장 높다.

그러나 재개발구역 내 '학교용지를 확보하는 경우' 공공기여에 따른 인센티브가 적용되어 임대주택 의무건설비율이 4% 이하까지 조정된다. 사실 그동안 재개발구역마다 원주민 정착률이 낮아 사회적으로 문제화되어 온 것이 사실인데, 이번 조치로 서민들의 주거안정과 원주민 재정착률을 제고할 수 있을 것으로 기대한다.

02 재개발 vs 재건축 비교

재개발과 재건축은 유사한 측면도 있지만 세부 내용에서 차이가 있다. 먼저 재개발은 〈도시정비법〉에 따라 토지를 효율적으로 이용하고 도시기능을 회복하기 위하여 시행되는 도시계획사업의 하나이다. 재건축은 건물소유주들이 조합을 구성해 단독주택이나 아파트를 대상으로 노후·불량주택을 헐고 새로운 주택을 짓는 것이다.

공히 '헌 집 주고 새집을 받는다'는 공통점이 있지만, 재개발은 정비기반시설이 열악하고 노후·불량건축물이 밀집된 지역에서 주거환경을 개선하거나 상·공업지역 등에서 도시기능의 회복 및 상권활성화 등을 위하여 도시환경을 개선하는 사업이다. 반면 재건축은 도로, 공원, 주차장 등과 같은 정비기반시설은 양호하나 노후·불량건축물에 해당하는 공동주택(단독주택 포함)이 밀집한 지역에서 주거환경을 개선하기 위한 사업이다.

쉽게 말하면 재개발은 주택뿐 아니라 도로, 상·하수도, 공원 등 노후화된 지역의 공공시설도 정비하는 공공사업 성격이라는 점이 재건축과 다른 점이다. 반면 재건축은 노후화된 주택을 철거하고 그 위에 새 주택을 짓는 사업이다. 건물소유주들이 조합을 구성해 사업을 추진하기 때문에 민간사업 성격을 띤다. 세입자 대책의 경우, 재개발에서는 세입자에게 공공임대주택을 공급하거나 설사 공급 자격이 없는 세입자에게도 일정 요건을 갖추면 주거이전비도 지급한다. 재건축의 세입자 문제는 당사자 간의 주택임대차 계약에 따라 개별적으로 처리한다.

〈표 2〉에서 보듯이 사업시행자는 재개발·재건축 모두 '토지등소유자'가 설립한 조합이지만 토지등소유자의 동의로 토지주택공사 등이 지

<표 2> 재개발·재건축 비교

구분	재개발	재건축
의미	'헌 집 줄게, 새집 다오'	
	정비기반시설이 열악하고 노후·불량건축물 밀집지역의 주거환경을 개선하거나, 상·공업지역 등에서 도시기능 회복 및 상권 활성화를 위해 도시환경을 개선하는 사업	정비기반시설은 양호하나 노후·불량건축물에 해당하는 공동주택 밀집지역에서 주거환경을 개선하기 위한 사업
사업목적	주거환경 및 도시환경 개선	주거환경 개선
사업시행자	① 조합 ② 지정개발자 : 토지등소유자가 지정 요청한 토지주택공사 등 ③ 시행자에게 토지수용권 부여	① 조합 ② 지정개발자 : 토지등소유자가 지정 요청한 토지주택공사 등 ③ 시행자에게 매도청구권 부여
사업시행방식	관리처분계획에 따라 건축물을 건설하여 공급하거나 환지로 공급(관리처분방식, 환지방식)	관리처분계획에 따라 주택, 부대시설, 복리시설 및 오피스텔을 건설하여 공급 (관리처분방식)
정비기반시설	상대적으로 열악	상대적으로 양호
사업대상	노후화된 단독주택 밀집지역	노후화된 아파트 밀집지역
조합원 자격	토지등소유자(토지소유자, 건축물 소유자, 지상권자)	토지등소유자 (토지 및 건축물 소유자로서 조합설립에 동의한 자)
조합가입 형태	강제가입	임의가입
조합설립 동의률	토지등소유자 3/4 이상, 토지면적 1/2 이상 (반대자 25%는 강제가입)	전체 구분소유자의 3/4 이상, 토지면적 3/4 이상, 동별 과반수 이상 (반대자 25%는 조합에 매도청구)

상가영업보상비	현실보상(개발이익 미반영)	시가보상(개발이익 반영)
안전진단	X	O (단독주택 제외)
기부체납 비율	상대적으로 많음	상대적으로 적음
실투자금	상대적으로 적음	상대적으로 많음
주택공급	1세대 1주택 (일정 요건 충족 시 2주택 가능)	1주택(과밀억제권역 투기과열지구) 다주택자 : 관리처분 시 3주택까지 공급(규제지역 제외)
사업소요 기간	상대적으로 길다	상대적으로 짧다
초과환수이익	X	O (3천만 원 이상일 경우 50%)
사업의 성격	공공개발	민간개발
소형임대주택 건설	100분의 15 이내에서 조례로 정함	X
주거이전비	현금청산자, 세입자	X
이사비	현금청산자, 세입자	분양받은 조합원
주거비	분양받은 조합원	분양받은 조합원
사업부지 매입권한	강제수용권	매도청구권
개발이익	상대적으로 많다	상대적으로 적다
용적률	상대적으로 높다	상대적으로 낮다
세입자 처리	공공임대주택 공급	임대차계약에 의해 처리
시공방식	도급제	지분제(일부 도급제)
이익률	비례율	무상지분율
장점	주민이 소유한 토지·건축물 등을 출자하는 형식의 사업방식으로 토지매입 비용이 낮다	
근거법률	〈도시 및 주거환경정비법〉, 시행일자 2003.7.1.	

* 자료 : 『하루에 끝내는 재개발 재건축』, p.206~207.

정개발자로 사업을 시행할 수도 있다. 그리고 기부채납비율은 기반시설이 열악한 재개발이 재건축보다 높다.

주택을 공급하는 원칙은 재개발 경우, 1세대 1주택이 원칙이나 일정 요건 충족 시 2주택이 가능하다. 재건축 경우에는 규제지역을 제외하고는 3주택까지 공급할 수 있지만 과밀억제권역 투기과열지구에서는 1주택만 공급할 수 있다. 또한 사업부지 매입권한은 재개발의 경우 토지수용권, 재건축은 매도청구권이 각각 주어진다. 그리고 재건축의 경우 초과이익이 3천만 원이 넘으면 초과이익환수제 대상이 되지만 재개발은 해당 사항이 없는 반면, 임대주택 의무건설비율은 재개발 100분의 15 이내에서 각 지자체 조례에 따르고 재건축은 민간성격의 개발이기 때문에 임대주택 의무건설비율은 없다.

03 토지등소유자 및 분양자격

'토지등소유자'란 새로 짓는 아파트를 분양신청할 수 있는 조합원 자격이 되는 요건을 말하는데, 재개발·재건축의 토지등소유자는 다음과 같이 차이가 있다.

구 분	재개발	재건축
토지등소유자	① 토지 소유자 ② 건축물 소유자 ③ 지상권자	건축물 및 그 부속토지 소유자

먼저 재개발의 경우, 정비구역 안에 소재한 토지 또는 건축물의 소유자 또는 그 지상권자를 말한다. 즉 토지만 소유하고 있거나 건축물만 소유하고 있어도 되지만 재건축에서는 건축물 및 그 부속토지 소유자가 토지등소유자가 된다. 따라서 지상권자나 부속토지만 소유하거나, 건축물만 소유한 경우에는 토지등소유자가 될 수 없다.

물건별 분양자격은 서울과 부산이 다르듯 지자체별로 차이가 있을 뿐만 아니라 각각의 조합마다 적용기준이 다를 수 있기 때문에 투자자 입장에서는 해당 조합에 직접 확인할 필요가 있다.

〈표 3〉 1의 경우, 일반 주택은 면적에 상관없이 분양자격이 주어진다. 2의 경우에는 무허가건축물 분양자격이 유의할 필요가 있다. 무허가건축물은 기존무허가건축물과 신발생무허가건축물로 구분하는데 이 중 기존무허가건축물만 분양자격이 주어진다. 기존무허가건축물의 기준은 서울의 경우 1981년 12월 31일 이전, 부산은 1989년 3월 29일 이

⟨표 3⟩ 재개발 · 재건축 물건별 분양자격

연번	구 분		서 울	부 산
1	주택		○	○
2	무허가건축물	기존	○	○
		신발생	X	X
3	토지	유주택자	○ (90㎡ 이상)	○ (60㎡ 이상)
		무주택자	○ (30㎡ 이상)	○ (20㎡ 이상)
4	주택공유자		○ (1개)	
5	상가		○ (1순위~7순위)	

전 건축물이면서 재산세 납부내역, 항공사진 등으로 입증이 가능한 무허가건축물을 말한다.

분양자격과 관련하여 가장 복잡한 것이 3의 토지이다. 토지의 경우 우선 유주택자와 무주택자가 다르다. 유주택자의 경우에는 면적 기준으로 서울은 90㎡ 이상, 부산은 60㎡ 이상이면 분양자격에 문제가 없다. 해당 구역 안에 한 필지 또는 여러 필지를 합한 면적이 90㎡ 이상이면 된다. 반면 무주택자는 서울은 30㎡ 이상, 부산은 20㎡ 이상이면 분양자격이 주어지는데 이 경우에는 다음 네 가지 요건을 모두 충족해야 분양자격이 주어진다.

첫째, 면적은 반드시 1필지이어야 한다. 따라서 해당 구역 내 여러 필지를 합한 면적이 아니다.

둘째, 분할된 토지인 경우 분할등기 완료 시점이 서울은 조례시행일(부산시, 구역지정공람공고일) 이전이어야 한다. 서울의 조례시행일은 2003년 12월 30일이므로 이후에 분할된 경우에는 분양자격이 주어지지 않는다.

셋째, 지목 및 현황이 도로가 아니어야 한다. 즉 지목이 도로인데 실제 도로로 사용하고 있는 경우에는 분양자격이 주어지지 않는다. 그러나 지목은 도로인데 현황이 대지인 경우 또는 현황은 도로인데 지목이 대지인 경우에는 분양자격이 주어진다.

넷째, 사업시행인가일부터 공사완료고시일까지 무주택자이어야 한다. 그러나 유의해야 할 점은 2010년 7월 30일 이후 최초로 정비예정구역(기본계획)으로 새로 포함된 재개발구역에서 토지만 소유한 경우에는 주거지역 기준 90㎡ 이상인 경우에만 조합원 자격이 된다는 점을 기억할 필요가 있다. 여기서 무주택자란 사업시행인가고시일로부터 공사완료고시일까지 분양신청자를 포함한 세대원(세대주 및 세대주와 동일한 세대별 주민등록표상에 등재되어 있지 아니한 세대주의 배우자 및 배우자와 동일한 세대를 이루고 있는 세대원 포함) 전원이 주택을 소유하고 있지 아니한 자를 말한다.

4의 주택공유자는 대표조합원에게 1개의 분양자격만 주어진다. 분양받을 권리산정기준일(부산시, 구역지정공람공고일) 이후에 1필지의 토지가 수 개의 필지로 분할되거나, 단독 및 다가구주택이 다세대주택으로 전환되거나, 하나의 대지 안에 속하는 동일인 소유의 토지와 주택 등 건축물을 토지와 주택 등 건축물로 각각 분리하여 소유하거나 나대지에 건축물을 새로이 건축하거나 기존 건축물을 철거하고 다세대주택이나 공동주택을 건축하여 토지등소유자가 증가할 경우 모두 1개의 분양자격만 주어진다.

마지막으로 상가 경우에는 분양자격이 1~7순위까지 정해져 있다. 상가의 분양자격 순위는 관리처분계획기준일 즉, 분양신청기간만료일을 기준으로 건축물의 용도와 사업자등록 유무 및 분양최소단위규모추산액의 세 가지를 고려하여 우선순위에 따르고, 분양최소단위규모추산액이란 권리가액이 분양대상 건축물 중 제일 낮은 것보다 높으면 된다는 의미다.

그리고 재개발의 토지등소유자 중 특히 주의를 끄는 것은 지상권자다. 지상권자는 토지등소유자이지만 분양신청 자격은 없어 혼란스러운 경우가 발생하기도 하는데, 지상권자와 관련한 토지등소유자 산정과 관련된 판례 몇 가지를 살펴보자.

> 재개발에서 조합설립 요건인 토지등소유자의 4분의 3 이상 및 토지면적 2분의 1 이상의 토지등소유자의 동의 요건을 계산할 때, 지상권자를 어떻게 처리해야 하는가?

재개발사업의 조합설립추진위원회가 토지등소유자 4분의 3의 동의를 얻어 조합설립인가를 받았는데, 위 토지 중 12필지의 토지와 건물의 소유자는 같으나 다른 사람의 지상권이 설정되어 있었다. 그래서 위 12필지 토지소유자가 지상권자도 토지등소유자 산정할 때 1인으로 산정되어야 하는데, 그렇지 못하였기 때문에 조합의 토지등소유자 동의 요건을 충족하지 못했다고 조합설립인가 처분 취소를 주장하였다.

이에 대해 대법원의 판결(대법원 2009두 19892)은, 〈도시정비법〉령상 지상권자의 법적 지위가 토지공유자와 동일하다고 볼 수 없고, 동법 제2조 제9호 '가' 목 및 동법 시행령 제28조제1항제1호 '나' 목의 취지는 지상권이 설정된 토지의 경우에 동의 여부에 대한 대표자 선정에 참여할 권한을 부여하도록 한 것이므로, 더 나아가 토지등소유자 수의 산정에서까지 지상권자를 토지공유자와 동일하게 볼 필요가 없는 점, 구 〈도시정비법〉 시행령 제28조제1항제1호 '다' 목은 1인이 다수 필지의 토지 또는 다수의 건축물을 소유하고 있는 경우에는 그 토지 또는 건축물 전부에 대하여 토지등소유자를 1인으로 산정한다고 규정하고 있을 뿐 토지에 관하여 지상권이 설정된 경우 이와 달리 취급하는 등의 예외 규정을 두고 있지 아니한 점 등을 고려할 때, 지상권이 설정되어 있을 경우에는 지상권자를 고려하지 않고, 1인의 토지등소유자만 있는 것으로 산정하는 것이 타당하다고 판단했다.

정리하면, 주택재개발구역 내 토지와 지상 건물의 소유자가 동일한 경우 제3자의 지상권이 설정되어 있어도 토지등소유자는 1인으로 산정한다는 판결이다.

> 토지가 2인 이상의 공유에 속하고 그 지상의 건축물이 그중 1인의 단독 소유인 경우, 토지등소유자 산정은 어떻게 하는가?

이와 관련한 판결(대법원 2009두 15852)을 보면, 구 〈도시정비법〉 제2조제9호 '가' 목의 규정에 따르면, 재개발사업의 경우 '토지등소유자'는 정비구역 안에 소재한 토지나 건축물의 소유자 또는 그 지상권자를 말한다. 그리고 구 〈도시정비법〉 제17조와 동법 시행령 제28조제1항제1호의 각 규정에 따르면, 재개발사업에서 1필지의 토지 또는 하나의 건축물이 수인의 공유에 속하는 경우에는 그 수인을 대표하는 1인을 토지등소유자로 하고, 토지에 지상권이 설정되어 있는 경우에는 토지의 소유자와 해당 토지의 지상권자를 대표하는 1인을 토지등소유자로 해, 1인이 다수 필지의 토지나 다수의 건축물을 소유하고 있는 경우에는 필지나 건축물의 수와 관계없이 토지등소유자 수를 1인으로 하도록 정하고 있다.

위와 같은 관계 법령의 내용과 체제 등에 비춰보면, 재개발사업에서 정비구역 내 토지의 필지별 또는 토지·건축물의 소유자, 공유자가 서로 다를 경우에는 원칙적으로 부동산별로 1인이 토지등소유자로 산정돼야 하므로 토지의 공유자 중 일부가 그 지상 건축물을 단독 소유하는 경우 토지와 건축물은 각각 1인이 토지등소유자로 산정돼야 한다.

> 토지와 그 지상 건축물이 동일인 소유에 속하고 그 토지에 관해 지상권이 설정되어 있는 경우, 토지등소유자 산정은 어떻게 하는가?

　이와 관련한 판결(대법원 2012두 23242)을 보면, 구 〈도시정비법〉 제52조제1항제3호는 재개발사업의 관리처분계획 중 분양대상에서 지상권자를 제외하고 있고, 공유인 토지의 처분 행위 시 공유자의 동의가 필요한 것과 달리 지상권이 설정된 토지의 소유자는 지상권자의 동의 없이도 당해 토지를 유효하게 처분할 수 있는 등 지상권자의 법적 지위가 토지 공유자와 동일하다고 할 수 없다.

　이 같은 지상권자의 지위에 비춰볼 때 구 〈도시정비법〉 제2조제9호 '가' 목, 동법 시행령 제28조제1항제1호 '나' 목이 재개발사업에 있어서 토지등소유자에 지상권자를 포함시키고 토지에 지상권이 설정되어 있는 경우 토지 소유자와 지상권자를 대표하는 1인을 토지등소유자로 산정하도록 규정한 취지는, 지상권이 설정된 토지의 경우 지상권자에게 동의 여부에 관한 대표자 선정에 참여할 권한을 부여함으로써 자신의 이해관계를 보호할 수 있도록 하기 위한 것이므로, 나아가 토지등소유자 수의 산정에서까지 지상권자를 토지 공유자와 동일하게 볼 필요는 없다.

　동시에 구 〈도시정비법〉 시행령 제28조제1항 '다' 목은 1인이 다수 필지의 토지 또는 다수의 건축물을 소유하고 있는 경우에는 그 토지 또는 건축물 전부에 대해 토지등소유자를 1인으로 산정한다고만 규정하고 있고, 토지에 관해 지상권이 설정된 경우 이와 달리 취급하는 등의 예외 규정을 두고 있지 않다.

그러므로 1인이 토지와 그 지상의 건축물을 소유하고 있는 경우에는 그 토지에 관해 지상권이 설정됐는지 여부에 관계없이 토지 및 그 지상 건축물에 관해 토지등소유자를 1인으로 산정하는 것이 위 조항의 취지에 부합하는 점 등을 종합적으로 고려, 특별한 사정이 없는 한 동일인 소유인 토지와 그 지상의 건축물 중 토지에 관해 지상권이 설정돼 있다 하더라도 토지등소유자 수의 산정에 있어서는 지상권자를 토지의 공유자와 동일하게 취급할 수 없고, 해당 토지와 그 지상 건축물에 관해 1인의 토지등소유자가 있는 것으로 산정함이 타당하다.

04 국민주택 및 임대주택 의무건설비율

　재개발·재건축사업의 사업성을 하락시키는 요인 중 하나는 국민주택 및 임대주택 의무건설비율이다. 조합원이나 시공사 입장에서는 사업성 하락 요인으로 이어져 회피하고 싶지만, 재개발은 재건축과 달리 공공개발적 성격이 강하기 때문에 국민주택과 임대주택 의무건설비율이 모두 있지만, 재건축은 국민주택 의무건설비율은 있으나 임대주택 의무건설비율은 없다. 재건축에 임대주택 건설의무비율이 없는 이유는 조합원들의 순수한 민간개발 방식이기 때문이다.

〈표 4〉 정비사업 국민주택 및 임대주택 의무건설비율

구분	국민주택	임대주택
재개발	전체 세대수의 40% 이상	전체 세대수의 5% 이상
재건축	전체 세대수의 60% 이하	X

　〈표 4〉에서 보듯이 먼저 국민주택 의무건설비율을 보면 재개발의 경우, 국민주택 의무건설비율을 전체 세대수의 100분의 90 이하에서 대통령령으로 정하는 범위에서 지자체 조례로 정하도록 하고 있다. 부산의 경우 전체 세대수의 40% 이상을 85㎡ 이하로 건설하도록 완화하여 적용하고 있다. 물론 주택단지 전체를 5층 이하로 건설하는 경우에는 예외이다.

　또한 정비구역이 상업지역인 경우에는 원칙적으로 국민주택 의무건설비율이 없지만, 해당구역의 사업시행인가신청이 2018년 2월 9일 이후인 경우에는 국민주택 의무건설비율 규정을 적용받는다. 재건축의 경우에는 국민주택 의무건설비율을 전체 세대수의 60% 이하로 정하고 있지만, 과밀억제권역에서 시행하는 경우에는 전체 세대수의 60% 이상을 85㎡ 이하로 건설하도록 하고 있다. 이에 대해서는 부산시 조례에서 별도로 규정하는 바가 없어 〈도시정비법〉상의 비율을 그대로 적용한다.

다음은 임대주택 의무건설비율인데, 재개발 경우에는 전체 세대수의 5%를 임대주택으로 건설하며, 전체 임대주택 세대수의 30% 이상 또는 전체 세대수의 5% 이상을 전용면적 40㎡ 이하의 임대주택으로 건설하도록 하고 있다. 반면 재건축은 임대주택 의무건설비율이 없다.

부산시의 재개발 임대주택 의무건설비율을 보면 다른 지자체보다 훨씬 높아 공공성이 강화됨은 물론 원조합원들의 정착률 제고에도 크게 기여할 것으로 보인다. 〈도시정비법〉 개정 고시(2019.2.13.부터)를 통해 재개발사업의 임대주택 의무건설비율을 기존 총세대수의 5% 이하에서 8.5% 이하로 상향 적용하기로 했기 때문이다. 이번 임대주택 의무건설비율 상향조정은 개정(2018.2.9.)된 〈도시정비법〉과 국토부 고시 '정비사업의 임대주택 주택규모별 건설비율' 개정에 따른 것으로, 부산시의 상향조정 비율은 15%인 서울을 제외한 광역시(인천·대구·대전·울산 5% 이하) 중 가장 높은 수준이다.

사실 그동안 재개발구역마다 원주민 정착율이 낮아 사회문제화되어 온 것이 사실이다. 이번 조치로 서민들의 주거안정과 원주민 재정착률을 획기적으로 제고할 수 있을 것으로 기대된다. 특히 다른 지자체보다 부산지역의 임대주택 의무건설비율이 상대적으로 높아 향후 재개발구역 내 적은 감정평가액으로 분양받기 어려워 쫓겨날 위기에 처한 원주민들의 정착에 도움이 될 것이다.

주의해야 할 점은 개정된 이 규정의 적용 시기인데, 법 집행의 일관성을 위해 고시일 이후 최초로 입안권자에게 정비계획 입안을 제안하거나 정비구역을 지정하기 위해 주민의견을 청취하는 사업장부터 적용된다는 것이다. 즉 개정 고시 전 이미 사업시행계획인가 또는 건축위원회 심의를 신청하거나 진행 중인 사업장은 적용 대상이 아니다. 아울러 재개발구역 내 '학교용지를 확보하는 경우' 공공기여에 따른 인센티브가 적용되어 임대주택 의무건설비율이 4% 이하까지 조정된다.

05 정비사업구역 〈임대차보호법〉 적용

> A는 재개발구역 내 주택을 임차하면서 '관리처분계획인가 시 임대차가 종료한다'는 것으로 약정하고 임대차계약을 체결한 경우, 〈주택임대차보호법〉상 2년의 임대차기간이 보장되는가?

사례의 결론은 재개발구역에서는 사업진행 단계에 따라 임대차보호법 적용을 받을 수도 있고 받지 못할 수도 있다. 즉 관리처분계획인가일 이전과 이후로 구분한다. 먼저 관리처분계획인가일 이전에 임대차계약을 체결한 경우에는 〈주택임대차보호법〉 제4조제1항, 즉 '기간을 정하지 않거나 2년 미만으로 정한 임대차는 그 기간을 2년으로 본다'는 규정을 적용받는다. 이와 관련하여 동법 제10조에서는 '임차인에게 불리한 것은 그 효력이 없다'고 규정하고 있다.

따라서 중요한 것은 '관리처분계획인가 시 임대차가 종료'하는 것으로 한 약정이 임차인에게 불리하다면 효력이 없으므로 무효가 된다. 무효가 된다는 것은 A에게 2년의 기간이 보장된다는 의미다. 그럼에도 불구하고 A는 계약기간 2년이 되기 전에 관리처분계획인가가 나면 임대차계약이 종료된다.

관리처분계획인가가 나면 〈도시정비법〉 제44조제5항, 즉 '관리처분계획의 인가를 받은 경우 지상권, 전세권설정계약 또는 임대차계약의 계약기간에 대하여는 〈민법〉 제280조 및 동법 281조, 제312조제2항, 〈주택임대차보호법〉 제4조제1항, 〈상가건물임대차보호법〉 제9조제1

항의 규정은 이를 적용하지 아니한다'고 규정하고 있으므로 관리처분계획인가일 후에 A가 임대차계약을 체결한 경우라면 계약기간 2년을 주장할 수 없다.

〈도시정비법〉은 〈주택임대차보호법〉보다 특별법의 지위를 가지기 때문에 관리처분계획인가 후에 임대차계약을 체결했다면 철거할 때 임대차계약이 자동 종료된다. 재개발사업은 시간과의 싸움인데 철거 때가 됐는데도 임대차기간을 계속 주장한다면 사업 자체가 지연되고 때로는 사업 자체가 무산될 수도 있기 때문이다.

06 재건축 르네상스가 도래하고 있다

　우리나라는 급속한 산업화 결과로 대도시에서는 한 동네 건너 재개발·재건축이 진행되고 있다. 산업화 시대에 무질서한 도심과 우후죽순 생겨난 주택들이 많았다는 반증이다. 특히 오는 2022년부터 우리나라 주택시장은 한바탕 회오리가 닥칠 예정이다. 부동산 투기열풍과 함께 1980년대 우후죽순 건설됐던 아파트가 재건축이 가능한 노후·불량주택 대열에 합류하기 때문이다. 지금까지는 재건축 연한을 채운 주택이 연간 10~15만 가구 정도였지만 2022년부터는 그 3배를 넘는 연간 45만 가구가 쏟아져 나올 예정이다.

　통계청이 발표한 우리나라 전체 주택 수는 1,669만 2,000가구다. 이 중 20년 이상 된 주택이 762만 9,000가구로 45.7%에 달한다. 이를 아파트로 국한해 보면, 1,003만 가구 가운데 362만, 6,000가구가 20년 이상 되었다. 따라서 2022년부터 노후주택이 큰 폭으로 증가하다 2030년 전후가 되면 노후주택 대체수요가 최고조에 달할 것으로 예상하고 있다. 〈주택산업연구원〉에서도 2030년 전후로 재개발·재건축이 활발하게 진행되어 이주수요도 급증하고 2042년까지는 주택수요가 지속적으로 증가할 것이라 예상하고 있다.

　흔히들 인구가 줄어드는데 왜 계속 주택을 공급해야 하는지 궁금해한다. 우리나라는 출생률 감소에도 불구하고 인구가 계속 증가하여 2031년 5,290만 명을 정점으로 점차 줄어들 것으로 예상하고 있다. 이를 가구 수 기준으로 주택수요를 계산하면 2020년까지 1,770만 가구, 2042

년엔 1,917만 가구가 필요할 것으로 전망하고 있다. 주택수요 증가의 가장 큰 요인은 1~2인 가구의 증가다. 2015년부터 2045년까지 1~2인 가구가 577만 가구 늘어나는데, 4인 이상 가구는 279만 가구가 감소할 것으로 예측하고 있다. 따라서 소형가구 증가가 신규주택 수요의 핵심이다. 주택은 인구 단위가 아닌 가구 단위로 소비되기 때문에 계속 주택이 공급되어야 한다.

〈도시정비법〉상 재개발·재건축사업을 할지 말지를 결정짓는 요소는 여러 가지가 있지만 그중 가장 중요한 것은 건축물의 노후·불량화 정도이다. 우리나라 역사상 가장 많은 아파트가 지어진 1990년대(1990~1999년)에 건축된 주택이 무려 552만 호로 전체 주택의 33.7%에 이른다. 전체 주택 중 동 기간에 지어진 아파트만 374만 호에 이를 정도로 이 시기에 집중적으로 지어졌다.

통계청 자료를 보면 2016년 기준 준공 20년 이상된 주택은 762만 8,843가구인 것으로 나타났는데 이는 전국 1,669만 2,230가구 중 46%를 차지하는 수준이다. 10년~15년 미만과 15년~20년 미만이 각각 15%로 뒤를 이었으며, 신규주택이라 할 수 있는 5년 미만은 13%에 불과했다. 46%가 20년 이상 된 노후주택으로 나타나 향후 재개발·재건축이 활발해질 수밖에 없다.

지역별로는 경기도가 136만 5,551가구로 가장 많았으며, 이어 서울 121만 9,207가구, 부산 60만 1,598가구, 경남 56만 9,152가구, 경북 55만 7,629가구 그리고 전남 45만 7,089가구, 인천 44만 7,885가구 등의 순으로 나타났다. 재건축 가능한 주택 연수를 두고 20년이니 30년이니 논란이 있지만 30년 이상된 노후주택도 16%나 된다.

현재 재건축 대상이 되는 아파트는 대부분 1980~1989년 사이에 지어진 아파트인데 96만 호에 불과하다. 그런데도 정부는 재건축이 집값을 올린다면서 연신 목을 조르고 있다.

그러나 본격적인 재건축 르네상스는 아직 도래하지 않았다. 앞서 언급한 것처럼 대도시에서 신규 대규모 택지 공급이 사실상 불가능하기 때문에 재개발·재건축을 통해서 주택을 공급할 수밖에 없다. 지금도 서울과 부산은 주택물량의 40% 정도가 재개발·재건축으로 공급되고 있는데 향후 재개발·재건축 르네상스가 도래하면 그 비중은 더 높아질 것이다.

07 주택보급률이 100%를 넘었는데 주택이 더 필요할까?

 현실적으로 우리나라 대도시에는 신규로 대규모 주택을 공급할 수 있는 땅이 거의 없다. 그러다 보니 재개발이나 재건축이 대안으로 떠오르고 있다. 실제 신규로 공급되는 주택의 약 절반에 가까운 물량이 재개발·재건축으로 공급되고 있어 주택공급의 일등공신 역할을 하고 있다. 재개발·재건축 투자를 고려하는 사람들 중 일부는 우리나라 주택보급률이 100%를 넘었고 출산율도 낮은데 왜 주택이 더 필요한지 의아해하면서 주택가격이 폭락하는 것 아닌가 하고 우려한다.

 과연 그럴까. 주택보급률이란 일반 가구 수 대비 주택 수의 비율을 나타내는 것으로 한 국가 또는 지역에 거주하는 가구 수에 비하여 주택 재고가 얼마나 부족한지, 여유가 있는지를 보여주는 양적 지표이다. 우리나라의 주택보급률은 5년마다 실시하는 〈인구주택총조사〉 자료를 통해 산출된다. 행정력 낭비 등을 감안할 때 매년 인구주택총조사를 실시하기는 어렵다. 주택보급률을 산출할 때 주택 수는 기본적으로 인구주택총조사 자료를 기반으로 한다.

 그러면 인구주택총조사를 실시하지 않는 연도에는 주택 수를 계산하는 것이 불가능하다는 말인가. 인구주택총조사는 5년마다 실시하지만 주택보급률 통계치는 매년 산출한다. 인구주택총조사를 실시하지 않는 연도는 전년도 총주택 수에서 올해 준공된 주택 수를 더하고 올해 멸실된 주택 수를 차감하여 계산한다.

 주택보급률은 매년 12월 31일을 기준으로 통계청에서 작성한다.

> **주택보급률(%) = (주택 수/가구 수) × 100**

2016년 기준 우리나라 가구 수는 1,937만 가구에 주택 수는 1,988만 채로 주택보급률은 102.6%이다. 우리나라는 2010년에 처음 주택보급률이 100%를 넘어 모든 가구가 집 한 채씩 가질 수 있을 만큼 주택이 공급되어 있다는 이야기이다.

지역별로 살펴보면, 주택보급률이 가장 높은 지역은 113%의 경북이고, 뒤이어 전남과 충북이 110.7%를 보이고 있다. 반면 가장 낮은 지역은 96.3%인 서울이며, 수도권과 경기지역이 각각 98.2%와 99.1%로 전국 평균보다 턱없이 낮다.

그럼 서울의 주택보급률이 96.3%라면 나머지 3.7%, 약 37만 명의 사람들은 집 없이 떠도는 노숙자라는 말인가. 주택보급률 통계는 절대 만능이 아니다. 주택 수 산정 시 오피스텔, 고시원이나 셰어하우스 및 외국인 가구 등이 포함되지 않기 때문이다. 이처럼 서울과 수도권의 주택보급률이 상대적으로 낮아 정부의 서울 집값 잡기가 어려운 것이다. 즉 정책도 정책이지만 공급량 자체가 절대 부족한 탓이 크다는 말이다.

우리나라 집값을 좌지우지하는 서울의 주택보급률은 2010년 94.4%에서 2016년 96.3%로 높아지긴 했지만, 여전히 전국 평균 102.6%에는 한참 못 미치는 수준이다. 주택보급률 부족도 문제지만 진짜 문제는 자가보유율이 50.4%에서 45.7%로 오히려 떨어졌다는 점이다. 이는 그만큼 다주택자 비중이 늘어났다는 반증이다. 다주택자 비중은 서울의 경우 강남 등 부자 동네일수록 높다.

통계에서 보듯이 우리나라 주택공급 절대량은 크게 부족하지 않다.

그러나 문제는 지역별 주택수급 불균형으로 지역 간 주택보급률 차이가 심해 그 간극을 메우기가 쉽지 않다는 데 있다. 특히 집이 부족한 수도권에서 다주택자의 비율이 너무 높아 1가구 1주택 실현이 요원하다는 점이다. 이는 수도권 집중화로 인한 구조적인 문제에, 주택이 재산 증식의 유력한 수단이라고 판단하여 투자 및 투기 대상으로 생각하는 자본주의의 병폐에 해당되는 부분이라 집값 규제만으로 잠재우기가 쉽지 않다.

인구의 절반이 거주하는 수도권에서 오히려 주택보급률이 전국 평균보다도 한참 낮은 수준이다. 수도권 중에서도 서울 지역이 제일 낮고, 서울에서는 강남 3구가 가장 낮다. 거기다 자연멸실률까지 감안하면 공급은 그야말로 턱없이 부족하다. 생각해 보라. 전국에서 서울을 비롯한 수도권 주택보급률은 전국 평균에 한참 못 미치고 수도권 중에서는 서울의 주택보급률이 가장 낮고 서울 중에서는 강남 3구가 가장 낮다. 강남 3구의 집값이 오르는 것은 어쩌면 당연하다.

집값을 잡기 위한 가장 이상적인 대책은 국민 모두가 집을 한 채씩 갖게 하는 것이다. 그린벨트를 해제하고, 서울 시내 유휴지를 개발해서 주택을 공급하거나, 신도시를 개발하는 등 근본적으로는 주택 수를 늘려야 하고, 주택을 늘리기 위해서는 땅이 공급되어야 하는데, 앞서 말한 대로 정작 필요한 수도권 지역, 특히 강남 3구에는 주택을 지을 땅이 없다는 것이 문제다.

게다가 주택보급률이 100%를 넘어도 1가구당 1주택이 아니라는 것이 고민이다. 1가구가 여러 채를 소유하고 있어 모든 가구가 집을 보유하고 있는 것은 아니다. 따라서 노후화된 주택 개량, 자연멸실, 택지개발 등이 필요하기 때문에 주택보급률이 100%를 넘었다고 해서 신규주택 공급이 필요 없다는 의미는 아니다.

주택보급률 '100% 초과'는 일반 가구 수보다 주택 수가 더 많다는 것을 의미하므로 주택공급이 많다는 의미로 들릴 수 있지만, 결론부터 말하면 여전히 우리나라는 주택이 부족하다. 출산율은 낮지만 노인 인구 증가와 가구 수 증가 속도가 너무 빠르기 때문이다. 주택보급률을 올바로 이해하려면 일반 가구 수와 주택 수의 변화를 함께 봐야 한다. 그렇지 않으면 통계의 오류에 빠질 수 있다. 특히 다른 나라들보다 가구 수 증가 속도가 빠른 우리나라의 경우에는 더 그렇다.

앞서 언급한 대로 우리나라의 가구 수는 지금 이 시각에도 계속 증가하고 있다. 증가하는 만큼 주택을 공급해야 한다. 통계청이 발표한 '2010~2035년의 장래 가구 추계'를 보면 우리나라의 2035년 가구 수는 2,226만 1,000이다. 2010년 기준 1,735만 9,000가구 대비 약 1.3배 증가하는 수준이다. 특히 가구 수 통계에서 눈여겨봐야 할 점은 우리나라의 인구증가율이 2030년 이후 감소하기 시작하지만, 가구 수만큼은 2035년까지 계속 증가할 것이라는 점이다.

왜 그럴까? 1인 가구, 부부 가구, 노인 가구 등으로 가구가 세분화되고 있기 때문이다. 평균 가구 수는 2010년 2.71명에서 2035년 2.17명으로 감소할 것으로 전망하고 있다. 주택보급률이 100%가 넘는 상황인데도, 인구증가와 가구증가가 동시에 진행되고 있어 2035년까지는 꾸준히 주택공급이 필요하다. 그중에서도 1인 가구 증가가 두드러질 것으로 보여 최근 주택공급 업체들도 1인 가구 주택 수를 늘리고 있다.

08 주택시장의 핵심 지표, 인구 1,000명당 주택 수

주택시장 지표 중 '인구 1,000명당 주택 수'를 간과하는 경우가 있는데 이는 주요 선진국에서는 중요한 주택시장 흐름을 나타내는 지표이자 정부 정책의 기초가 되고 있다. 〈그림 1〉은 통계청에서 발표한 인구 1,000명당 지역별 주택 수(2016년)를 나타낸 것이다.

산식은 비교적 간단하다. 분모는 총인구, 분자는 총주택 수를 넣고 곱하기 1,000을 하면 된다. 즉, '(총주택 수/총인구)×1,000명'이다. 결론부터 말하면, 여전히 우리나라는 주택부족 국가이며 특히 서울과 수도권은 주택 수가 턱없이 부족하다.

앞서 우리나라의 주택보급률은 102.6%로 100%가 넘었는데(2016년) 왜 주택이 부족하다는 것이냐고 반문할지 모르겠다. 일반적으로 적정주택보급률은 120% 정도로 보고 있다. 이유는 다주택자에다 공실률 등을 고려해야 하기 때문이다. 이에 비추어 보면 주택보급률이 102.6%에 불과한 우리나라는 주택이 여전히 부족하다.

우리나라의 인구 1,000명당 주택 수는 지역별로 편차가 심하다. 전국 평균은 387호인데 서울은 371호, 수도권 360호, 경기 350호이다. 400호가 넘는 지역도 있다. 가장 높은 경북 453호를 비롯하여 전남 448호, 강원 430호, 충북 426호, 전북 424호를 이어 충남 416호, 세종 404호 등이다.

중요한 것은 서울과 수도권이 우리나라 평균인 387에 한참 못 미친다는 것이다. 서울과 수도권 및 경기가 우리나라에서 상대적으로 주택 수가 적다. 서울 집값을 잡겠다는 정부 정책이 도돌이표가 되고 약효가 없는 이유다. 수요와 공급이라는 시장의 기본 원리에서 공급이 부족하면

<그림 1> 2016년 지역별 인구 1,000명당 주택 수

구분	인구	1천 명당 주택 수	구분	인구	1천 명당 주택 수
전국	51,270	387.7	경기	12,672	350.7
수도권	25,390	360.8	강원	1,522	430.9
서울	9,806	371.6	충북	1,603	426.7
부산	3,440	399.8	충남	2,133	416.8
대구	2,461	392.6	세종	243	404.0
인천	2,913	368.3	전북	1,833	424.3
광주	1,502	396.3	전남	1,796	448.3
대전	1,535	391.2	경북	2,682	453.6
울산	1,166	391.9	경남	3,340	406.8
제주	623	379.3			

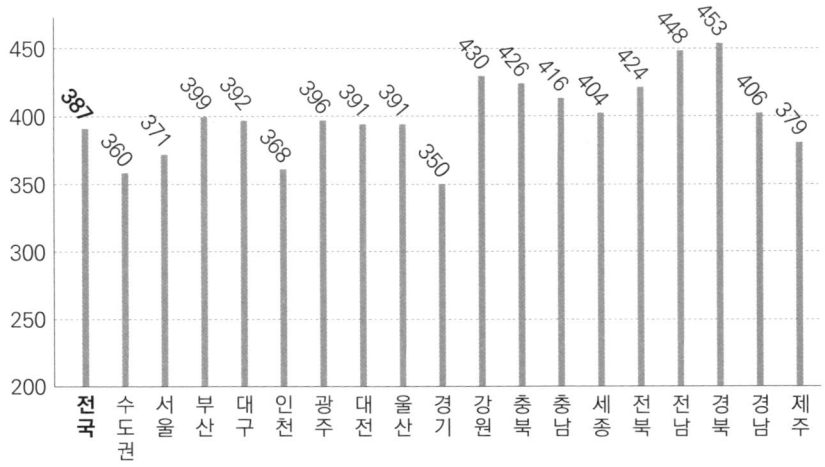

아무리 좋은 정책도 효과를 내기 어렵다.
 결론적으로 정부는 야심차게 '서울 집값'과의 전쟁을 치르고 있지만 신통치 않은 이유는 공급량 자체가 너무 부족하기 때문이다.

도 랑 치 고 가 재 잡 는 재 개 발 재 건 축

제 2 장

재개발·재건축
사업절차 및 투자타이밍

2010년 개봉한 영화 〈드림홈Dream Home〉.

주인공 청라이샹(조시 호)은 어려서부터 바다가 내려다보이는 그림 같은 집을 갖는 것이 꿈이었지만 개발사업으로 인해 월세방에서 강제로 쫓겨나면서 그녀는 부모님에게 꼭 집을 사드리겠다고 재차 다짐한다. 그러나 세월이 지나 엄마가 죽고 아빠가 병에 걸릴 때까지 그녀는 집을 사지 못했다. 오히려 아빠의 병원비를 위해 투잡을 뛰면서 식비까지 줄이고 줄여 겨우 아파트 계약금을 낼 수 있을 정도의 돈을 모았을 때, 아빠의 병원비가 눈덩이처럼 불어났다. 견디다 못해 남자친구에게 손을 내밀었지만 단칼에 거절당한다.

그러자 이성을 잃은 청라이샹은 자신이 사고 싶었던 아파트를 찾아가 그곳에 사는 사람들을 무차별 공격하기 시작한다. 집에서 흔히 볼 수 있는 도구들로 온갖 살인을 저지르는 과정을 사실적으로 보여주어 일반인들이 보기에 거북스러웠고 실제로 호러물의 리얼리티가 높아 관객들이 기절하거나 구토 증상을 보일 정도였다.

영화는 홍콩의 악명 높은 집값을 소재로 삼아 사회현실을 비판하는 메시지를 담고 있다. 그도 그럴 것이 2010년에 제작된 영화이지만 지금도 홍콩의 아파트 가격은 천정부지로 치솟고 있다. 2018년 3월 홍콩에서 20피트 컨테이너 1대 면적(126제곱피트)보다 약간 큰 '초미니 아파트'가 무려 10억 원이 넘는 가격에 팔려 세계적인 화제가 되기도 했다. 1제곱피트는 약 0.028평이므로, 209제곱피트는 약 5.9평이다. 5.9평 아파트가 11억 원에 팔렸으므로 1평에 무려 1억 8천만 원인 셈이다. 비싼 집값은 우리나라만의 문제는 아니다. 대부분 세계 주요 대도시에서는 월급 받아 아파트를 산다는 것은 쉽지 않은 현실이다.

01 재개발·재건축 사업절차

사실 아파트는 자동차와 마찬가지로 시간이 지나면 가격이 내려가는 것이 상식이지만 우리나라의 경우, 아파트가 오래되어 재건축할 때쯤이면 건물은 노후화되었는데도 불구하고 오히려 가격이 올라가는 현상이 나타나고 있다. 그래서 혹자는 오래될수록 가격이 올라가는 것 세 가지로 골동품, 와인 그리고 대한민국 아파트 가격을 꼽는다.

세계 어느 나라 할 것 없이 대도시에서 내 집 마련하기는 쉽지 않다. 우리나라에서 그나마 소액으로 집을 마련할 수 있는 방법이 재개발·재건축의 조합원입주권을 매입하는 것이다. 입주권은 청약이라는 번거로운 절차 없이 비교적 안전하게 그리고 할인된 분양가로 주택을 마련할 수 있는 기회다. 그러나 재개발·재건축은 절차가 복잡하고 10년에서 15년 정도 걸리는 장기적인 사업이다. 따라서 투자자 입장에서는 초기에 진입하기보다는 사업이 어느 정도 진행된 구역을 선별하여 투자할 필요가 있다.

재개발·재건축 투자는 소액으로 가능한 반면, 여타 부동산에 비해 어느 정도 학습이 필요하다. 결국 중요한 것은 투자 타이밍인데 타이밍을 잡으려면 입지도 입지지만 진행 단계와 사업속도 등을 고려해야 한다. 사업절차는 〈도시정비법〉에 근거하여 진행되기 때문에 모든 사업장이 동일할 뿐만 아니라 단계를 생략하거나 바꿀 수도 없다.

〈표 5〉는 정비사업에서 가장 중요한 사업절차를 정리한 것이다.

〈표 5〉 재개발·재건축 사업절차		
	사업절차	세부내용
1	정비기본계획	기초조사 및 정비기본계획 입안 – 주민공람(30일) – 관계행정기관 협의 – 구의회 의견청취(60일) – 시·도시계획위원회 심의 – 정비구역지정 고시 – 국토교통부 장관 보고, 일반인 열람
		사업의 출발점, 10년 단위로 수립하되 5년마다 타당성 검토
2	안전진단 (재건축)	안전진단 요청 – 현지 조사를 통한 안전진단 실시 여부 결정 – 기관선정 – 실시 – 안전진단결과보고서 제출 – 적정성 의뢰 및 검토
		안전진단 기준 정상화(2018.2.20.국토교통부) 발표로 안전진단 요건 대폭 강화
3	정비구역지정	정비구역지정 입안 – 주민설명회 공람 및 공고 – 지방의회 의견청취 – 정비구역지정 신청 – 시·도시계획위원회·건축위원회 심의 – 정비구역지정 고시 – 국토교통부 장관 보고 – 일반인 열람
		구역이 지정되면 신축, 증축 등 일체의 행위 금지
4	추진위원회 승인	주민총회 – 임원선임 – 추진위원회 구성 – 토지등소유자 동의 – 승인신청 – 운영규정 신고 – 승인
		전문관리업자 선정, 조합설립인가 준비, 동의서징구, 임시기구
5	조합설립인가	정관작성 – 창립총회 – 토지등소유자의 동의 – 인가신청 – 인가 – 주된 사무소 소재지에 등기
		사업시행자 확정, 업무체계 정립, 사업 진행에 탄력
6	시공사선정	입찰공고 – 경쟁입찰 – 총회의결 – 시공사선정 – 공고 – 통지 및 열람
		시공사 브랜드 가치 제고, 조합 운영비 지원
7	사업시행인가	사업시행계획서 작성 – 인가신청을 위한 총회 – 인가신청 – 주민공람 및 의견청취 – 인가 및 고시
		사업의 세부내용 확정, 분양신청기간 통지 및 분양신청기간 공고(120일 이내), 감정평가 기준일, 국·공유지 용도 폐기

8	조합원 분양신청	분양통지 및 공고 – 분양신청
		사업시행인가일로부터 120일 이내, 분양신청기간 내 신청하지 않으면 조합원 자격 박탈되고 현금청산 대상
9	감정평가	종전자산평가 : 감정평가업체 선정(2곳) – 감정평가 일자 협의 – 세입자 실태조사 및 감정평가
		2개 이상의 감정평가업자, 형평성 평가, 관리처분계획 수립을 위한 평가
10	관리처분계획 인가	관리처분계획 수립 – 공람 및 의견청취 – 조합의결 – 관리처분계획인가 신청 – 관리처분인가 및 고시 – 관리처분계획인가 내용 통지
		정비사업의 하이라이트, 분양가 및 추가분담금 규모 확정, 지상권, 전세권 및 〈주택임대차보호법〉, 〈상가임대차보호법〉 적용 배제

11	이주 및 철거	* 이주계획 및 일정협의 – 대의원회 상정 – 이주계획서 통지 –
		  이주일정 조정 – 이주확정계획서 재통보 – 이주비 대여,
		  근저당권 설정 – 이주비 지급 – 이주
		* 철거방안 수립 – 용역업체 선정 – 철거승인 – 철거신고 – 철거

		공가 처리, 이주비 대출 신청
12	착공· 일반분양· 준공 및 입주	* 착공 : 착공준비 – 시공보증 – 착공 * 일반분양 : 분양계획서 작성 – 입주자 모집공고 승인신청 * 준공 및 입주 : 준공검사 – 준공인가 고시 – 측량 및 토지분할 – 소유권 이전고시
		일반분양은 조합원 제공 후 남는 물량, 공공지원민간임대주택 (구 뉴스테이) 연계형 재개발의 경우 일반분양 없음, 20세대 미만인 경우 임의분양 가능
13	청산 및 해산	청산금 징구/지급 및 등기촉탁 – 청산법인 설립 – 조합에서 인허가권자에게 서류이관 – 해산

1) 정비기본계획

우리나라는 70~80년대 급속한 산업화로 우후죽순 생겨났던 주택이나 동네들이 노후화되자 이를 정비하기 위해 2002년 〈도시 및 주거환경정비법〉을 만들어 체계적인 계획을 세우기 시작했다.

정비기본계획(이하 '기본계획'이라 한다)은 특별시·광역시 또는 시의 관할 구역에 대하여 정비사업의 기본방향과 목표 등을 제시하는 '선계획 – 후개발' 원칙에 입각한 정비사업 종합계획이다. 따라서 어떤 지역이 현재 기본계획에 포함되지 않았다면 아무리 정비기반시설이 열악하고 건축물이 노후화되어 있다 하더라도 그냥 낙후된 동네일 뿐 향후 10년 내에는 정비사업이 진행되지 않는다. 물론 기본계획이 수립된 지역이라고 모두 정비구역지정으로 이어지지는 않는다.

기본계획은 인구 50만 이상 시에서 10년 단위로 수립하는 장기도시계획으로 5년마다 타당성 검토를 통하여 다양한 주변 여건의 변화를 반영하도록 하고 있다. 다시 말하면, 기본계획은 도시정비에 대한 미래의 모습과 목표를 명확히 설정하고 실천 전략을 구체적으로 제시하여 합리적인 토지이용과 쾌적한 도시환경을 조성하는 종합계획이다. 기본계획의 주요 내용은 정비사업의 기본방향, 사업기간, 토지이용 및 정비기반시설 등의 현황, 건폐율 및 용적률 등에 관한 건축물의 밀도계획, 세입자 주거안정 대책 등이 전부 포함되어야 한다.

부동산시장이 침체되자 갈수록 기본계획 수립 자체도 더 엄격해지고 이미 지정된 정비구역도 〈도시정비법〉 제4조3에 의거 일몰제(제7장 정비구역 해제 참조)에 걸려 해제되는 경우가 빈번해 기본계획 수립 기준과 원칙이 더욱 강화되고 있다. 부산의 경우, 기본계획은 '2020 부산광역시 도시 및 주거환경정비 기본계획'에 의해 수립되는데 갈수록 요건이 강화되고 있다. 한 마디로 기본계획은 정비사업의 출발선이자 전체적인 로드맵이며, 10년마다 수립되는 장기도시계획으로 정비사업의 기본방향을 정한 지침 성격의 종합계획이다.

2) 안전진단

안전진단은 재개발에는 없고 재건축에만 해당되는 절차다. 안전진단은 재건축 준비 단계로 기본계획 수립 후 정비구역지정 전에 이루어지는 단계이다. 안전진단은 〈도시정비법〉 제12조1항에 의거, 정비사업추진계획에 따라 재건축의 정비예정구역별 정비계획의 수립 시기가 도래하였거나, 토지등소유자 10분의 1 이상의 동의를 받았거나 재건축 시행을 결정한 날로부터 10년이 되는 날까지 사업시행인가를 받지 않고, 다음의 어느 하나에 해당하는 경우로 시장·군수가 안전사고 우려가 있다고 인정하는 경우에 실시된다.

> ① 재난이 발생할 위험이 높거나 재난 예방을 위하여 계속적으로 관리할 필요가 있다고 인정하여 특정 관리대상시설 등으로 지정하는 경우
> ② 재해 및 재난 예방과 시설물의 안정성 확보 등을 위하여 정밀 안전진단을 실시하는 경우
> ③ 공동주택의 구조 안전에 중대한 하자가 있다고 인정하여 안전진단을 실시하는 경우

안전진단 결과, E등급을 받으면 곧바로 재건축을 시행하게 된다. A~C등급의 경우에는 유지·보수 그리고 D등급의 경우에는 조건부로 재건축을 진행하게 된다. 2018년 3월에 발표된 국토교통부의 '안전진단 정상화 방안'에 의거 구조안정성평가의 가중치는 높아지고 주거환경평가의 가중치는 낮아졌다.

그동안 건축물의 노후화가 심하지 않은데도 기반시설이 부족하다는 이유로 무분별하게 진행되던 재건축에 국토교통부에서 일단 안전진단 기준을 강화하여 제동을 걸었다. 안전진단 강화에다 초과이익환수제 부활 및 8·12 대책에 따른 민간택지 분양가상한제 실시 등으로 재건축시

> **〈안전진단 정상화방안 주요 내용〉**
> 첫째, 구조안정성 비중이 50%로 높아진 반면, 주거환경 비중은 15%로 상대적으로 축소되었다.
> 둘째, 시장·군수가 안전진단 실시여부를 결정했던 이전과 달리 현지조사 단계부터 공공기관이 참여할 수 있는 근거를 마련함으로써 전문성과 객관성을 갖추게 되었다.
> 셋째, E등급 판정을 받으면 재건축이 시행되고, D등급을 받으면 조건부 재건축에 해당되어 안전진단 기준을 강화하였다.
> 넷째, 안전에 취약한 D등급 이하 건축물의 경우 재건축 사업진행을 위해 〈도시정비법〉상 안전진단 절차를 다시 거쳐야 했지만, 향후에는 중복절차를 거치지 않고 사업추진이 가능하도록 했다.

장 전체가 위축되고 있는 것은 사실이다. 재개발과 달리 유독 재건축에 정부 규제가 강화되는 것은 그동안 재건축아파트가 주택가격 상승의 주범이라고 판단하기 때문이다.

시장·군수가 안전진단 실시여부를 결정했던 이전과 달리 현지조사 단계부터 전문성 있는 공공기관이 참여할 수 있는 근거를 마련함으로써 전문성과 객관성을 갖추게 하였다. 그리고 구조안정성 확보라는 재건축사업의 본래 취지에 맞게 제도가 운영될 수 있도록 구조안정성 비중은 50%까지 상향조정한 반면, 주거환경 비중은 15%로 상대적으로 축소하여 노후화되지 않은 재건축 단지에 제동을 걸었다. 또한 조건부 재건축 판정을 받은 경우, 안전진단 결과보고서에 대한 공공기관의 적정성 검토를 거치도록 검증을 강화하여 안전진단 D등급을 받으면 재건축이 가능했던 것을 조건부 재건축으로 지정하여 재건축이 더욱 어려워졌다.

마지막으로, 안전에 취약한 D등급 이하 건축물 경우에는 재건축사업 진행을 위해 〈도시정비법〉상 안전진단 절차를 다시 거쳐야 했지만, 개정으로 중복절차를 거치지 않고 사업추진이 가능해졌다.

3) 정비구역지정

기본계획에 포함되었다고 해서 모두 정비구역지정이 되는 것은 아니지만 기본계획에 포함되어 있지 않으면 100% 정비구역으로 지정되지 않는다. 기본계획에 포함된 구역 중에서 정비구역지정 요건에 부합하는 지역이어야 정비구역지정으로 이어진다. 정비구역지정 기준(부산시)은 재개발과 재건축이 차이가 있다.

정비구역지정은 〈도시정비법〉 제8조제1항에 규정되어 있다. 〈표 6〉에서처럼, 정비구역지정 요건은 여러 가지가 있지만 핵심은 건축물의 노후화 정도이다. 정비구역으로 지정되면 재해복구나 재난수습 등 응급조치를 제외한 신축, 증축, 용도변경 등 일체의 행위가 금지된다. 행위를 하려면 시장 군수 등의 허가를 받아야 하므로 가급적 손대지 말고 현 상태로 두라는 의미다.

〈표 6〉 부산지역 재개발·재건축 정비구역지정 기준

구분	재개발	재건축
전제	• 아래 항목 중 건축물 노후불량 현황 및 밀도를 필수항목으로 함 • 부지면적 10,000㎡ 이상	경과 연도 및 기타 항목 모두 만족
대지현황	과소 필지 등 비율 40% 이상	-
건축물현황	노후·불량건축물 80% 이상	부산시 조례에 따름
밀도	호수밀도 50호/ha 이상	-
도로	4m 미만, 도로점유율 30% 이상, 접도율 40% 이하	-

| 기타 | • 상습침수지역, 재해관리구역
• 과소 필지 등으로 건축행위가 제한됨으로써 주거환경이 열악하게 된 곳
• 국·공유지 비율이 높은 곳
• 순환용 주택을 건설하기 위하여 필요한 지역
• 기존 재개발 기본계획상 지정 대상 범위로 추진 중인 지역 | • 부지면적 10,000㎡ 이상
• 예정세대수 300호 이상 |

* 자료 : 〈2020 부산광역시 도시·주거환경정비기본계획 변경〉, p.104~105

4) 추진위원회승인

조합설립추진위원회(이하 '추진위원회'라 한다)는 정비구역이 지정되고 조합설립을 위한 목적으로 토지등소유자 50% 이상의 동의를 받아 구성되는 단체로, 조합설립을 위한 제반 업무를 준비하고 총회를 거쳐 조합이 설립되면 해산되는 한시적 기구이다. 주요 업무는 정비사업 전문관리업자 선정, 설계자 선정, 개략적인 정비사업 시행계획서 작성, 조합설립을 받기 위한 준비업무, 토지등소유자의 동의서 징구, 조합설립을 위한 창립총회 개최, 조합 정관 초안 작성 등의 업무를 수행한다. 단 시공사 및 감정평가업자 선정 등은 조합 업무에 해당한다.

조합이 설립되면 추진위원회의 업무와 자산은 조합에 인계하고 추진위원회는 해산하게 된다. 추진위원회승인에 50% 이상의 동의를 받도록 한 이유는 50%로 할 경우 2개의 추진위원회가 난립할 수 있기 때문이다. 또한 이 단계에서는 서로 추진위원장이 되기 위해 파벌이 종종 생기는데 추진위원장이 되면 조합장으로 가는 지름길이기 때문이다.

따라서 배가 산으로 가고 사업지연으로 이어지는 경우가 빈번하다. 추진위원장 자리다툼에서 밀려난 세력들은 순순히 인정하지 않고 소위 비상대책위원회를 결성하여 조합의 강력한 견제세력이 되기도 한다. 그렇다면 추진위원회 단계에서 사업이 무산될 경우 매몰비용을 누가 부담하느냐도 문제다. 한마디로 정비사업단이 돈을 날리게 된다. 수십 개에 이르는 정비사업단과 설계자 선정 등을 계약할 때 대부분 돈을 일부 납입하는 조건으로 계약하기 때문이다.

5) 조합설립인가

조합이 설립된 재개발·재건축 구역을 다니다 보면, '경축! ㅇㅇ재개발구역 조합설립인가'라는 현수막을 볼 수 있다. 정비사업 전체를 통틀어 조합설립은 동의요건이 가장 까다롭기 때문이다. 조합설립인가는 사업시행자를 확정하는 중요한 단계인데, 이때부터 'ㅇㅇ정비사업조합'이라는 명칭을 사용할 수 있다. 조합은 비영리법인으로 사단법인의 성격을 가지게 된다.

〈표 7〉에서 보듯이, 재개발(주택정비형, 도시정비형)의 경우, 조합설립을 위해서는 '토지등소유자의 75% 이상 동의 + 토지면적 50% 이상'의 동의를 받아야 한다. 예를 들어, 토지등소유자의 동의율이 90%라 할지라도 토지면적 동의율이 50%를 넘지 않으면 조합설립이 되지 않는다. 재건축의 경우에는 각 동별 및 단지 전체의 동의요건이 다르다. 동별로는 토지

〈표 7〉 조합설립에 필요한 토지등소유자 동의요건

구분		전체		동별	
		소유자	토지면적	소유자	토지면적
재개발	주택정비형	3/4 이상	1/2 이상	–	–
	도시정비형	3/4 이상	1/2 이상	–	–
재건축		3/4 이상	3/4 이상	1/2 이상	–

및 건축물소유자의 50% 이상 동의율만 갖추면 되고 토지면적에 대한 기준은 없다. 단지 전체로는 토지 및 건축물 소유자의 75% 이상에 토지면적 기준 50% 이상의 동의가 함께 필요하다.

　조합이 설립되면 임시기구였던 추진위원회는 소기의 목적을 달성했으므로 해산하고 추진위원회의 업무는 조합이 포괄승계한다. 간혹 사업시행자가 건설회사인 것으로 생각하는 경우가 있는데 정비사업은 기본적으로 조합이 시행자가 된다. 토지등소유자로 구성된 조합원 스스로가 조합을 만들어 각자의 재산을 조합에 출자하는 형식이다.

　제3자가 개입할 경우, 조합원의 권리를 침해할 우려가 있기 때문에 조합원 스스로 협의해서 사업을 진행하라는 의미다. 조합원 자격을 보면, 재개발의 경우 토지등소유자는 조합설립에 동의하지 않아도 강제조합원이 되지만, 재건축은 동의한 자만 조합원이 되는 임의가입 형태를 취하기 때문에 조합설립에 동의하지 않으면 매도청구권이 주어지고 조합원 자격은 박탈된다.

6) 시공사선정

　조합이 설립되면 가장 먼저 하는 절차는 시공사 선정이다. 시공사는 총회에서 경쟁입찰방식으로 선정한다. 시공사가 선정되면 시공사에서 조합의 운영비를 지원해 주기 때문에 비로소 조합의 업무체계도 잡히고 사업진행에도 탄력을 받게 된다.

　그러나 정비사업 현장의 사정은 법규대로 잘 진행되지 않는 경우가 많다. 즉, 조합이 설립되기도 전에 건설사들이 사업현장에 들어가 비정상적인 행위를 하기도 하고, 조합장 및 임원 선임 등에 개입하여 사업을 혼란스럽게 하는 경우가 비일비재하다. 시공사에서 조합운영비를 지원해 주다 보니 조합장과 유착하여 각종 비리를 저지르는 경우도 많다.

이러한 폐단을 없애기 위해 서울시에서 2010년 '공공관리제도'를 도입하여 사업시행인가 후에 조합을 설립하도록 하고 있다. 그러나 통상적으로 시공사에서 조합운영비를 지원해 주는데 사업시행인가 후에 시공사를 선정하면 조합운영비 문제가 발생한다. 서울시는 이에 대한 보완책도 마련했다. 조합운영비가 필요한 조합에 대해 도시정비기금으로 운영비를 지원하고 있다.

그럼 조합설립 후 시공사를 선정하는 것과 사업시행인가 후 시공사를 선정하면 어떤 점이 다른 것일까. 먼저 조합설립 후 시공사를 선정하면 사업시행인가 신청 시 설계도면이나 자재 등에 시공사의 입김이 작용하여 결과적으로 공사비가 올라가 추가분담금이 증가하여 조합원이 피해를 볼 수 있다.

그러나 사업시행인가 후 시공사를 선정하면 이미 도면이나 자재 등이 결정된 상태이기 때문에 시공사에서 영향력을 발휘할 개연성 자체가 없어진다. 따라서 시공사는 주어진 도면이나 자재 등에 따라 공사금액만 결정할 수밖에 없다. 조합원 입장에서도 시공사 선정이 간단하다. 공사비가 낮고 각종 옵션 혜택이 많은 건설사를 선정하면 되기 때문에 서울시의 대처가 바람직해 보인다.

시공사 선정은 투자자 입장에서도 중요하다. 시공사의 아파트 브랜드 가치가 상승하는 시기이기 때문이다. 문제는 주요 정비사업 시공권 수주를 일부 대형건설사들이 싹쓸이하고 있다는 점이다. 지역업체에 대한 용적률 인센티브 등과 같은 유인책을 제공하고 있지만 빈익빈 부익부 현상은 심화되고 있다.

재개발·재건축과 같은 도시정비사업 수주액(2018년) 중 10대 건설사가 수주한 금액은 12조 1,652억 원으로 전체의 50%가 넘는다. 10대 건설사 중에서도 대림산업과 현대산업개발, GS건설 3개 사가 수주한 금액이 5조 8,273억 원으로 총수주액의 절반에 육박한다. 부산이라고 예외는 아니다. 유독 롯데건설이 두각을 보이고 있다. 총 38개 동 4,488세대인 남구의 대장주로 불리는 대연3구역의 시공사는 롯데건설과 현대산업개발 컨소시엄이다. 주택가격이 100주(2019년 8월 셋째 주 기준) 연속 하락하고 있는 부산이지만 얼마 전 지하철 2호선 동의대역 초역세권인 가야3구역 1순위 청약 379가구 모집에 무려 2만 3,049명이 몰려 평균 경쟁률 60.8대 1을 기록했는데 시공사는 롯데건설이다.

이외에도 부산의 정비사업 주요 사업장은 롯데건설을 비롯하여 대형건설사들이 독식하고 있다. 브랜드가치 때문이다. 사실 대형건설사가 시공하면 분양가가 상승하여 조합원 부담이 가중되지만 분양가가 다소 높더라도 그보다 더 높은 브랜드 가치에 의한 주택가격 상승을 기대하기 때문에 대형건설사로의 집중화 현상은 가속화되고 있다.

7) 사업시행인가

사업시행인가를 받게 되면 사업 세부내용이 정해지고 구체화된다. 이전까지는 개략적인 추정만 가능했지만 사업시행인가를 받으면 총세대수, 설계도면, 부대 복리시설의 위치와 면적, 동 배치도, 평형별 평면도 등이 확정된다.

사업시행인가를 받기 위한 사업시행계획서는 〈도시정비법〉 제52조에 의거 〈표 8〉과 같은 내용을 포함하여 작성한 후 관할 구청장의 인가를 받아야 하는 행정처분이다. 따라서 경미한 사항을 제외한 인가내용을 변경하는 경우에도 신청에 준해서 다시 인가를 받아야 한다. 사업시행인가가 나면 많은 변화가 나타난다. 분양신청 공고의무가 발생하고 국·공유지 용도폐기는 물론 감정평가액(종전자산평가액)의 기준일이 된다.

조합은 사업시행인가일로부터 120일 이내에 토지등소유자들에게 개략적인 분담금 내역 및 분양신청 기간을 통지하고 일간신문에 공고해야 한다. 또한 세입자 임대주택 입주자격(구역지정공람공고일 전부터 사업시행인가일까지 거주한 세입자)이 확정되고, 국·공유지 경우, 용도가 폐기되고 정비사업 목적 외 목적으로 매각하거나 양도할 수 없다. 특히 감정평가는 조합원에게는 주요 관심사다. 사업 기간이 긴 정비사업에서 어느 절차에서 감정평가를 진행하느냐 하는 것은 중요하다. 〈도시정비법〉에서는 사업시행인

〈표 8〉 사업시행계획서 세부내용

연번	세부내용
1	정비기반시설 및 공동이용시설 설치 계획
2	건축물 배치도를 포함한 토지이용계획
3	세입자의 주거 및 이주대책
4	정비구역 내 가로등 및 cctv 설치 등 범죄예방 대책
5	임시거주시설을 포함한 주민이주대책
6	소형주택 건설계획(재건축 제외)
7	임대주택 건설계획(주거환경개선사업 제외)
8	정비사업비
9	교육시설의 교육환경 보호에 관한 계획 (정비구역 200m 이내 교육시설이 있을 경우)
10	건축물의 높이 및 용적률 등에 관한 계획
11	정비사업 시행 과정에서 발생하는 폐기물 처리계획
12	기업형 임대주택 건설계획(필요한 경우)

가일을 기준으로 종전자산평가를 하도록 하고 있다.

사업시행인가를 받으면 축하하는 현수막이 가장 많이 등장하는데 그만큼 정비사업 전 과정에서 가장 중요하기 때문이다. 사업시행인가에 근거하여 관리처분계획을 수립하게 된다.

그리고 정비사업비에 관련해서는 이미 조합설립동의서에 전체 정비사업비를 명시하여 동의서를 징구한 후 조합을 설립하고 사업시행인가 시점에 구체화된 정비사업비가 도출되어 사업시행인가 신청을 위한 조합 총회의 의결을 그치게 된다. 이때의 자금계획이 조합설립동의서상에 명시한 금액보다 10% 이상 증가한 경우에는 더 높은 의결정족수를 요구하고 있기 때문에 주의해야 한다.

〈도시 및 주거환경정비법〉 제45조
④ 제1항제9호 및 제10호의 경우에는 조합원 과반수의 찬성으로 의결한다. 다만, 정비사업비가 100분의 10(생산자물가상승률분, 제73조에 따른 손실보상 금액은 제외한다) 이상 늘어나는 경우에는 조합원 3분의 2 이상의 찬성으로 의결하여야 한다.

조합은 사업시행인가를 받게 되면 건축 범위가 확정되므로 개발에 소요되는 비용을 확정할 수 있게 된다. 이처럼 사업시행인가는 재개발에서 개발행위에 대한 허가를 의미하지만 관리처분계획을 수립하는 기준이 된다는 의미를 동시에 함축하고 있다.

8) 조합원 분양신청

정비사업 세부내용이 구체적으로 확정되는 사업시행인가를 받으면 조합원 분양신청으로 이어진다. 조합은 〈도시정비법〉 제72조에 의거 사업시행인가일로부터 120일 이내(공공관리제도를 도입하는 서울시의 경우, 시공사와 계약을 체결한 날로부터 120일 이내)에 개략적인 분담금 내역 및 분양신청 기간 등을 개별 조합원들에게 통지하고 일간신문에 공고해야 한다. 분양신청 기간은 30일 이상 60일 이내로 하고, 1회에 한하여 20일 연장이 가능하다.

조합원 분양신청 통보 시에는 〈표 9〉의 내용들, 즉 사업시행인가 내용, 분양대상자별 분담금 추산액, 분양신청 기간, 방법 및 장소 그리고 분양신청을 하지 않을 경우의 조치사항 등이 포함되어야 한다. 조합원

〈표 9〉 조합원 분양신청 통지 및 공고사항

내용		통지	공고
사업시행인가의 내용		○	○
정비사업의 종류, 명칭 및 정비구역의 위치, 면적		○	○
분양대상자별 종전의 토지 또는 건축물의 명세 및 가격		○	-
분양대상 대지 또는 건축물의 내역		○	○
분양대상자별 분담금의 추산액		○	
분양신청 기간 및 장소		○	○
분양신청 자격		○	○
분양신청 방법		○	○
분양신청서		○	-
분양신청을 하지 아니한 자에 대한 조치		○	○
토지등소유자 외의 권리자의 권리신고 방법		-	○
그 밖에 시도조례가 정하는 사항	분양신청 안내문	○	○
	철거 및 이주예정일	○	○
	재분양공고 안내문(해당시)	○	○

* 자료 : 〈도시 및 주거환경정비법의 이해〉, 부산광역시, p.179

은 분양신청 기간 내 분양신청을 함으로써 종전 토지 및 건축물에 대한 권리를 확정 짓고 향후 지어지는 아파트 및 근린생활시설 등을 분양받겠다는 의사표시를 하는 것이다.

처음에 동의하지 않은 조합원도 분양신청 기간 중에 분양신청하는 것은 허용되지만 분양신청 기간이 종료되면, 조합원의 임의가입이나 탈퇴가 불가능하기 때문에 기간 내 분양신청을 하지 않거나 철회한 경우 조합원 자격은 박탈되고 현금청산대상이 된다. 간혹 분양신청을 해놓고 철회는 언제든지 가능한 것으로 알고 있는데 분양신청을 한 후 철회하려면 분양신청 기간 만료일 전에 해야 한다.

분양신청 기간이 종료되면 철회는 물론 신청사항을 변경하는 것도 불가능하다. 분양신청을 하지 않으면 분양신청 기간이 종료된 다음 날 조합원 지위를 상실하게 되고, 향후 조합원에게 부여된 권리 즉 총회 참석권 및 의결권 등에 대해 아무런 권리행사를 하지 못한다. 분양신청 철회와 관련한 판례를 보자.

> "분양대상 조합원인지의 여부는 분양신청만료일을 기준으로 하여야 하는 점, 분양신청 철회 기간을 제한하지 않을 경우, 관리처분계획을 확정적으로 수립하기가 불가능한 점 등을 고려하면 이는 곧 사업 진행 속도 저하 및 소수를 위한 다수의 희생이 수반되어야 하는 점에 따라 분양신청의 철회는 분양신청 기간의 만료일까지만 가능하다." (서울행정법원 2005구합24889)

부동산 침체기가 되면 일부 조합원은 분양신청을 포기하고 현금청산을 선택하는 경우가 있다. 또한 분양신청 기간 내 분양신청을 하지 않고 현금청산을 택했다가 시간이 지나 프리미엄이 형성되자 다시 분양신청을 하려는 조합원도 있다. 앞서 언급했듯이 원칙적으로 분양신청 기간이 종료되면 철회는 물론 변경도 되지 않는다.

그동안 〈도시정비법〉에서는 분양신청을 포기한 조합원이 다시 분양신청을 하면 구제가 되는지에 대한 명문 규정이 없었다. 이로 인해 분쟁이 발생하는 조합이 많아지자 2018년 2월 8일 〈도시정비법〉을 개정하여, 예외적으로 사업시행인가 변경으로 세대수가 증가한 경우에만 제72조제4, 제5항에 의거 재분양신청을 통해 구제받을 수 있게 하였다. 하지만 이 경우에도 〈도시정비법〉에 명시되어 있다고 해서 모두 되는 것은 아니고 조합 정관에 정해져 있거나 총회 의결이 있어야 가능하므로 해당 조합에 확인할 필요가 있다.

재개발·재건축은 〈도시정비법〉에 의해 시행되지만 법이 만능은 아니다. 법에 명시되어 있다 하더라도 해당 조합의 정관이나 총회 의결에 있어야 가능한 경우가 많기 때문이다. 그러나 이 경우에도 현금청산자가 재분양 신청자격을 얻기 위해서는 정관 등으로 먼저 조합원 자격이 회복되어야 가능하다. 분양신청은 조합원만 가능하기 때문이다.

분양신청을 하지 않은 경우 현금청산 대상이 되는데 조합은 〈도시정비법〉 제73조 및 시행령 제60조에 의거 관리처분계획인가를 받은 다음날로부터 90일 이내에 현금청산 대상자와 협의를 시작해야 한다. 본 규정은 2017년 2월 8일 이후 최초로 관리처분계획인가를 신청하는 사업장부터 적용된다.

〈현금청산 대상자〉
① 분양신청을 하지 아니한 자
② 분양신청 기간 종료 이전에 분양신청을 철회한 자
③ 투기과열지구의 정비사업에서 분양신청을 할 수 없는 자
④ 관리처분계획에 따라 분양대상에서 제외된 자

현금청산은 〈공익사업을 위한 토지 등의 취득 및 보상에 관한 법률〉 제68조에 의거 보상액을 산정한다. 감정평가를 통한 협의가 되지 않을 경우, 재개발의 경우 사업시행자는 그 기간(관리처분계획인가일 익일로부터 90일)이 만료된 다음 날부터 60일 이내에 수용재결을 신청해야 하고, 지연 시 지연일수에 따른 이자도 지급해야 한다. 지연일수가 6개월 이내인 경우에는 100분의 5~6개월 초과부터 12개월 미만이면 100분의 10 그리고 지연일수가 120일을 초과하면 100분의 15를 지연이자로 지급해야 한다.

9) 감정평가(종전자산평가)

정비사업에서 바람 잘 날 없는 것이 감정평가이다. 조합원의 이해관계가 복잡하게 얽혀 있어 늘 분쟁의 중심에 서 있다. 개별 조합원 입장에서는 개인의 이익과 직결되고 조합 입장에서는 정비사업 성패에 영향을 미치기 때문이다. 감정평가는 사업시행인가일을 기준으로 실시하고 2개 이상의 평가기관에서 평가한 금액을 산술평균한다.

평가대상은 분양대상자별 분양예정인 대지 또는 건축물의 추산액, 분양대상자별 종전 토지 또는 건축물의 명세 및 가격, 세입자별 손실보상을 위한 권리명세 및 그 평가액이다. 종전 토지 면적은 관리처분계획기준일(분양신청 기간 종료일) 현재 소유자별 지적공부에 의하고, 종전 건축물의 면적은 소유 건축물별 건축물대장을 기준으로 한다. 소유자 확인은 관리처분계획기준일 현재 부동산등기부에 따르고 소유권 취득일은 등기부상 접수일자를 기준으로 한다.

또한 감정평가 금액도 금액이지만 더 큰 문제는 내 몫이 정확히 얼마인지 모르고, 즉 종전자산평가액이나 비례율을 모르는 상태에서 분양신청을 한다는 것이었다. 2018년 2월 9일자로 개정된 〈도시정비법〉에서는 기준일 이후 사업시행인가를 받은 사업장 경우에는 분양신청 전에 종전자산평가액을 조합원들에게 먼저 통지하도록 하고 있으나 현장에서 여전히 잘 지켜지지 않고 있다. 종전자산평가액이 나온 후 유독 조합원의 이의신청이 많아 사업이 지지부진해지는 경우가 많아 이를 미연에 방지하기 위해 조합에서는 가급적 늦게 알려주려고 하기 때문이다.

그리고 감정평가로 인한 분쟁이 끊이지 않는 이유는 공공기관에서 수행하는 보상평가와 혼동하는 데서 비롯되는 경우가 많다. 감정평가의 대전제는 조합원 간의 '형평성'과 '균형'을 맞추는 데 있다. 즉 분양대상 조합원 대 현금청산 조합원, 일반주택 대 공동주택 간 상호 대립되는 이해관계의 형평성과 균형을 말한다. 결국 종전자산평가란 정비사업 시행 전의 기존 토지와 건물을 말하는 것으로 조합원이 현물을 출자하는 자산에 대한 평가를 말한다. 감정평가 기준은 다음과 같다.

첫째, 객관적 기준에 의한 평가로 주관적 가치, 특별용도 사용 전제 가치 등을 고려하지 않는다.

둘째, 일시적 이용 상태는 고려하지 않으며, 공부상 지목에 관계없이 실제 이용 상태를 기준으로 현황 평가한다. 도로의 경우, 통상 인근 대지평가액의 3분의 1 수준에서 평가된다.

지목	현황	평가기준
대	대	대
	도로	도로
도로	대	대
	도로	도로

셋째, 건부감가나 건부증가 요인을 배제하는 나지상정 평가를 한다.
넷째, 개발이익을 배제하여 평가한다.

조합원들이 잘 인지하지 못하는 것 중 하나가 감정평가는 개발이익을 배제하여 평가한다는 것이다. 하지만 조합원들은 개발이익이나 시세를 반영하여 감정평가액이 나올 것으로 생각하는 데서 분쟁이 시작된다. 실제 재개발 현장에서 상담하다 보면, 조합원들이 현 시세 수준의 감정평가액이 나올 것이라고 생각하는 경우가 대부분이다. 종전자산평가는 사업시행인가일을 기준시점으로 평가하는데 사업시행인가는 이미 구역지정부터 조합설립 및 시공사선정이 완료된 상태다. 즉 사업이 많이 진행되어 개발이익에 대한 가격이 반영된 것이 현 시세라고 할 수 있다. 따라서 종전자산평가액은 개발이익을 배제하여 평가하므로 시세(프리미엄이 반영된 매매가)보다 낮은 것이 일반적이다.

그리고 분양신청 기간 만료일 즉, 관리처분계획기준일에 종후자산평가를 하게 된다. 종후자산이란, 정비사업으로 신축되는 아파트와 근린생활시설을 의미하는 것으로 분양예정자산이라고도 한다. 종후자산평가의 주목적은 관리처분계획 수립을 위해서인데 종후자산평가는 일조권, 층수, 조망권, 소음 등을 감안하여 평가한다.

10) 관리처분계획인가

정비구역으로 지정되어 조합이 설립되고 시공사선정과 사업시행인가를 받으면 드디어 관리처분계획인가를 받게 된다. 관리처분계획인가는 '정비사업의 화룡점정'이라 할 수 있는 가장 중요한 절차다. 조합원 분양신청이 끝나고 감정평가에 대한 이의신청기간이 종료되면 조합은 관리처분계획을 신청하여 구청으로부터 인가를 받는다.

관리처분계획은 향후 돈을 어떻게 집행할지에 대한 계획을 세워 조합원이 납부해야 할 분담금을 정하고, 일반분양할 경우 분양금액 및 들어오는 수입을 어떻게 배분할 것인지 정하는 계획이다. 조합원들의 관심사항인 분담금 및 공사비를 비롯한 제비용 집행 계획 등과 결부되어 있기 때문에 중요한 단계다. 따라서 조합은 사업시행인가일을 기준으로 종전자산평가를 실시하고 토지등소유자에게 분양공고 및 통지를 한 후 조합원 분양신청을 받는다. 분양신청종료일을 기준으로 한 감정평가를 실시하고 그 결과와 분양신청 현황을 기초로 다음 내용이 포함된 관리처분계획을 수립하여 공람 및 총회 의결을 거친 후 인가청인 구청에 제출할 관리처분계획을 확정하게 된다.

일반적으로 재개발·재건축 투자자들이라면 조합원입주권을 매입하거나 청약을 통한 일반분양 두 가지를 떠올린다. 정부는 집값을 잡기 위한 대책들을 쏟아내다 마침내 분양가상한제까지 들고 나와 집값과의 전

	관리처분계획 내용
1	분양설계
2	분양대상자의 주소 및 성명
3	분양대상자별 분양예정인 대지 또는 건축물의 추산액
4	정비사업비 추산액, 조합원 분담 규모 및 분담 시기
5	분양대상자의 종전 토지 또는 건축물에 관한 소유권 외의 권리명세
6	세입자별 손실보상을 위한 권리명세 및 그 평가액
7	현금청산 대상자별 기존의 토지, 건축물 또는 그 밖의 권리명세와 청산방법
8	분양신청을 받은 후 잔여분에 대해 보류지 지정 또는 일반분양할 주택에 대한 명세와 추산가액 및 처분방법
9	기존 건축물의 철거예정 시기
10	공공지원 민간임대주택 연계형 재개발의 경우 기업형 임대주택사업자 현황
11	임대주택 공급대상 세입자 명부 등

쟁을 벌이고 있지만 이를 비웃기라도 하듯 여전히 입지 좋은 지역의 일반분양은 하늘의 별 따기다. 따라서 청약을 통하지 않고 집을 마련할 수 있는 보류지도 눈여겨볼 필요가 있다. 보류지란, 재개발·재건축에서 조합원들을 위한 예비물량, 즉 소송이나 착오로 조합원이 누락되는 경우를 대비해 전체 가구 수의 일부를 팔지 않고 남겨두는 물량이다.

조합원 지위와 관련한 소송의 경우 최종 판결까지는 시간이 오래 걸린다. 긴 시간 소송을 통해 막상 조합원 자격을 취득했지만 이미 일반분양까지 끝나 승소한 조합원이 아파트를 배정받지 못하는 경우가 종종 발생한다. 이러한 경우를 대비해 남겨두는 것이다. 다시 말하면 분양대상자의 누락, 착오 등의 사유로 인한 관리처분계획의 변경과 소송 등의 사유로 향후 추가분양이 예상되거나, 〈도시정비법〉 제64조제2항에 따라 우선매수청구권자가 있는 경우에는 동법 제48조와 제50조에 따른 토지등소유자에게 분양하는 공동주택건립 세대수의 100분의 1 이내의 공동주택과 상가 등 부대 복리시설 총면적의 100분의 1 이내의 상가 등 부대 복리시설을 각각 보류지로 정할 수 있다.

그렇다면 보류지를 100분의 1을 초과해서 남겨둘 수는 없을까. 결론은 가능하다. 보류지 한도는 분양대상 아파트의 총가구 수 및 상가 연면적 합계의 100분의 1까지가 원칙이지만 이를 초과할 경우에는 구청장의 승인을 받으면 가능하다.

그럼 투자의 고수들이 관심을 가지는 보류지는 어떤 장단점이 있을까. 먼저 보류지의 장점은 매각금액이 조합원분양가보다는 높고 시세보다는 낮은 선에서 결정되기 때문에 확정적인 차익을 거둘 수 있다. 또한 일반 분양분과 달리 동·호수나 층수를 확인하고 입찰에 참여할 수 있기 때문에 일반 분양분에 비해 동·호수가 좋고 층수도 양호한 편이다. 동시에 조합원을 위해 남겨둔 물량이므로 발코니 확장 등 옵션품목이 풀로 장착된 상태라는 것이다. 일반 분양분처럼 추첨을 거치지도 않으며, 입찰자격에 제한이 없어 누구나 참여할 수 있다. 게다가 전매 제한이 없어 조합원들과 마찬가지로 낙찰받은 후 바로 매도가 가능하다. 물론 투기과열지구인 서울 및 수도권의 경우에는 등기 전까지는 매도가 불가능하다. 반면 중도금 대출은 불가능하며 입찰 후 중도 포기 시 보증금은 환불되지 않는다는 단점이 있다.

일반적으로 보류지 매각은 입주 2~3개월 전 경매입찰방식에 의한다. 즉 입찰 참여자격에 아무런 제한이 없다 보니 조합장에게 인센티브 형식으로 조합원분양가로 제공하거나 조합 임원들이나 지인들에게 배정하는 편법을 쓰는 조합이 있어 문제가 되기도 한다. 최근 부산에서는 지인에게 보류지 물량을 특혜 분양한 전 조합장 등이 경찰에 적발되기도 했다. 이 같은 보류지의 장점에도 불구하고 잘 알려지지 않는 이유는 대부분 조용하게 거래되고 아는 사람만 알 수 있기 때문이다. 보류지는 외부에 적극 알리지 않고 가급적 조용히 매각하려고 하기 때문에 자세히 체크하지 않으면 알 수 없다. 물론 신문에 매각공고를 내지만 은근슬쩍 내는 경우가 많다.

그리고 입주가 임박한 시점에서 보류지와 함께 매각하는 현금청산조합원 물건도 관심을 가져볼 만하다. 분양신청을 하고 동·호수를 배정받은 조합원 중에서 변심하여 분양을 포기하여 현금청산해 주고 남은 물량이다. 또한 관리처분계획은 토지등소유자에게 구체적이고 직접적인 법률상 영향을 미치는 행정처분적 성격을 가지므로 관리처분계획인가를 받으면 지상권, 전세권설정계약 또는 임대차계약의 계약기간에 대해서는 〈민법〉 제280조(존속기간을 약정한 지상권), 제281조(존속기간을 약정하지 아니한 지상권) 및 제312조제2항(전세권의 존속기간), 〈주택임대차보호법〉 제4조제1항(임대차기간 등), 〈상가건물임대차보호법〉 제9조제1항(임대차기간 등)의 규정은 적용하지 아니한다.

11) 이주 및 철거

관리처분계획인가를 받으면 사업은 일대 전환점을 맞는다. 그동안 불확실했던 사업이 거의 구체화되어 확정된다. 관리처분계획인가가 나면 곧바로 이주 및 철거단계를 맞는다. 통상 이주기간은 6개월에서 1년 정도지만 사업장마다 상이하다. 이주 시기가 확정되면 조합원들이 이사 갈 집의 전세금조로 종전자산평가액의 50~60% 정도의 이주비를 지원해 주는데 공가처리가 완료되면 해당 금융기관을 통해 지원된다.

대출금이 있을 경우 이주비를 받으려면 기존 대출금을 먼저 상환해야 하며 주택도시보증공사를 1순위 근저당권 설정이 가능해야 대출이 이루어진다. 이주비는 무이자인 경우가 대부분이지만 후불제 유이자인 사업장도 있으므로 조합마다 차이가 있다. 이주비는 이사비나 영업손실보상금과 달리 추후 상환해야 할 금액이다. 신축아파트가 준공되어 입주하기 전에 이주비를 상환한다. 이때 이주비를 상환하는 대신 신축아파트에 근저당권을 설정하고 개별 담보대출로의 전환도 가능하다.

만약 유이자 이주비인 경우 매월 개별 조합원이 해당 은행에 직접 납부해야 한다. 이주확정신고 후 이주가 완료되면 마지막으로 분양신청한 아파트에 대해 일반분양을 하기 전에 조합원 동·호수 추첨이 이루어진다. 동·호수 추첨이 끝나면 해당 구역은 〈도시정비법〉의 범위를 벗어나 〈주택법〉 적용을 받게 된다.

12) 착공·일반분양·준공 및 입주

이주 및 철거가 끝나면 시공사는 본격적인 착공에 들어가고 일반분양을 하게 된다. 일반분양을 위해 분양계획서를 작성하여 입주자모집공고를 한다. 조합원 배정분을 제외한 주택은 일반분양을 하게 된다. 물론 공공지원민간임대주택(구 뉴스테이) 연계형 재개발의 경우에는 일반분양분이 없고, 이를 기업임대사업자가 매입하여 8년간 임대한다.

최근 정부가 8·12 대책을 통해 민간택지 분양가상한제를 발표하면서 재개발·재건축에 대해 소급 적용하기로 하면서 반발이 거세다. 그동안 재개발·재건축은 예외를 인정하여 관리처분계획인가신청 단계로 적용하여 왔으나 8·12 대책으로 최초 입주자모집공고일로 변경되어 예외조항이 없어졌다. 이미 관리처분계획인가까지 받은 사업장들의 반발이 거세다. 시공사가 아파트를 준공하면 준공인가를 받게 된다. 즉 사업시행인가 시 인가한 내용대로 아파트가 지어졌는지 확인하는 것이다.

준공인가는 건축물을 사용·수익할 수 있도록 법률효과를 발생시키는 행정처분이다. 이때부터는 비로소 입주하여 아파트를 사용 수익할 수 있게 된다.

13) 청산 및 해산

분양자의 종전자산평가액과 새로 받은 아파트 가격에 차이가 있을 경우, 사업시행자는 이전 고시 후 그 차액에 상당하는 청산금(권리가액 – 종후자산평가액)을 분양받은 자에게 받거나, 지급하는 절차를 거치는데, 이때 주고받는 돈이 곧 청산이다. 청산금은 종후자산평가액에서 권리가액을 차감한 금액을 말하며, 종전자산평가액에 비례율을 곱한 금액이 권리가액이 된다.

원래 정비사업조합 해산에 관한 사항은 조합 총회의 의결을 거쳐야 하지만 사업완료로 인한 조합 해산은 대의원회에서 대행할 수 있다. 사실 조합 해산을 위한 총회를 개최해야 한다는 것 자체가 현장을 모르는 탁상행정에서 나온 것이다. 조합 해산을 위한 총회를 개최한다고 해도 정상적인 조합원이라면 참석할 이유가 없다. 이미 입주하여 소유권이전까지 완료한 상태인데 아무런 이해관계가 없는 형식적인 절차이기 때문이다. 조합의 해산에 관한 사항은 〈도시정비법〉이 아닌 〈민법〉의 사단법인 규정을 준용한다. 조합이 해산하는 경우 정관에서 별도로 정한 경우가 아니라면 조합장이 청산인이 된다. 청산인은 취임 후 3주 이내에 해산의 사유 및 날짜, 청산인의 성명 및 주소 등을 주된 사무소 및 분사무소의 소재지에 등기하고 주무관청에 이를 신고해야 한다.

그런데 간혹 〈도시정비법〉에 언제까지 조합을 해산해야 한다는 명문 규정이 없다 보니 정비사업이 끝났는데도 수년간 조합을 유지하는 경우가 발생하고 있다. 그래서 서울의 경우, 조합 해산을 유도하는 조례를 입법 준비하고 있다. 조합 해산에 대한 별다른 벌칙 조항이 없어 유보금을 소진할 때까지 해산을 미루는 조합이 있기 때문이다. 물론 소송 등이 진행 중이라 조합 해산이 미루어지는 경우가 있지만 해산이 지연될수록 조합원들이 부담하는 운영 경비도 늘어나는 구조라는 게 문제다.

8·12 대책 여파로 서울 주요 정비사업구역 현금청산자들의 청산금 환급이 증가할 것으로 보여 현금청산자들은 표정관리를 하고 있다. 분양가상한제로 일반분양 수입 감소가 불을 보듯 뻔하기 때문에 조합원분양가를 올려야 하는데 이 과정에서 청산자들의 청산금도 자연스레 오를 수밖에 없기 때문이다.

정비사업은 통상 적정 개발이익비율인 비례율을 100% 수준으로 맞추고 사업계획을 세운다. 비례율이란 일반분양과 조합원분양을 합친 총수입금에서 총사업비를 뺀 뒤 이를 모든 조합원들의 부동산 가치(종전자산평가총액)로 나눈 비율이다. 분양가상한제 적용으로 일반분양 수입이 줄어들 경우 비례율이 하락하기 때문에 이 비율을 종전대로 맞추려면 결국 조합원분양가를 올릴 수밖에 없다.

 이상으로 〈도시정비법〉에 의해 실시되는 재개발·재건축 사업절차에 대해 간략하게 살펴보았다. 이와 관련하여 더 자세한 내용은 『하루에 끝내는 재개발·재건축』을 참조하면 된다.

02 재개발·재건축 투자타이밍

어떤 투자든 투자자들이 가장 고민하는 것은 매입타이밍을 언제 잡을 것인가이다. 보통의 투자자라면 부동산 규제정책이 시행되고, 소비 회복은 더디고 경기침체가 이어질 것이라는 신문기사가 쏟아지면 매입타이밍을 늦춘다. 지금 상황이 그렇다. 현 정부 출범 이후 주택담보대출비율(LTV)과 총부채상환비율(DTI)을 강화한 6·19 대책을 시작으로 2019년 8월 민간택지 분양가상한제를 주요 내용으로 하는 8·12 부동산 대책까지 연이어 서울 집값을 규제하는 정책들을 발표했다.

정책이 다주택자들과 대출규제에 집중되다 보니 전문가들과 언론들도 가세하여 주택가격이 하락할 것이라고 예상하는 분위기다. 부화뇌동한 일부 주택보유자들은 가격이 더 내리기 전에 팔려고 매물로 던지고 있지만 매수자들은 지갑을 닫아버렸다. 이러한 생각은 오롯이 시장 상황에 따라 매입타이밍을 결정할 때 발생하는 현상이다.

물론 이 정도는 부동산에 관심이 없는 사람들도 충분히 예상할 수 있지만 "남들이 팔 때 팔지 않고, 남들이 살 때 사지 않는다"는 투자의 기본 철학을 지키는 것은 쉬운 일이 아니다. 그러다 부동산시장이 개선되는 징후가 보이면 매입타이밍을 잡는다. 이러한 경우 필연적으로 다른 사람이 살 때 따라서 살 수밖에 없다. 당연히 투자수익률도 낮다. 부동산시장 상황의 좋고 나쁨에 의존해서 매입타이밍을 잡아서는 좋은 결과를 내기 어렵다. 성공 가능성보다 오히려 실패할 가능성이 높다.

금리가 내리고 있어 대출로 집을 사고 싶지만 대출 규제로 손발이 묶여 그림의 떡이다. 재건축 초과이익환수제가 시작되고 종합부동산세와 다주택자들의 양도소득세 부담은 커지고 정부의 투기억제정책 의지는 확고해 향후 주택시장은 여전히 불투명하다. 이렇게 시장 상황이 좋지 않으니 부동산을 매입하는 것은 바람직하지 않으며, 따라서 시장 상황이 나아질 때까지 매입을 유보해야 한다는 주장이 일견 설득력이 있어 보인다.

그러나 경제예측에 대한 집착은 인간이 과거에 일어난 일을 미리 내다보지 못한 사실을 합리화하기 위한 방법이라는 피터 린치Peter Lynch의 지적은 설득력이 있어 보인다. 그는 자신의 저서 『전설로 떠나는 월가의 영웅One up on Wall Street』에서 이런 투자성향을 '마야족 신화'에 비유했다.

마야족 신화에서는 우주가 네 번에 걸쳐 붕괴되고 그때마다 마야인들은 다시는 이런 슬픈 일을 당하지 않기 위해서 자구책을 마련하리라 맹세하지만, 그것은 언제나 이미 일어난 일에 대해서였다. 맨 처음에는 홍수가 났으므로 살아남은 사람은 보다 높은 지대의 숲속으로 들어가 둑을 쌓고 벽을 올려 그들의 집을 나무에 둘러싸이게 만들었다. 하지만 그들의 노력은 허사로 돌아갔다. 그 다음번엔 세상이 불에 의해 파괴되었기 때문이다.

앞으로 다가올 리스크를 대비하기 위해 과거를 돌아보는데 시간을 허비해 봤자 별다른 도움이 되지 않는다. 〈도시정비법〉에 따라 진행되는 재개발·재건축은 '정비구역지정 – 안전진단(재건축) – 추진위원회승인 – 조합설립인가 – 시공사선정 – 사업시행인가 – 관리처분계획인가 – 이주 및 철거 – 착공 – 일반분양 – 준공 및 입주 – 청산 및 해산'이라는 절차에 따라 사업이 진행된다. 현실적으로 도심지에 신규로 주택을 공급할 부지가 없어 갈수록 재개발·재건축이 주택 공급의 효자 노릇을 하고 있어 투자자들의 관심은 여전히 뜨겁다. 실제 정부의 온갖 누르기 정책에도 불구하고 서울 집값은 잠시 눈치를 보는가 싶더니 오르고 있다.

> 장치가 붕괴할 때가 있다. 기상, 전차, 사무실 혹은 공장에서의 네 시간, 식사, 전차, 네 시간의 노동, 식사, 수면 그리고 똑같은 리듬으로 반복되는 월, 화, 수, 목, 금, 토, 이 행로는 대부분의 경우 용이하게 계속된다. 다만, 어느 날 '무엇 때문에'라는 의문이 고개를 들며 모든 것은 놀라움에 채색된 권태 속에서 시작된다.

카뮈의 『시시포스의 신화』에 나오는 글이다. 그는 '무엇 때문에'라는 질문에 답을 할 수 있어야 비로소 지난 삶의 권태에서 벗어날 수 있다고 했다.

투자도 마찬가지다. '무엇 때문에'라는 질문에 답할 수 있어야 자신만의 투자 원칙이 서고, 투자 원칙이 분명해야 상품이나 투자처를 선택할 수 있고, 나아가 투자 시기도 가늠할 수 있다. 투자 경험이 많지 않은 사람일수록 투자타이밍을 잡는 데 혼란을 겪고 있다. 물론 입지나 사업속도 등에 따라 차이는 있겠지만, 필자는 〈표 10〉처럼 적절한 투자 시기로 '조합설립인가 후와 관리처분계획인가 무렵'을 꼽는다.

과거에는 조합설립인가 전 또는 구역지정 무렵에 선투자하는 경우도 많았지만 시장이 잔뜩 움츠리고 있고 대출과 다주택자에 대한 규제 일변도인 상황에서 선투자는 신중해야 한다. 특히 2020년 3월 정비구역 일몰제에 의한 정비구역 해제가 본격화될 예정이므로 조합설립인가 전 투자는 더욱 신중해야 한다.

〈표 10〉 재개발·재건축 투자타이밍		
구분	투자타이밍	내 용
재개발 · 재건축	조합설립인가 후	사업시행자가 확정되어 업무체계가 잡히고 사업추진 속도에 탄력을 받는다
	관리처분계획인가 시점	사업내용, 비례율, 추가분담금 등 사업내용이 모두 확정되어 리스크가 사라진다

정비사업 절차 중 조합설립인가는 사업시행자를 확정 짓는 중요한 단계일 뿐만 아니라 토지등소유자의 동의율이 가장 높은 단계이다. 흔히들 사업시행인가 무렵을 투자 적기로 생각하는 경우가 많은데, 이때는 구역지정 무렵에 선진입한 투자자들이 차익을 실현하고 빠져나가는 단계여서 프리미엄이 너무 오른 경우가 많다.

사실 초기 투자자들은 사업시행인가만 나기를 손꼽아 기다리는데 가격이 올라 적절한 매도타이밍으로 보고 있기 때문이다. 그러나 재건축의 경우, 투기과열지구에선 조합설립인가 이후에는 예외적인 경우를 제외하고는 원칙적으로 조합원권리가 승계되지 않으므로 주의해야 한다. 아니면 아예 관리처분계획인가 시점이 투자 적기라 생각한다. 관리처분계획인가는 흔히 '정비사업의 꽃'으로 불린다. 온통 추정과 예측으로 둘러싸였던 사업내용들이 비로소 확실해지고 사업 진행도 9부 능선을 넘었기 때문이다.

관리처분계획인가 전과 후를 보면, 관리처분계획인가 직전에는 입지가 우수한 지역을 제외하고는 대부분 프리미엄이 보합상태이거나 일시적인 하락을 보이는 경향이 있어 종전자산평가액이 높은 경우에는 무피투자가 가능한 시기이기도 하다. 관리처분계획인가가 나면 사업의 불확실성이 제거되어 리스크가 사라지게 된다. 특히 입지가 좋지 않거나 사업이 지지부진한 구역의 경우에는 불확실성이 제거된 관리처분계획인가 후가 투자 적기다. 재개발의 경우, 투기과열지구에선 관리처분계획인가 후에는 예외적인 경우를 제외하고는 원칙적으로 조합원권리가 승계되지 않는다는 점은 유의할 필요가 있다.

03 재개발·재건축 투자 체크리스트

재개발 현장에서 중개업무를 하면서 투자자들로부터 많이 받는 질문 중 하나는 '재개발·재건축 투자 시 체크해야 할 사항이 무엇인가?'이다. 일부 이견은 있을 수 있겠지만 재개발·재건축 투자에 앞서 체크해야 할 사항을 정리하였다.

1) 공사계약 체결방식을 파악하라

사업시행자인 조합은 건설사와 공사계약을 체결하게 되는데 계약체결 방식은 크게 도급제와 지분제로 구분된다. 도급제는 신축아파트의 평당 공사비를 정해 공사계약을 체결하는 방식이다. 시공사는 단순 시공만 맡아 공사비만 받게 되므로 개발이익은 조합원에게 환원된다. 그러나 사업이 진행되는 과정에서 물가상승이나 설계변경 등 공사비 증가 요인이 있을 경우 조합원의 추가분담금이 증가할 가능성이 높다.

지분제는 시공사가 조합원에게 일정 비율의 아파트 면적을 제공하고, 잔여 세대 등을 분양한 개발이익 등은 시공사가 갖는다. 시공사는 사업의 모든 책임을 지고 사업을 진행하기 때문에 공사기간 중에는 조합원에게 추가분담금이 없다는 장점이 있다. 그러나 부동산시장이 침체되어 있을 경우에는 대부분 도급제로 진행된다. 최근에는 재건축 경우에도 무상지분율 대신 비례율을 적용한 도급제가 확산되는 추세다.

2) 비례율이 높다고 맹신하지 말라

재개발의 비례율은 재건축의 무상지분율과 유사한 용어다. 비례율이란 재개발의 사업성을 나타내는 지표인데 분양하는 아파트와 상가의 총분양가액에서 총사업비용을 뺀 금액을 조합원들이 보유한 종전자산의 총평가액으로 나눈 금액을 말한다. 개별 조합원의 토지나 건물의 지분평가액에 비례율을 곱하면 조합원 권리가액(종전자산평가액×비례율)이 된다. 일반적으로 비례율이 높을수록 조합원에게 돌아가는 이익이 커지고 비례율이 100%를 넘으면 사업성이 좋다고 할 수 있다. 그러나 최근에는 비례율을 무작정 높이지 않는 경향이 있다.

비례율이 높을 경우, 조합에서 법인세를 내야 하기 때문이다. 따라서 비례율을 높이기보다는 조합원 특별제공품목을 늘리거나 조합원분양가를 할인해 주는 방식을 취한다. 비례율은 관리처분계획인가시점에서 정확한 것을 알 수 있는데 일반적으로 용적률이 높을수록, 세입자 수가 적을수록, 국·공유지 비율이 낮을수록, 조합원 수가 적을수록, 기부채납이 적을수록, 종전자산평가액이 낮을수록, 사업비가 낮을수록, 종후자산평가액이 높을수록 비례율은 높아진다.

3) 감정평가금액이 높게 나올 물건을 선택하라

원칙적으로 조합원이 입주할 평형은 권리가액이 높은 순으로 배정된다. 같은 평형을 신청하여 경쟁해야 할 경우 권리가액이 높은 조합원에게 우선권을 준다. 투자자 입장에서는 가급적 지분이 작은 조합원 물건을 매수하는 것이 투자금도 적기 때문에 일단은 유리하다. 그러나 당연한 이야기지만 같은 조건이라면 감정평가액이 높게 나오는 것이 유리하다. 비슷한 위치의 물건이라도 공시지가나 공동주택공시가격, 건축물의 노후화 등에 따라 감정평가액이 다르게 나올 수 있기 때문이다.

참고로 필자가 2019년 4월 부산 남구 우암동 재개발구역 다세대주택을 분석한 결과치를 보면, 면적과 건축년도 및 대지지분이 동일한 4층 다세대주택의 경우, 감정평가액이 가장 높은 층은 2층이었다. 1층을 100으로 보았을 경우 2층은 105였고, 3층 97, 4층 95로 위층으로 갈수록 조금씩 낮게 나왔다.

4) 지분이 큰 물건이 유리할 수 있다

재개발·재건축 물건은 대개 지분이 작을수록 프리미엄이 높게 형성되고 지분이 클수록 프리미엄이 낮게 형성된다. 지분이 작으면 총투자금액이 작아져 소액으로도 투자가 가능하기 때문에 수요가 많고 프리미엄도 높은 편이다. 그러나 토지·면적에 대한 종전자산평가(감정평가)는 매입가를 고려하지 않고 평가하므로 자금 여유가 있다면 상대적으로 프리미엄이 낮은 넓은 평수의 대지도 유리할 수 있다. 평형 배정에서도 넓은 지분 소유자가 적은 곳이 대형 평형을 받을 확률이 높기 때문이다.

5) 일반분양이 많은 구역이 유리하다

같은 조건이라면 일반분양이 많은 곳이 유리하다는 것은 두말할 필요가 없다. 일반분양분이 적을 경우, 사업성이 낮아 조합원분양가는 높아지고 비례율에도 부정적인 영향을 미치기 때문이다. 반대로 일반분양이 많을수록 사업성이 양호하므로 조합원분양가는 낮아지고 비례율도 올라간다.

6) 세대수 대비 조합원 수가 적은 곳을 선택하라

비슷한 사업 환경이라면 조합원 수가 너무 많지 않은 곳이 상대적으로 유리하다. 용적률은 뻔한데 조합원 수가 지나치게 많으면 일반분양 물량이 적어지기 때문이다. 그리고 사업면적이 작고 조합원 수가 너무 적은 곳도 가급적 피하는 것이 좋다. 이는 곧 아파트 전체 세대수가 적다는 것을 의미한다. 조합원 수가 적은 곳이 유리하다는 것은 상대적인 개념이지 절대적인 개념이 아니다.

또한 세입자 비율이 낮은 곳이 유리하다. 세입자가 많다는 것은 이사비와 세입자 이주비로 불리는 주거이전비 보상금액이 많아진다는 것을 의미한다. 세입자 주거이전비는 이주비와 달리 갚을 필요가 없는 사회보장적 성격의 돈이기 때문에 사업성에도 지대한 영향을 미친다. 그러나 조합원에게 지급하는 이주비는 준공되어 소유권이전등기 시 상환해야 할 돈이므로 주거이전비와는 성격이 다르다. 물론 주거이전비는 세입자라고 모두 해당되는 것은 아니고 해당 구역의 구역지정공람공고일 3개월 전부터 이주 시까지 거주한 세입자가 해당된다. 이때 주거이전비는 통계청에서 발표하는 '도시근로자 가구의 가구원 수별 월평균 가계지출비상당액'의 4개월분이 지급된다.

7) 사업 추진속도가 중요하다

개인적으로 재개발 투자에서 가장 중요하게 고려해야 할 사항으로 주저 없이 사업 추진속도를 꼽는다. 입지도 좋고 사업성이나 수익성이 좋아도 사업이 지연되거나 무산되면 말짱 도루묵이다. 화려한 청사진을 제시한 조합의 사업계획서는 그야말로 휴지조각이 되고 만다. 사업 진행 속도가 중요한 이유다.

사업이 지연되면 사업성 악화는 불을 보듯 뻔하다. 금융비용이 증가하여 공사금액도 증가할 뿐만 아니라 조합원 추가분담금도 증가하고 매도할 경우 프리미엄도 낮게 형성된다. 문제는 사업추진 속도를 투자자 입장에서 정확하게 파악하기가 쉽지 않다는 것이다. 비상대책위원회(이하 '비대위'라 한다) 활동이나 조합원 간 갈등요인을 파악하면 어느 정도는 가늠해 볼 수 있다. 혹자는 비대위의 '비' 자만 들어도 화들짝 놀라 투자를 포기하려고 한다.

재개발구역 임장을 갔는데 비대위가 없고 활동이 유명무실하다면 투자를 재고해 봐야 한다. 그 흔한 '땅 빼앗기고 집 빼앗겨 조합원 빚쟁이로 만드는 재개발 반대한다', '주민을 거지로 만드는 재개발 반대한다' 등과 같은 붉은 현수막 하나 없다면 그것이 더 이상하다. 5층짜리 건물을 하나 짓는데도 민원이 생기는 우리나라다. 하물며 수백 수천 명 조합원들의 이해관계가 첨예하게 얽혀 있는 재개발구역에 비대위가 없다면 그것이 더 우려스럽다. 그리고 비대위는 결코 '악의 축'이 아니다. 조합 견제와 감시작용을 통해 시공사와 조합 등 이해관계자 상호 간 비리나 유착을 사전에 방지하는 첨병 역할을 하는 측면도 있기 때문이다.

8) 국·공유지 및 관공서 비율을 파악하라

국·공유지 비중이 지나치게 높으면 토지매입비가 상승하여 사업성을 떨어뜨린다. 혹자는 국·공유지 비율이 15%를 넘으면 비례율 100%를 넘기 어렵다고 한다. 관공서는 꼭 필요한 시설이지만 지나치게 많을 경우 대체부지 제공은 물론 신축비용에 입주 시까지의 비용도 부담해야 하는 경우가 생길 수 있기 때문이다. 따라서 국·공유지와 관공서 비율을 체크하면 개괄적인 사업성 분석도 가능하다.

9) 종교시설 및 문화재의 분포를 확인하라

재개발의 큰 걸림돌 중 하나는 종교시설과 문화재 관련 시설이다. 종교시설의 경우 조합에 따라서는 대체 부지를 제공함은 물론 기회비용에 새로 건축까지 해주는 경우가 있기 때문이다. 문화재의 경우에는 사업 지연은 불 보듯 뻔하고 여차하면 사업이 무산될 수도 있다. 얼마 전 일반분양을 코앞에 둔 부산 동래구 온천2구역 주택재개발 사업지에서 매장문화재 분포조사를 실시한 결과 청동기시대와 조선시대 유적이 확인되어 한바탕 소동이 일어났다. 다행히 현장에서 출토된 문화재를 '기록보존'한다는 문화재청의 최종 결정이 내려지면서 곧바로 분양에 들어가 사업지연을 우려하던 시공사는 가슴을 쓸어내렸다. 물론 종교시설이나 문화재 자체가 문제는 아니다. 단지 수익성 측면에서 보면 많은 종교시설이나 문화재는 사업성을 저해할 수 있다는 것이다.

끝으로, 〈표 11〉은 재개발·재건축 투자의 장단점을 간략하게 정리한 것이다.

〈표 11〉 재개발·재건축 투자의 장단점

장 점	단 점
① 청약통장이 필요 없다 ② 좋은 동·호수가 배정된다 ③ 입지여건을 고려하여 선별적으로 투자할 수 있다 ④ 초기 투자금을 줄일 수 있다(이주비 대출) ⑤ 시세차익을 기대할 수 있다(사업 단계별로 가격이 상승하는 경향)	① 사업 기간이 길다(10년 이상) ② 금융 비용이 과다하다 ③ 법규와 절차가 복잡하다 ④ 사업 진행을 예측하기 어렵다 ⑤ 시기에 따라 프리미엄이 높다

04 투자에서 최악은 꾸물대는 것이다

허기지고 지친 당나귀 한 마리가 있었다. 배도 고프고 목도 마른 당나귀 앞에 물 한 동이와 건초더미가 놓여 있었다. 목마름과 배고픔이 당나귀를 괴롭히고 있었다. 당나귀는 물을 먼저 먹을까, 건초를 먼저 먹을까 고민하기 시작했다. 계속 고민만하다 결국 아무것도 먹지 못하고 죽었다.

물과 건초, 둘 다 그토록 원하던 것이었는데 왜 못 먹고 죽었을까? 정도가 같다는 것이 문제였다. 물을 마시고 싶은 정도와 배가 고픈 정도가 같았다. 이것이 프랑스 철학자 장 뷔리당Jean Buridan이 말하는 '당나귀 우화'이다. 황당한 이야기로 들릴지 모르지만 우리도 종종 선택의 갈림길에서 결정을 못 하는 의사결정 장애를 겪는다. '짬뽕을 먹을 것인가, 자장면을 먹을 것인가'에서부터 일할 때도 '내가 좋아하는 일을 할 것인가, 내가 하는 일을 좋아할 것인가'를 두고 고민한다. '부동산에 투자할 것인가, 주식에 투자할 것인가' 또는 '아파트에 투자할 것인가, 재개발구역에 투자할 것인가'를 두고도 고민의 연속이다.

투자에 국한하여 완벽한 준비보다 어설픈 행동이 낫다. 초보자일수록 완벽하게 준비해서 투자하려고 한다. 십중팔구 물과 건초를 두고 고민하는 당나귀처럼 고민만하다 결국 투자를 못 한다. 그러고는 부동산 투자자들을 죄다 투기꾼으로, 사기꾼으로 몰고 '헬부동산'이라고 목청을 높인다. 시장이 미치면 같이 미쳐야 하고, 시장이 투기장으로 변하면 같이 투기꾼이 되어야 한다.

얼마 전 청와대 대변인이 서울 어느 재개발구역 상가를 매입해 '부동산 투기'가 아니냐는 논란에 휩싸이다 하루 만에 청와대를 떠나는 사태가 벌어졌다. 집값 잡기 전쟁을 벌이고 있는 정부의 부동산 정책에 정면으로 위배된다는 의견이 지배적이었다. 정작 본인은 몰랐고 아내가 한 일이었다고 해명했지만 곧이곧대로 믿기 어렵다. 아무튼 재개발 투자가 유망투자처라는 사실을 대별해 주는 듯하다.

상가를 매입하면 아파트나 상가를 선택해서 받을 수 있고, 일정 요건이 충족되면 상가와 아파트를 동시에 받을 수 있을 뿐만 아니라, 경우에 따라서는 1+1을 받을 수도 있기 때문에 조합원분양가와 시세차익을 노릴 수 있다. 그래서 재개발 투자는 도랑 치고 가재 잡는 일타쌍피 투자라고 한다.

대다수 국민들은 곡소리를 내고 있지만 최근 〈공직자윤리위원회〉의 발표(2018년)를 보면, 고위공직자 재산공개 대상 1,873명 중 70%의 재산이 증가했다. 평균 재산은 12억 9,000만 원이었으며, 10~20억 원을 보유한 공직자가 481명으로 가장 많은 25.7%를 차지했다. 이들의 재산 증감의 일등공신은 뭐니 뭐니 해도 부동산이다.

정부가 다주택자들을 대상으로 대출규제를 통한 집값 잡기 전쟁을 벌이고 있지만 다주택자들은 들은 척도 하지 않는다. 요란한 변죽만 울린 채 다주택자들의 판정승으로 결론 났다. 정부의 목 조르기에 다주택자들이 버텨낸 것이다. 그도 그럴 것이 장관을 비롯한 고위공직자의 약 70%가 다주택자들이다 보니 실효성 없는 보여주기식 정책에 불과한 수준이다.

그런데다 우리나라 다주택자(2017년) 상위 10명이 보유한 주택 수만 무려 3,756채나 된다. 이를 상위 100명으로 확대할 경우, 총주택보유 수는 1만 4,663채, 상위 1%로 확대할 경우 14만 명이 보유한 주택은 총 94만 4,382채로 1인당 6.7채를 보유한 셈이다. 공시가격 기준으로 무려 202조 7,085억 원이다. 과연 정부가 다주택자들의 뜻을 거스를 용기가 있겠는가?

사실, 대다수 개미들은 부동산투자를 할 여력이 없다. 그러나 그보다 더 중요한 것은 종잣돈이 있어도 투자할 엄두를 내지 못하는 경우가 많다는 사실이다. '부동산투자 = 투기꾼'이라는 프레임이 있기 때문이다. 알게 모르게 투자는 부자들이 할 테니 개미들은 안전한 은행에 적금이나 들라는 것이 그간의 금융교육이었다. 하지만 개미들이 피땀 흘려 은행에 저축한 돈은 대기업이나 부자들이 대출받아 가져간다. 그들이 갚지 못하면 국민세금으로 메꿔주고 몇 년 감옥 갔다 오면 그만이다.

여전히 정부는 다주택자들의 대출을 옥죄어 집값을 안정시키겠다고 하지만 다주택자나 부자들이 오히려 대출을 더 많이 받고 있다. 〈2018년 가계금융·복지조사〉에 따르면, 가구당 평균 부채는 7,500만 원 정도로 1년 전보다 6.1% 상승했는데 그중 소득 상위 20%의 부채는 8.8%로 부자들이 대출을 더 많이 받는 것으로 나타났다. 결국 피해를 보는 사람은 다주택자들이 아니라 애꿎은 서민들과 실수요자들이다.

하지만 돌이켜보라. 부동산시장이 과연 평안했던 시기가 있었던가. 과연 좋기만 했던 시기가 있었던가. 준비하지 않는 사람에겐 늘 그날이 그날일 뿐이다. 준비가 안 되어 있으면 얕아진다. 얕음은 결국 요행수를 부르고, 요행수는 본질을 놓치게 만든다. 본질을 놓치면 화려한 껍데기에 열광한다. 화려한 언변과 언론플레이로 무장한 전문가의 탈을 쓴 껍데기에 열광하게 된다. 껍데기가 화려하다고 오래가는 것은 아니다.

묻지마 투자로 운 좋게 한두 번 성공할지 모르지만 결국 껍데기는 껍데기일 뿐이다. 부동산 공부는 돈을 벌기 위해서도 필요하지만 우선은 가진 종잣돈을 날리지 않기 위해서라도 필요하다.

2019년 7월 현재 집주인이 떼먹은 전세금을 HUG(주택도시보증공사)에서 대신 지급한 금액이 1,700억 원인데 2년 전에 비해 50배이다.

도 랑 치 고 가 재 잡 는 재 개 발 재 건 축

제 3 장

재개발·재건축 입주권과 분양권

어느 날 아침 직물회사 외판원인 그레고르가 갑자기 한 마리의 흉측한 곤충으로 변한다. 갑옷처럼 딱딱한 등과 아치형으로 부풀어 오른 갈색의 배 그리고 불안스럽게 꿈틀거리고 있는 수많은 다리를 가진, 아마도 거대한 바퀴벌레쯤 되는 곤충으로 변신한 것이다.

그러자 가족들은 놀라고 슬퍼하며, 한편으로는 절망하게 된다. 그것은 그레고르를 사랑해서이기도 하지만 5년 전 아버지가 갑자기 파산한 이후 그가 가족의 생계는 물론 빚까지도 갚아나가고 있기 때문이다. 가족들은 처음에는 감동적인 가족애를 발휘하여 흉측한 곤충으로 변한 그레고르를 지극정성으로 돌보며 편안하게 해준다.

그러나 시간이 지나자 차츰 슬픔과 사랑은 사라지고 귀찮아지기 시작한다. 그러다 그레고르 때문에 못 살겠으니 없애버려야 한다고 외친다. 그레고르가 더 이상 돈을 벌어 생계를 책임지던 예전의 든든한 아들이자 오빠가 아니기 때문이다. 결국 그레고르는 가족들의 냉대와 폭력, 증오 속에서 홀로 고독하게 죽는다. 그러자 가족들은 그의 주검 앞에서 신께 감사 기도를 드리고 악몽 같았던 지난 시간의 고통을 씻어버리기 위해 교외로 소풍을 간다.

가정의 의미와 가족에 대한 냉혹한 진실, 자본주의에서의 가정은 더 이상 안식처가 아니라는 현실을 비판한 프란츠 카프카Franz Kafka의 대작 『변신』의 일부이다. 곤충으로 변한 흉측한 외모에 돈까지 벌지 못하는 그레고르, 그는 현실 세계는 물론 가정에서도 발붙일 곳이 없었다. 그에게 가정은 '존재 자체'를 드러낼 수 있는 안식처가 되지 못했다. 새벽 3시를 알리는 교회 종소리를 들으며 어둠 속에서 감동과 애정을 간직한 채 집안 식구들을 생각하며 조용히 숨을 거둔 주인공 그레고르는 곤충으로의 변신을 통해 가족을 먹여 살리던 부양자에서 오히려 가족의 보살핌을 받아야 하는 착취자, 벌레로 표현되는 기생자로 탈바꿈했다.

어쩌면 가족 탓이 아니라 인간 소외를 조장하는 자본주의의 산물이다. 자본주의는 오직 하나의 가치, 모든 것을 경제적 가치로 판단한다. 우리는 지금 자본주의가 활개를 치고 있는 정점에 살고 있다. 돈이 최우선인 시대에 도덕 운운하는 것은 시대착오적 발상인지 모른다. 근면과 성실로 경제적 가치와 자유를 꿈꾸는 것은 불가능에 가깝다. 자본주의 경제의 근간인 부동산은 특정 부류의 전유물이 아니라 상식이 되었다. 부동산과 담을 쌓고서는 자본주의에 온전히 살고 있다고 할 수 없다.

배는 살찌는데도 100년 전 『변신』의 주인공 그레고르는 우리 주변에 점점 많아지고 있다. 최근 통계청이 발표한 2019년 2분기 기준 '우리나라 가구당 월평균 소득'을 보면, 저소득층은 그대로인데 돈 있는 사람들만 더 벌고 있다. 2분기 기준으로는 2003년 이래 가장 큰 격차를 보였다. 문재인 정부의 소득주도성장 정책에도 불구하고 양극화 해소에는 별 효과가 없었다. 오히려 월소득자의 양극화도 더 심해지고 있다.

1분위 가구 소득은 132만 원으로 1년 전과 별 차이가 없는데 반해 5분위 가구 소득은 942만 원으로 3.2% 늘어났다. 저소득층의 소득을 끌어올려 양극화를 해소하겠다는 정부 정책이 좀처럼 효과를 보지 못하고 있다. 최저임금을 올리고 실업급여, 아동수당 등 공적연금을 쏟아부었지만 소득격차는 역대 최대로 벌어졌다. 특히 자영업의 부진으로 중간계층에 있던 자영업자들이 1분위로 내려앉는 가구 이전 현상도 심화하고 있다. 몸을 움직여 소득을 높이는 것이 한계에 봉착한 것이다.

부동산을 통한 수입이 없는 상태에서 양극화를 극복하기는 요원하다. 자본주의 속성이 그렇다. 일찍이 칼 마르크스Karl Marx는 경제학의 바이블이라 불리는 『자본론』에서 자본주의의 가장 큰 병폐로 결국 '큰 놈만 살아남을 것'이라고 경고했는데 그의 예언처럼 한 치의 오차 없이 진행되고 있다.

그렇다고 언제까지 부자 탓, 정부 탓, 경제 탓만 하고 있을 텐가. 많은 사람들이 어떤 새로운 도전에 직면하면 '현실'을 들먹인다. 지금 가진 것, 지금의 삶의 일상 즉, 현 상태를 유지한 상태에서 도전하겠다는 것이다. 한 마디로 간절함과 진정성이 없다. 그들이 말하는 현실이란 '지금 가진 것을 포기할 수 없다'는 말처럼 들리기 때문이다. 부동산을 알기 전에 스스로의 마음부터 돌봐야 한다. 새로운 도전은 새로운 생각과 행동을 먹고 산다. 부자가 되려면 가난한 정신부터 버려야 한다. 돈이 없어서 부자가 아닌 것이 아니라 정신이 가난하기 때문에 부자가 못 되는 것이다. '부자가 되는 법'을 공부하기 전에 '부자가 될 수 있는 정신을 개조하는 법'을 먼저 공부해야 한다.

〈2018 한국 부자보고서〉에 따르면, 우리나라 부자들 중 80% 이상이 부동산으로 돈을 벌고 있다. 금융자산 10억 원 이상인 부자들의 자산 구성에서도 부동산이 53.3%를 차지하고 있는데 부동산 보유 비율은 계속 증가하고 있다. 부동산은 다른 투자에 비해 많은 돈이 필요하지만 그나마 소액으로 초보자들이 기웃거려 볼 수 있는 곳이 재개발·재건축이다. 그러나 재개발·재건축은 〈도시정비법〉에 근거하기 때문에 기본 절차나 핵심적인 법적 용어 정도는 학습되어 있어야 한다. 소액 투자가 가능한 반면 다른 투자에 비해 정보의 비대칭이 높기 때문이다.

01 입주권과 분양권

여전히 상당수는 분양권과 입주권을 구분하는 데 혼란스러워한다. 분양권과 입주권은 공히 집을 사는 한 형태이다. 일반적으로 집을 사는 방법은 세 가지다. 부동산을 매수하는 방법, 경·공매를 통해 낙찰받는 방법 그리고 분양권 또는 입주권을 매수하는 방법이다. 한 마디로 분양권은 준공 후 아파트에 입주할 수 있는 권리이고, 조합원입주권(이하 '입주권'이라 한다)은 〈도시정비법〉 제48조의 규정에 따른 관리처분계획인가로 인하여 취득한 입주자로 선정된 지위를 말한다.

재개발·재건축에서 관리처분계획인가를 받아 기존주택을 철거한 후 새 아파트가 완공되면 조합원에게 우선 배정하고, 남는 물량이 있으면 청약을 통한 일반분양을 하게 된다. 이때 청약을 통한 당첨 여부와 관계없이 조합원 자격으로 새로 지을 아파트에 입주할 수 있는 권리가 입주권이다. 반면 청약을 통한 일반분양에 당첨되어 건설사와 계약하여 새 아파트를 받을 수 있는 권리는 분양권이다. 따라서 입주권은 조합원 권리를 사는 것이고, 분양권은 당첨자의 권리를 사는 것이다. 결과적으로 투자 측면에서 보면 분양권과 입주권은 각각의 장단점이 있어 딱 잘라 어느 것이 유리하다고 할 수 없다.

통계청이 발표한 '행정자료를 활용한 2017년 주택소유통계 결과'를 보면 우리나라 가구가 소유한 주택은 1,497만 3,000호로 전년 대비 3.1% 증가한 것으로 나타났다. 전체 일반가구 1,967만 4,000가구 중 주택을 소유한 가구는 1,100만 가구로, 주택소유율은 전년보다 0.4%

증가한 55.9%에 달했다. 여전히 전체 가구의 44.1%인 867만 4,000가구는 주택이 한 채도 없다는 뜻이다. 이처럼 다주택자들의 놀이터가 된 상황에서 무주택자들의 내 집 마련이 점점 어려워지자 입주권이나 분양권으로 눈을 돌리는 형국이다.

〈표 12〉는 분양권과 입주권을 비교한 것인데 청약통장 사용 여부, 양도소득세와 재산세 및 취득세 관련 사항, 주택 수 산정 여부 등에서 차이가 있다. 분양권과 입주권의 발생 시점을 보면, 분양권은 철거 후 일반분양 시 확정되고, 입주권은 관리처분계획인가 시 확정된다. 또한 분양권이 단순한 권리인 채권인데 반해 입주권은 소유권을 가지고 있는 물권이라는 차이가 있다.

즉 재개발·재건축구역의 주택은 정비구역지정－추진위원회 승인－조합설립－시공사선정－사업시행인가를 거쳐 관리처분계획인가를 받으면 이때부터 주택에서 입주권으로 바뀐다. 관리처분계획인가가 나면 기존주택이 철거되지 않았더라도 주택이 멸실된 것으로 보자고 정했기 때문이다. 입주권은 종전자산평가액(감정평가액)과 추가분담금, 프리미엄이 모두 포함된 가격으로 거래가 이루어지므로 분양권에 비해 초기투자금이 많이 든다.

반면 분양권에 비해 총거래가격을 기준으로 볼 때 조합원에게 적용되

〈표 12〉 분양권과 입주권 비교		
구분	분양권	입주권
의미	신축아파트에 입주할 수 있는 권리(분양계약서 매매)	재개발·재건축 새 아파트에 조합원 자격으로 입주할 수 있는 권리
발생시점	일반분양 후	관리처분계획인가 후

자격	청약 당첨자	재개발·재건축 조합원
청약통장	○	X
투입자금	분양가의 10~20%의 계약금	초기 목돈 필요
분양가	입주권보다 일반분양가가 높다 (분양가 확정)	일반분양가보다 낮다 (추가분담금 발생 가능성)
동·호수	저층 등 상대적으로 좋지 않은 동·호수 배정	로열층 지정 가능
주택 수 포함	X (소유권이전등기 전까지)	○
재산세부과	X	○
양도소득세	처분 시 차액 과세	비과세(1가구 1주택)
장기보유 특별공제	X	○
취득세	1.1~3.6%(입주 시)	4.6%
준공 후 보존등기	1.1~2.4%	2.96(85㎡ 미만) ~3.16%(85㎡ 초과)
권리	채권	물권(소유권)
권리발생 시기	-	관리처분계획인가일
권리의 성격	부동산을 취득할 수 있는 권리	
전매	가능하지만 까다롭다	쉽다(조정지역일 경우 3년)
조정지역 중과세율	50% 중과	X
비과세 특례	X	○
중과세율 적용	X	○
매입 시 등기여부	X (실거래가 신고)	○ (소유권이전)

- 자료 : 『하루에 끝내는 재개발·재건축』, p.208 참조하여 각색함

는 할인분양금액으로 매입할 수 있는 장점이 있다. 게다가 이주비 지급, 발코니 무료확장, 시스템에어컨 무상제공 등 시공사가 제공하는 다양한 옵션 혜택도 받을 수 있다. 정비사업으로 주택이 준공(사용검사필증 교부일 또는 임시 사용일)되면 입주권은 다시 주택으로 변신한다.

새로 짓는 아파트는 조합원들에게 우선적으로 좋은 동·호수 위주로 배당하고 나머지는 일반분양으로 전환하여 각종 비용을 충당하고 조합원의 수익을 극대화한다. 일반분양가는 조합원분양가보다 10~30%가량 높은 편이지만 초기투자금은 적은 편이다. 분양가의 10%에 해당하는 계약금과 프리미엄만 있으면 거래가 가능하기 때문이다. 또한 분양권은 세금 계산 시 주택 수에도 포함되지 않는다는 장점이 있다. 물론 분양권도 주택이 완공되어 잔금을 청산하거나 등기를 하면 분양권에서 주택으로 바뀐다.

반면 입주권은 주택이 아닌데도 다른 주택을 양도할 때 주택 수에 포함될 뿐만 아니라 취득세와 재산세, 양도소득세 과세대상이 된다. 입주권은 세법상 주택에 해당하기 때문에 본인 소유의 주택과 입주권을 갖고 있다면 2주택자로 간주된다. 이에 따라 양도소득세 비과세 혜택을 받기 위해서는 기존주택을 3년 이내에 팔아야 한다. 분양권은 청약당첨일로부터 잔금지급일까지의 기간 동안은 채권으로서의 성격을 갖기 때문에 입주권과 달리 주택 수에 포함되지 않는다. 준공 후 소유권이전등기를 하면 주택이 된다.

취득세도 다르다. 입주권의 경우, 매입하는 즉시 토지분의 4.6%에 해당하는 취득세(주택의 경우, 철거될 때까지는 주택분 취득세 납부)를 내야 하지만, 분양권은 등기 때 취득세를 내면 되기 때문에 준공 이전에 팔면 취득세를 내지 않아도 된다. 분양권의 경우 취득세도 분양 가격과 전용면적별로

1.1~3.5%로 입주권에 비해 낮다. 또한 부동산에 지급하는 중개보수도 차이가 난다. 분양권의 경우, 총분양가가 아니라 실제 주고받은 금액이 수수료 산정 기준이 된다. 초기 계약금과 이미 낸 중도금에 프리미엄을 더한 금액이다.

분양권 거래 중개보수는 거래금액(계약금+중도금+프리미엄)에 수수료율을 곱한 금액이 된다. 일반적인 주택 거래와는 방식이 다른 셈이다. 반면 입주권은 실제로 주고받은 금액 자체가 총분양가에 근접하기 때문에 중개수수료 역시 부담이 큰 편이다.

02 세법상 입주권 정의

먼저 '조합원입주권'에 대한 정확한 의미를 다시 한 번 짚어보자. 이에 대한 정의는 〈소득세법〉 제89조제2항에 규정되어 있다.

> **〈소득세법〉 제89조제2항**
> 1세대가 주택(주택 부수토지를 포함한다. 이하 이 조에서 같다)과 〈도시 및 주거환경정비법〉 제74조에 따른 관리처분계획의 인가 및 〈빈집 및 소규모주택 정비에 관한 특례법〉 제29조에 따른 사업시행계획인가로 인하여 취득한 입주자로 선정된 지위[같은 법에 따른 재건축사업 또는 재개발사업, 〈빈집 및 소규모주택 정비에 관한 특례법〉에 따른 소규모 재건축사업을 시행하는 정비사업조합의 조합원으로서 취득한 것(그 조합원으로부터 취득한 것을 포함한다)으로 한정하며, 이에 딸린 토지를 포함한다. 이하 '조합원입주권'이라 한다]를 보유하다가 그 주택을 양도하는 경우에는 제1항에도 불구하고 같은 항 제3호를 적용하지 아니한다. 다만, 〈도시 및 주거환경정비법〉에 따른 재건축사업 또는 재개발사업, 〈빈집 및 소규모주택 정비에 관한 특례법〉에 따른 소규모 재건축사업의 시행기간 중 거주를 위하여 주택을 취득하는 경우나 그 밖의 부득이한 사유로서 대통령령으로 정하는 경우에는 그러하지 아니하다.
> [개정 2016.12.20., 2017.2.8. 제14569호(빈집 및 소규모주택 정비에 관한 특례법)]
> [[시행일 2018.2.9.]]

정리하면, 입주권이란 〈도시정비법〉에 따른 재개발·재건축의 관리처분계획인가로 취득한 입주자로 선정된 지위 및 〈빈집 및 소규모주택 정비에 관한 특례법〉(이하 '소규모주택 특례법'이라 한다)에 따른 재건축사업의 사업시행계획인가로 취득한 입주자로 선정된 지위를 말한다. 즉 〈도시정비법〉과 〈소규모주택 특례법〉에 따른 입주자로 선정된 지위를 말하므로, 〈주택법〉에 따라 진행되는 지역주택조합이나 직장주택조합에서 재개발·재건축사업의 사업계획 승인 후 주택을 분양받을 수 있는 권리는 입주권이 아니라 단순히 주택을 취득할 수 있는 권리에 불과하다.

〈도시정비법〉상 입주권과 〈주택법〉상의 주택을 취득할 수 있는 권리를 구분하는 이유는 1세대 1주택 비과세 등과 같은 세법상 각종 특례규정 적용이 달라지기 때문이다. 〈도시정비법〉 및 〈소규모주택 특례법〉에 따른 관리처분계획인가 및 사업시행계획 승인에 따른 입주권은 세법상 일정 요건을 충족할 경우 각종 비과세 특례를 적용받지만, 〈주택법〉에 따라 진행되는 직장 및 지역주택조합에서 사업계획 승인 후 주택을 취득할 수 있는 권리는 비과세 특례가 적용되지 않는다.

또한 정부는 재개발·재건축에 대한 투기를 막고 과세형평을 제고하고자 2005년 〈소득세법〉 제89조2항을 개정하여 2006년 1월 1일 이후 관리처분계획이 인가되었거나 2006년 1월 1일 이전에 관리처분계획이 인가된 입주권을 2006년 1월 1일 이후 취득하는 경우 입주권을 1주택으로 보아 양도소득세 과세 여부를 판단하게 하였다. 따라서 입주권은 1세대 1주택 판정에 있어 주택은 아니지만 주택 수에 포함되기 시작했다.

〈도시정비법〉 제48조의 규정에 따른 관리처분계획의 인가로 인하여 취득한 입주자로 선정된 지위 즉 〈도시정비법〉에 따른 관리처분계획인가로 취득한 입주자로 선정된 지위가 입주권이므로, 지역주택조합이나 직장주택조합과 같은 〈주택법〉에 따른 재개발·재건축으로 사업계획 승인 후 주택을 분양받을 수 있는 권리는 입주권이 아니라 그냥 주택을 취득할 수 있는 권리에 불과하므로 1세대 1주택 비과세와 같은 세법상 각종 특례규정이 적용되지 않는다.

그리고 분양권은 무주택자인 세대주가 〈주택법〉에 따른 사업계획의 승인을 받아 건설되는 국민주택 규모의 주택을 취득할 수 있는 권리를 말한다. 즉 건설회사에서 신규아파트에 대한 분양공고를 내면 청약을 통해 건설회사와의 분양계약을 체결하여 아파트에 입주할 수 있는 권리 형태를 의미한다.

03 입주권은 카멜레온이다

입주권을 두 글자로 하면 요물이고 네 글자로 하면 카멜레온이다. 사업진행에 따라 주택이 되었다가 입주권이 되었다 다시 주택으로 바뀌는 카멜레온 같은 측면이 있기 때문이다. 결론부터 말하면, '입주권은 주택이 아니다. 다른 주택을 양도할 때 주택 수에 포함된다'가 정확한 표현이다. 〈도시정비법〉상 재개발·재건축구역 물건은 관리처분계획인가가 나면 그때부터 물건의 종류와 상관없이 입주권으로 바뀌게 된다.

입주권으로 전환된 주택의 경우 철거가 끝나면 주택의 형체가 없다. 따라서 주택이라고 불러주고 싶어도 불러줄 수 없다. 하지만 세법에서는 입주권도 다른 주택을 팔 때 주택이라고 인정하고 있다는 게 문제다. 거듭 말하지만 입주권 관련 취득세나 양도소득세는 참 요상하다. 주택도 아니고, 토지도 아닌 것이 기분 나쁘면 토지로 또 기분이 좋으면 주택이라고 부른다. 따라서 일반인들이 알아먹기 힘들게 요리조리 비틀어 아주 헷갈리게 해놓았다.

그럼 입주권 관련 세금이 왜 이렇게 요물이 된 것일까. 과세 당국의 눈물겨운 꼼수의 발로다. '주택은 아니지만 다른 주택을 양도할 때 주택 수에 포함시킨다'는 해괴한 방정식이 탄생한 것이다. 주택이면 주택이고 아니면 아닌 것이지, 주택은 아닌데 주택 수에 포함된다는 것이 무슨 소리인가, 콩이면 콩이고 팥이면 팥이지 콩이 팥이 되고 팥이 콩이 되기도 한다는 것인가. 생각해 보라. 주택이 아닌데 어떻게 주택 수에 포함된다는 것인가. 한마디로 세금을 많이 부과하기 위해 이런 황당한 논리가 탄생하게 된 것이다.

　간혹 분양권은 주택이 아니지만 입주권은 주택이라고 생각하는 사람이 있다. 하지만 〈도시정비법〉 절차에 따라 진행되는 재개발·재건축에서 관리처분계획인가로 입주자로 선정된 지위인 입주권은 본래 주택이 아니다. 〈표 13〉처럼 재개발 또는 재건축구역 내 주택은 조합이 설립되고 사업시행인가를 거친 후 관리처분계획인가를 받으면 그때부터 '입주권'으로 바뀐다. 〈도시정비법〉상 관리처분계획인가가 나면 기존주택이 철거되지 않았더라도 주택이 멸실된 것으로 간주하기 때문이다.

〈표 13〉 사업진행 단계에 따른 입주권 기간

구분	주택	입주권			주택	
사업진행단계	관리처분계획인가 전	관리처분계획인가 후	철거	착공	준공	양도

　이때부터 조합원들에게 새로 지어질 주택에 입주할 수 있는 지위가 부여되는데 이것이 곧 '입주권'이다. 주택의 경우 관리처분계획인가일 전까지는 주택이지만 관리처분계획인가가 나면 입주권으로 바뀌었다가 준공일(사용검사필증 교부일 또는 임시사용일)이 되면 다시 주택으로 간주한다. 같은 주택인데도 사업의 진행단계에 따라 '주택 – 입주권 – 주택'으로 카멜레온처럼 변신하는 것이다. 따라서 관리처분계획인가 전까지 구입한 주택은 주택이지만 관리처분계획인가 후부터 준공일 전날까지는 입주권 그리고 준공일부터는 다시 주택이 된다.

　결론적으로 입주권은 주택은 아니지만, 세금 산정 시 주택 수에 포함된다. 입주권을 양도할 때 일시적 1세대 2주택 비과세 특례나 중과 여부를 판단할 때 주택 수에 포함시킨다는 것이다.

04 입주권과 분양권은 주택이 아니다

'입주권은 주택이다'와 '입주권은 주택 수에 포함된다'는 의미가 다르다. 즉 입주권은 원래는 주택이 아닌데 단지 〈소득세법〉상 양도소득세 산정할 때 주택 수에 포함시키는 것이다. 분양권은 주택이 아니라는 건 대부분 알고 있다. 그런데 '입주권은 주택이 아니다'라고 하면 의아해한다. 반복하지만 분양권과 입주권은 둘 다 주택이 아니다. 생각해 보라. 주택이 되려면 기둥, 벽, 지붕이 있어야 한다. 그런데 분양권이나 입주권은 눈에 보이는 형체가 없고 단순한 권리이기 때문에 주택이 아니다.

실제 관련 법에서도 본래는 입주권을 주택 수에 포함시키지 않았다. 비과세 특례 적용 시 주택이 아니기 때문에 주택 수에 포함시키지 않았던 것이다. 그러다 2000년대 들어서 전국적으로 재개발·재건축 붐이 일어나 입주권을 매개로 한 부동산 투기가 성행하자 입주권을 통한 부동산 투기를 차단하기 위해 2005년 12월 31일 〈소득세법〉이 개정되면서 입주권을 1세대 1주택 비과세 특례 적용 시 주택 수 계산에 포함시키게 된 것이다.

즉 2005년 12월 31일 전에는 입주권을 주택으로 보지 않았기 때문에 1세대가 1주택과 입주권을 보유하다가 주택을 양도하는 경우 1세대 1주택의 비과세를 적용받을 수 있었다. 그러나 〈소득세법〉 개정으로 1세대가 주택 A와 주택 B를 보유한 상태에서 주택 B가 2006년 1월 1일 이후 관리처분계획인가로 인해 재개발에 포함되어 입주권으로 전환된 경우, 주택 A를 양도하는 경우에는 원칙적으로 1세대 1주택의 비과세 특례를 적용받을 수 없게 된 것이다.

다만, 예외적으로 1세대가 1주택과 1입주권을 소유한 경우라 하더라도 〈소득세법〉 제89조제1항제3호, 동법 동조4호, 시행령 제154조제1항에 의한 입주권 비과세 보유기간의 원칙 즉, 관리처분계획인가일 현재 해당 주택 보유기간 2년(조정대상지역인 경우, 2년 거주)을 충족할 경우에는 부동산 투기가 아닌 실거주 목적으로 보아 비과세된다.

관리처분계획인가를 받으면 입주권으로 전환되고 입주권 상태는 보유기간 산정에서 제외되는 것이 원칙이지만 재개발 현장에서는 관리처분계획인가를 받아 입주권 상태이지만 이주 전까지는 사실상 거주하고 있으므로 불합리한 측면이 있었다. 그래서 2018년 12월 27일 조세심판원 '2018서4630' 결정문에 따라, 입주권 상태이지만 실제 주택으로 거주한 기간(주택 소유자 및 세입자 퇴거일)까지는 주택 보유기간으로 인정해 주게 된 것이다.

〈표 14〉는 입주권과 주택을 비교한 것이다. 재개발·재건축에서 주택이 철거되어 지상 건축물이 없어진 상태의 입주권은 주택은 아니지만 주택 수에는 포함된다고 했다. 〈소득세법〉상 입주권과 주택의 공통점은 세율과 보유기간(2년 보유, 조정대상지역 2년 거주) 충족 시 비과세가 된다는 점이다. 반면 입주권은 주택 수에는 포함되나 조정대상지역 주택 매도 시 발생하는 양도소득세 중과에는 해당되지 않는다.

또한 입주권의 경우, 1세대 1주택 비과세 적용 시 보유기간으로 인정해 주는지 여부도 중요하다. 2년 보유할 경우 비과세가 되기 때문이다. 보유기간으로 인정되는 기간은 관리처분계획인가 전(주택 취득일~관리처분계획인가 전)까지의 기간 즉, 입주권이 되기 전(주택의 경우, 철거 전)까지의 기간만 인정해 준다. 장기보유특별공제 역시 입주권 이전의 기간만 인정된다.

〈표 14〉 세금 산정 시 입주권과 주택의 차이점

구 분	입주권	주 택
주택여부	X	O
주택 수 포함 여부	O	X
조정지역 내 양도소득세 중과여부	X	O
1세대 1주택 비과세 특례 적용 시 보유기간 인정 여부	△ (관리처분계획인가 전)	O
장기보유특별공제	△ (관리처분계획인가 전)	O
양도 시 또는 LTV 산정 시 주택 수 포함 여부	O	O

그러나 조정대상지역 내 주택의 양도소득세 중과 여부를 판단함에 있어 주택은 중과 대상이지만 입주권은 중과되지 않는다. 입주권은 주택이 아니라 주택을 취득할 수 있는 권리에 불과하기 때문이다.

05 입주권과 분양권의 투자금액

앞서 언급했듯이 입주권과 분양권은 공히 주택이 아니다. 그러나 입주권은 1세대 1주택 여부를 판정할 때나 세금을 산정할 때 주택 수에 포함된다. 즉 입주권은 주택이 철거되어 지상에 건물이 없는데도 주택 수에 포함된다. 청약을 통해 주어지는 분양권은 아무리 많아도 주택 수에 포함되지 않지만 주택이 완공되어 잔금을 낸 뒤부터는 주택이 된다.

투자금액 측면에서 보면, 실투자금액은 입주권보다 분양권이 적게 들어간다. 즉, 분양권을 매수할 때는 계약금 10%만 있으면 되지만, 입주권은 사업진행 단계에 따라 다르지만 관리처분계획인가 후라도 이주비를 제외하고도 매입금액의 40~50% 정도가 필요하기 때문이다.

그러나 전체 투자금액은 분양권보다 입주권이 적다. 조합원분양가는 일반분양가에 비해 낮기 때문이다. 사업기간도 길고 사업에 대한 불확실성이 존재하지만 일반청약이라는 번거로운 절차를 거치지 않고 저렴하고 안전하게 분양받고자 한다면 입주권이 유리하지만 문제는 프리미엄이다. 프리미엄이 지나치게 높다면 신중하게 따져봐야 한다. 따라서 적은 투자금액으로 사업의 불확실성이 싫다면 분양권이 유리하다.

또한 명의 이전에 따른 취득 비용은 전매가 허용되는 분양권은 건설사를 방문하여 명의변경 및 대출승계를 하면 되고 별도의 비용은 발생하지 않는다. 반면, 입주권은 토지분 취득세 4.6%를 납부해야 한다. 그리고 세금 측면에서는 분양권은 주택을 취득할 수 있는 권리이지 주택이 아니기 때문에 양도소득세 비과세 혜택이 없다. 따라서 분양권을 한

개만 보유하고 있더라도 양도소득세를 납부해야 한다. 그러나 주택이 아니기 때문에 분양권을 여러 개 가지고 있을 경우에도 중과세가 적용되지는 않는다.

분양권은 2년 이상 보유 후 매도하면 6~42%의 기본세율이 적용된다. 반대로 입주권은 주택은 아니지만 주택 수에 포함된다. 그렇다 하더라도 1입주권과 1주택을 보유한 1세대 2주택인 경우에도 〈소득세법〉상 비과세 요건을 충족시킬 경우 비과세 적용을 받을 수 있다.

그리고 장기보유특별공제 여부를 보면, 분양권은 주택이 아닌 권리에 불과하기 때문에 주택에 적용되는 장기보유특별공제를 받을 수 없다. 반면 입주권은 매도 시 발생한 전체 양도차익이 아닌 주택 취득일로부터 관리처분계획인가일 전까지 발생한 차익에 대해서만 장기보유특별공제를 해준다. 입주할 아파트의 동·층·방향은 입주권이 유리하다. 조합원들이 선택하고 남은 물량을 일반분양하기 때문에 분양권보다 입주권이 더 좋은 동, 로열층을 공급받을 수 있기 때문이다.

마지막으로 추가분담금은 분양권의 경우, 계약 시 정해진 분양가 외에 추가금액이 들어가지 않지만, 입주권은 취득 이후 경기 변화나 사업성 및 진행속도에 따라 차이는 있을지언정 추가분담금이 발생한다. 물론 일반분양이 잘되고 사업속도가 빨라 청산금을 환급받을 수도 있다.

06 입주권 · 분양권 관련 세금

분양권은 취득 당시에는 취득세를 내지 않고 입주 시 한 번만 납부하면 된다는 장점이 있다. 즉 분양권을 매수할 때에는 취득세를 바로 내는 게 아니고 소유권이전등기할 때 납부하기 때문에 아파트 완공 전에 전매할 경우 취득세를 내지 않는다. 반면 입주권은 사업 주체로 하여금 아파트를 짓게 하는 것인데 그 과정에서 토지를 취득하기 때문에 토지분 취득세를 납부한다.

또한 분양권을 양도할 경우, 양도소득세는 보유기간에 따라 달라지는데 1년 미만 50%, 1년 이상 2년 미만 40%, 2년 이상이면 6~42%의 일반세율을 적용한다. 입주권의 경우에는 1년 미만 40%, 1년 이상 2년 미만이면 일반세율을 적용한다. 여기서 보유기간은 계약체결일로부터 양도일까지이나, 비과세 산정을 위한 보유기간에는 포함되지 않는다.

분양권의 취득시기는 해당 부동산을 분양받을 수 있는 권리가 확정된 날 즉, 아파트 당첨권의 당첨일을, 만약 다른 사람으로부터 분양권을 승계받은 경우에는 잔금청산일을 분양권 취득시기로 본다. 따라서 입주권은 분양권에 비해 거래가격이 낮고 다양한 혜택을 제공한다는 장점이 있지만 취득세가 부담이다. 따라서 단기차익을 실현하려면 분양권보다 입주권이 유리한 측면이 있다.

그리고 기존주택이 있는 상태에서 조정대상지역의 입주권을 보유한 경우, 입주권을 먼저 매도하면 중과세되지 않고 일반세율로 과세한다. 입주권은 향후 주택을 취득할 수 있는 권리이지 그 자체가 주택은 아니기 때문이다. 그러나 기존주택을 먼저 매도하면 중과되는데 이는 투기 수요를 차단하기 위해서다.

또한 분양권과 입주권 매매 시 명의변경 절차도 유의해야 한다. 일반 부동산과 마찬가지로 매매할 수 있는 권리이지만 매매 과정은 다소 차이가 있다. 계약체결에서부터 잔금납부까지는 동일한 수순을 밟지만 조합이나 시공사를 방문해 분양계약서상의 명의변경 과정이 추가된다는 점이 다르다.

먼저 분양권의 명의변경 절차는 매매계약서를 작성하고 물건 소재지 시·군·구에 실거래신고를 하면 된다. 그리고 잔금을 치른 후 중도금 대출이 있는 경우에는 매도자와 매수자가 함께 은행을 방문해 대출승계를 한 후, 시공사를 방문해 분양계약서 명의변경을 하면 된다. 입주권 명의변경은 계약과 실거래가신고까지는 분양권과 동일하지만 등기가 완료되면, 매수자는 조합을 방문하여 조합원 지위를 승계받고 이주비 및 중도금 대출이 있을 경우, 은행을 방문해 이주비와 대출을 승계하고 명의변경을 하면 된다.

07 분양권 전매제한

'분양권 전매'란 주택을 분양받은 사람이 그 지위를 다른 사람에게 넘겨주어 입주자를 변경하는 것을 말한다. 청약예금이나 청약부금, 청약저축 등 주택청약통장 가입자에게 우선 공급한 분양아파트의 입주권을 '분양권' 또는 '당첨권'이라 하는데, 이것을 아파트에 입주하기 전에 실제 물건이 아닌 권리형태로 제3자에게 되파는 것이 바로 전매轉賣이다.

분양권 전매는 법적 용어가 아니라 '입주자로 선정된 지위'에 대한 명의변경이다. 분양권 전매 제한에 대한 진행 과정을 보면, 투기를 억제하기 위하여 해외 이주 등 극히 제한된 경우를 제외하고는 금지해 오다 IMF 경제위기 이후 부동산 경기가 최악의 침체상황에 빠지자 건설교통부가 부양책의 일환으로 〈주택건설촉진법〉 개정을 거쳐 1999년 3월 전면 허용했다.

이 조치로 분양권 매매 허용기준이 완화되어 분양받은 주택의 계약 체결 후에는 분양권을 팔 수 있게 되었다. 그런데 인기지역의 경우 일단 당첨되기만 하면 분양권 프리미엄이 순식간에 수천만 원대를 호가하는 등 분양권 전매가 투기 수단으로 악용되자 정부는 2002년 9월 다시 〈주택법〉을 개정하여 투기과열지구에서의 분양권 전매를 제한했다. 이에 따라 투기과열지구로 지정된 지역에서는 아파트 분양 후 1년이 지나고 중도금을 2회 이상 낸 시점부터 분양권을 되팔 수 있도록 했다.

그러나 그 후에도 투기가 계속되자 2003년 6월부터 전매 제한이 더 강화되어 아파트 소유권이전등기가 완료된 뒤에야 가능하도록 했다. 그러다 2004년 3월 30일부터는 투기과열지구의 20가구 이상 주상복합아파트도 분양권 전매가 금지되었다. 이후 2008년 정부는 급격히 침체된 주택 분양 시장을 회복하기 위해 서울 강남 3구를 제외한 수도권 지역을 투기과열지구에서 해제하여 제한적으로 전매가 가능해졌다.

이어 2012년 '5·10 부동산 대책'을 통해 수도권 공공택지(85㎡ 이하)의 전매제한 기간을 기존 3년에서 1년으로 완화하고, 수도권 공공택지 내의 개발제한구역 해제 지역은 기존 5~10년에서 2~8년으로 전매제한 기간이 완화되었다.

08 이주비 대출 이자에 대한 배당소득세

　재개발·재건축 조합원은 이주 시 50~60% 정도의 이주비 대출을 받는다. 이주비 대출이란 재개발·재건축사업을 하는 과정에서 조합원이 이사를 갈 때 전세금조로 일정금액을 빌려주는 제도이다.
　이 경우 대부분 조합에서 이자를 대납해 주는데 최근 국세청이 조합이 대신 납부해 주는 이주비 대출 이자에 대해서 배당소득세를 내라고 하고 있다. 국세청은 조합의 이주비 대출 이자 대납을 배당 행위로 보아 왔던 게 사실이다. 하지만 그동안 느슨하게 적용하여 조합에서 실제 배당소득세를 내지 않고 관행적으로 사업경비로 처리해 왔다.

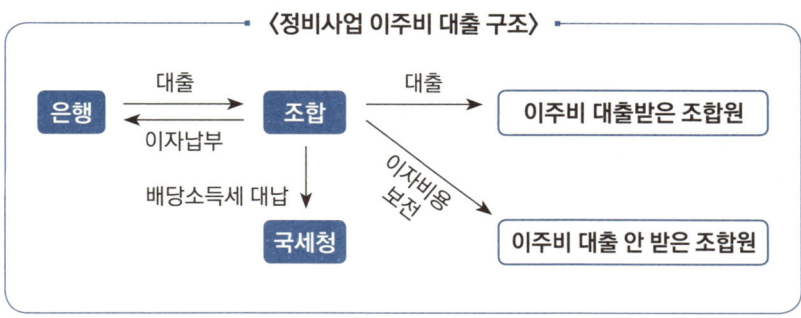

〈정비사업 이주비 대출 구조〉

　당연히 조합들의 반발이 거세지만 국세청은 치밀하게 준비해 온 듯하다. 조합의 이주비 대출 대납 행위를 개별 조합원이 향후 일반분양으로 발생할 수 있는 수익을 미리 배당하는 일종의 '선배당 행위'로 간주하여 15.45%의 배당소득세를 내라는 것이다. 일부 법조계와 세무 전문가들은 조합이 대납하는 이자에 대한 배당소득세 과세가 재건축 초과이익환수제와 같이 '미실현 이익'에 대한 과세라는 측면에서 위헌 등 논란의 여지가 있다고 하지만 정부의 과세원칙은 확고해 보인다.

09 국가는 세금 걷는 폭력단이다

'세금'이라는 두 글자가 궁금해서 사전을 찾아봤다. "국가나 지방 자치단체가 필요한 경비를 충당하기 위해서 국민으로부터 거두어들이는 돈"이란다. 애매하다 싶었는지 친절하게 부연 설명까지 해놓았다. "나라 살림에 필요한 경비를 법률에 따라 국민이 부담하는 것으로 4대 의무 중의 하나이다. 국가는 과세권을 가지며, 국민에게는 납세의 의무가 있다." 하지만 이는 공자 같은 표현이고 "국가의 재정수입을 위해 개별적인 보상 없이 강제적으로 징수하는 돈"이라고 하는 것이 더 사실적이고 현실적이다. '개별적인 보상 없이'라는 말인즉슨, 내가 낸 세금만큼 국가로부터 서비스를 받지 못할 수도 있다는 말이다. 문제는 여기서 시작된다. 내가 낸 만큼 서비스를 받을 수 없으니 당연히 세금을 내기 싫어한다. 그래서 절세의 탈을 쓴 탈세에 현혹되는 것이다.

얼마 전, 〈한국경제〉 김정호 수석논설위원은 '국민을 세금으로 벌주는 나라'라는 칼럼을 통해 캐나다의 자유주의 경제학자 피에르 르뮤Pierre Lemieux의 말을 인용했다. "폭력단이 서로 경쟁을 거쳐 하나만 살아남아 경찰도, 재판소도, 군대도 독점하면 그것이 곧 국가이다"라고 지적하면서 국가를 폭력단에 비유했다.

사실 세금이란 돈을 벌 때 소득세, 돈을 쓸 때 소비세, 쓰고 남은 돈에는 재산세를 내면 그것으로 끝이어야 한다. 하지만 이런 단순한 조세 제도는 세계 어디에도 없고 우리나라도 예외가 아니다. 국가라는 폭력단의 DNA가 정의에 우선하기 때문이다. 아기가 태어날 때 웃지 않고 울음을 터트리는 이유가 혹시 세금 때문은 아닌가 하는 생각마저 든다.

항간에 떠도는 살벌한 '세금 이야기'를 그저 웃고만 넘길 일이 아니다. 출생신고했더니 주민세, 살아서 물려주었더니 증여세, 죽었더니 상속세, 피땀 흘려 일했더니 근로소득세, 휴식 시간에 담배 한 대 물었더니 담배세, 퇴근길에 한잔했더니 주류세와 교육세, 도대체 술 마시는데 교육세가 웬 말인가.

그뿐인가. 북한 핑계 삼아 방위세, 샤워했더니 수도세, 백수로 집에서 뒹굴어도 전기세, 에어컨 좀 켰더니 누진세, 목욕하고 로션 발랐더니 농어촌특별세, 화장품에 농어촌특별세가 붙는 것은 정말 귀신이 곡할 노릇이다. 돈이 없어 싸구려 중고차 샀더니 취득세, 자동차 번호판 붙이러 갔더니 등록세, 여기서 끝이 아니다. 먹고 살려고 식당에서 밥 먹었더니 부가가치세, 자일리톨 껌 하나 샀더니 소비세, 화장실에 똥 샀더니 환경세, 그나마 있는 사람들은 탈세, 죽어나는 건 국민일세….

한 마디로 국민은 걸어 다니는 세금이자 세금 내는 자동판매기다. 수입이 많으면 많은 대로 적으면 적은 대로 죽기 전까지는 세금을 내야 하는 존재다. 세금은 국가가 국민을 겁주는 가장 손쉬운 방법이다. 우리나라에만 국한된 것은 아니다.

우리나라는 평수로 주택 규모를 정하고 평수가 크면 세금도 많이 나온다. 하지만 14세기 초 프랑스에는 평수가 아닌 창문의 숫자로 세금을 매겼던 시절이 있었다. 창문 개수에 따라 세금을 부과한 창문세이다. 베르사유 왕궁의 경우 창이 2,143개라고 하는데 단번에 규모가 느껴진다. 창문의 개수가 곧 부의 기준이자 세금을 부과하는 기준이었던 것이다.

영국 역시 창문세를 도입했는데 그 전에는 '벽난로세'라는 세금이 있었다. 세금을 징수하려면 집 안에 들어가 벽난로가 몇 개 있는지 파악해야 했는데 못 들어오게 하는 주민들과 번번이 마찰이 빚어져 세금징수가 여의치 않자 그 대안으로 생각해 낸 것이 '창문세'였다. 창문은 굳이 집 안에 들어가지 않아도 밖에서 쉽게 확인할 수 있으니까 벽난로세를 걷는 것보다 훨씬 수월했다.

　호주의 경우 이혼세라는 것이 있다. 이혼율이 40%에 육박하자 이혼 억제정책으로 만든 세금이다. 이혼할 때 우리 돈으로 100만 원 정도를 국가에 세금으로 내야 하는데, 개인의 행복 추구권을 침해한다는 비난을 받고 있는 세금이기도 하다. 사실 세금은 국가 유지와 운영에 없어서는 안 되는 돈이다. 그래서 대부분의 국가들은 이렇게 다소 황당한 세금까지 거둬들이기 위해 폭력단 같은 짓도 서슴지 않는다.

제 4 장

재개발·재건축 입주권·분양권 관련 취득세·재산세·종합부동산세

최근 개봉한 영화 〈악인전〉, 연쇄살인범을 잡기 위해 경찰이 조폭과 손을 잡았다. 영화는 한 마디로 무차별 살인을 저지르는 연쇄살인범을 쫓는 이야기다. 세금으로 월급 받는 경찰이 연쇄살인범을 잡아야 하는데 왜 조폭이 개입하는지 궁금했는데, 경찰이 무능해서 조폭과 손을 잡은 것이다. 경찰이 살인범을 잡을 수 없으니 조폭의 돈과 인력 그리고 목숨 걸고 일하는 근성을 빌리겠다는 것이다. 경찰과 조폭들이 회식하는 장면에서 이런 대사가 나온다.

"너희 경찰들은 국민 세금 받으면서 일 그렇게 하잖아! 우리는 목숨 걸고 하는 거거든."

어떤 일을 하든 '목숨 걸고 한다'는 말보다 더 처절한 말이 또 있을까. 과거 프랑스 재무장관이었던 장 바티스트 콜베르Jean-Baptiste Colbert는 "가장 바람직한 조세는 거위가 비명을 덜 지르게 하면서 최대한 많은 깃털을 뽑는 것"이라고 말한 바 있다. 전 정부의 청와대 경제수석이 한 기자회견에서 "올해 세법 개정안의 기본정신은 거위가 고통을 느끼지 않도록 깃털을 살짝 빼내는 식으로 세금을 더 거두는 것"이라고 발언해 국민들의 분노를 샀던 적이 있었다.

어떤 깃털이든 뽑히는 국민은 아프다. 우리나라 국민 1인당 1년에 내는 세금(2014년)은 평균 509만 원이다. 갓난아기, 학생, 병원에 입원한 사람들은 물론 교도소에 있는 사람들까지 모두 포함되었기 때문에 적은 금액이 아니다. 509만 원에 인구 5,000만 명을 곱하면 250조가 넘는 가히 세금공화국이다. 세금 중에서 연체나 미납이 없는 것이 취득세다. 납부하지 않으면 등기 자체가 되지 않는다.

01 입주권 관련 취득세

재개발·재건축 같은 정비사업에서는 같은 주택이라도 사업진행 단계에 따라 주택이 되었다가 토지가 되었다가 다시 주택이 되기 때문에 취득세도 달라진다. 정비구역 내 주택의 경우, 구역지정부터 조합설립인가와 사업시행인가를 거쳐 관리처분계획인가 전까지는 주택으로 보아 주택분 취득세, 관리처분계획인가 후부터 조합원 동·호수 추첨과 이주 및 철거를 거쳐 아파트 준공 전까지는 입주권(토지분)으로 취득세를 납부한다. 그러다 준공이 되면 다시 주택으로 탈바꿈하기 때문에 주택(건물분) 취득세를 또 납부한다.

입주권 상태에서 해당 구역의 주택을 취득하면 토지로 보아 4.6%의 취득세를 내는 게 원칙이지만, 예외적으로 관리처분계획인가가 난 후 입주권으로 전환되었다 하더라도 주택이 철거되지 않고 있다면 주택분 취득세를 낸다.

〈표 15〉는 입주권 및 주택의 취득세율을 금액별로 구분한 것인데, 면적은 분양면적이 아닌 전용면적 기준이다. 입주권은 재개발·재건축에서 '관리처분계획인가에 의해 취득한 입주자로 선정된 지위'이므로 조합원이었더라도 현금청산자는 해당되지 않는다.

앞서 언급한 바와 같이 입주권에 대한 취득세는 주택이든 토지든 물건의 종류를 불문하고 토지로 보아 4.6%가 원칙이다. 그러나 관리처분계획인가 후에도 주택이 철거될 때까지는 취득세를 주택으로 납부한다. 주택의 경우, 취득세는 금액에 따라 1.1~3.16%이고, 농어촌특별세는

<표 15> 입주권 및 주택 취득세율

구분			취득세	농어촌 특별세	지방 교육세	합계
입주권 유상취득(주택 제외, 면적 무관)			4	0.2	0.4	4.6
주택	6억 이하	85㎡ ↓	1	-	0.1	1.1
		85㎡ ↑	1	0.2	0.1	1.3
	6억 초과~9억 이하	85㎡ ↓	2	-	0.2	2.2
		85㎡ ↑	2	0.2	0.2	2.4
	9억 초과	85㎡ ↓	3	-	0.3	3.3
		85㎡ ↑	3	0.2	0.3	3.5
원시취득		85㎡ ↓	2.8	-	0.16	2.96
		85㎡ ↑	2.8	0.2	0.16	3.16

* 세율 = %, ↓ = 이하, ↑ = 초과를 각각 의미함

금액에 상관없이 면적이 85㎡ 이상인 경우에만 부과하며, 지방교육세는 면적과는 상관없이 전부 차등 부과된다.

1) 재개발 승계조합원은 취득세를 두 번 낸다

원조합원과 승계조합원을 구분하는 것은 학문적·법률적 의미는 없고, 세금 때문에 편의상 구분한 용어다. <표 16>에서처럼, 세법상 원조합원과 승계조합원을 구분하는 기준일은 재건축의 경우에는 관리처분계획인가일이다. 반면 재개발의 경우에는 취득세와 양도소득세가 다르다. 취득세는 사업시행인가일, 양도소득세는 관리처분계획인가일을 기준으로 구분한다.

원조합원과 승계조합원 구분과 관련하여 기억해야 할 것은 2008년 3월 12일 이전에 정비구역으로 지정된 경우에는 사업시행인가일 기준으

〈표 16〉 원조합원·승계조합원 구분

구분	세목	원조합원과 승계조합원 구분	원조합원 혜택
재개발	취득세	사업시행인가일	85㎡ 이하 원시취득세 면제
	양도소득세	관리처분계획인가일	보유 기간 및 장기보유 특별공제 (입주권 기간 제외)
재건축	취득세	관리처분계획인가일	-
	양도소득세	관리처분계획인가일	-

로 원조합원과 승계조합원을 구분하고, 그 이후에는 정비구역지정일이 기준일이 된다는 점이다. 한 마디로 원조합원 기준을 강화하여 취득세를 많이 받겠다는 것이다. 그럼에도 불구하고 지금까지는 재개발에서 사업시행인가일 이전에 주택을 취득한 원조합원이라면 준공 후 신축아파트 취득 시 전용면적 85㎡ 이하면 취득세가 면제된다.

그리고 원조합원의 경우, 양도소득세 산정 시 공사기간을 보유기간으로 인정해 주는 것으로 알고 있는 경우가 있는데, 공사기간이 아닌 관리처분계획인가 전 보유한 기간과 준공 후의 기간만 인정해 준다. 장기보유특별공제도 공사기간, 즉 입주권 상태의 기간은 인정해 주지 않는다.

원조합원은 전용면적이 85㎡ 이하이면 원시취득세가 면제되지만, 승계조합원은 취득 시 소유권이전 취득세를 납부하고 아파트가 완공되면 또 소유권보존등기에 따른 원시취득세를 납부해야 하므로 취득세를 두 번 낸다. 입주권을 매수했을 당시에는 그 시점의 주택 또는 토지를 매수한 것으로 보고 향후 지어지는 새 아파트에 대한 취득세는 납부하지 않은 것으로 보는 것이다.

분양권과 입주권에 대한 취득세를 이해하기 위해서는 토지소유자를 확인하면 된다. 분양권은 토지소유자가 시행사로 되어 있지만 입주권은 기존주택을 소유한 사람, 즉 조합원이 토지를 소유하고 있다. 따라서 분양권을 소유한 사람은 단순히 권리만 보유하고 있다가 아파트가 완공되면 토지와 건물에 대한 소유권을 동시에 이전받는 반면, 입주권은 아파트가 완공되면 건물만 등기하는 절차를 밟는다. 토지는 원조합원이든 승계조합원이든 이미 소유하고 있기 때문이다.

2) 정비사업 아파트 완공 시 취득세율

〈표 17〉에서처럼 재개발·재건축 아파트가 완공되면 재건축은 건축비(공사비), 재개발은 승계취득가액이 각각 과세표준이 된다. 승계취득가액은 조합원분양가에서 권리가액(종전자산평가액×비례율)과 프리미엄을 차감한 금액을 말한다.

〈표 17〉 정비사업 아파트 완공 시 취득세율

구분		면적	취득세	농어촌특별세	지방교육세	합계	과세표준
재개발	원조합원	85㎡↓	2.80	면제			승계취득가액
		85㎡↑		0.20		3.16	
	승계조합원	85㎡↓		–		2.96	
		85㎡↑		0.20		3.16	
재건축	원조합원	85㎡↓		–	0.16	2.96	건축비
		85㎡↑		0.20		3.16	
	승계조합원	85㎡↓		–		2.96	
		85㎡↑		0.20		3.16	
승계조합원 입주권 매입		–	4.0	0.20	0.40	4.60	입주권매입가격

* 세율 = %, ↓ = 이하, ↑ = 초과를 각각 의미함

예를 들어, 면적이 85㎡를 초과하더라도 권리가액이 3억 원이고 조합원분양가가 2억 5,000만 원이라면 추가분담금이 발생하지 않기 때문에(과세표준이 청산금이 되므로) 취득세는 면제되며, 승계조합원의 경우에도 승계 시 취득세 과세표준이 '조합원분양가 + 옵션가액'보다 높으면 면제 대상이다. 이 경우 청산금이나 승계취득가액이 조합원분양가보다 높더라도 기납부한 취득세는 환급되지 않는다.

3) 분양권 취득세율

입주권과 달리 분양권 취득세는 주택 세율을 그대로 적용한다. 〈표 18〉에서처럼, 6억 원 이하이면서 85㎡ 이하인 경우 1.1%, 85㎡ 초과는 1.3%이다. 그리고 6억 원 초과이면서 9억 원 이하일 때, 면적이 85㎡ 이하라면 2.2%, 85㎡를 초과하면 2.4% 그리고 매매가가 9억 원 초과인 경우 85㎡ 이하는 3.3%, 85㎡ 초과할 경우에는 3.5%를 각각 취득세로 납부하게 된다.

〈표 18〉 분양권 취득세율

구분	면적	취득세	농어촌특별세	지방교육세	합계	과세표준
6억 ↓	85㎡ ↓	1	-	0.1	1.1	• 원분양자 : 분양가격 • 승계분양자 : 분양가 + 프리미엄
6억 ↓	85㎡ ↑	1	0.2	0.1	1.3	
6억 ↑ ~ 9억 ↓	85㎡ ↓	2	-	0.2	2.2	
6억 ↑ ~ 9억 ↓	85㎡ ↑	2	0.2	0.2	2.4	
9억 ↑	85㎡ ↓	3	-	0.3	3.3	
9억 ↑	85㎡ ↑	3	0.2	0.3	3.5	

* 세율 = %, ↓ = 이하, ↑ = 초과를 각각 의미함

분양권 취득세 산정 시에는 다시 원분양자와 승계분양자로 구분한다.

먼저 원분양자인 경우, 분양가에 세율을 곱한 금액을 취득세로 납부하면 된다.

구분	취득세
원분양자	분양가격 × 세율
승계분양자	(분양가격 × 프리미엄) × 세율

예를 들어, A가 부산진구에 있는 전용 90㎡ 아파트의 일반분양에 당첨된 경우, 분양가가 4억 원이면 취득세는 4억 원에 1.3%를 곱한 520만 원이 된다. 그리고 B가 서울 강남에 있는 전용 90㎡인 아파트 일반분양에 당첨된 경우 분양가가 15억 원이라면, 15억 원에 3.5%의 세율을 곱한 5,250만 원이 취득세가 된다.

만약 B가 분양받은 아파트를 C에게 15억 원에 프리미엄 2억 원을 붙여 팔았다면 분양가 15억 원에 프리미엄 2억원 을 더한 17억 원에 3.5%를 취득세로 납부해야 한다. 따라서 원분양자와 승계분양자의 취득세는 달라진다. 물론 프리미엄이 없다면 차이가 없다.

4) 입주권 취득세율

입주권에 대한 취득세는 〈표 19〉에서 보는 바와 같이, 관리처분계획인가 후 준공(사용승인) 전까지는 토지에 대한 취득세 4.6%를 납부하는 것이 원칙이다.

단, 관리처분계획인가가 났음에도 불구하고 실제 주택이 철거될 때까지는 주택에 대한 취득세를 납부한다고 여러 차례 언급했다. 이때 과세 표준금액은 프리미엄을 포함한 입주권 매입가격이 된다.

<표 19> 입주권 취득세율

구분	면적	취득세	농어촌 특별세	지방 교육세	합계	과세표준
관리처분 계획인가 후 ~준공 전	85㎡↓	4.0	0.20	0.40	4.80	입주권매입가
준공 후	85㎡↓	2.80	–	0.18	2.88	• 재개발 : 승계취득가액 • 재건축 : 건축비
	85㎡↑	2.80	0.20	0.18	3.18	

* 세율 = %, ↓ = 이하, ↑ = 초과를 각각 의미함

그리고 준공이 되면 입주권은 다시 주택으로 변신하기 때문에 원시취득이 되므로 85㎡ 이하인 경우, 농어촌특별세는 비과세되어 2.96%를 납부하고, 85㎡ 초과 시에는 3.16%의 취득세를 납부한다. 과세표준은 재개발의 경우 승계취득가액(권리가액+프리미엄)이 되고 재건축은 해당 평형별 건축비가 된다.

5) 무허가주택은 철거되면 취득세가 없다

> 재개발구역 내 국유지 무허가주택을 보유하고 있던 조합원 A는 관리처분인가가 나고 지상 주택이 철거된 상태에서 입주권을 B에게 매도하였다. 입주권을 매수한 B의 취득세는 어떻게 되는가?

결론부터 말하면, B는 납부할 취득세가 없다. 일반적으로는 주택(대지+건축물)이 철거되면 토지로 보아 4.6%의 취득세를 내게 된다. 그러나 무허가주택의 경우에는 그렇지 않다. 무허가주택은 대지가 없는 이른바 '뚜껑'에 대한 입주권이므로 주택이 철거되면 취득세를 과세할 근거가 없어지게 된다. 따라서 무허가주택이 철거되면 완공되어 소유권이전등기

시(원시취득 시)까지 취득세를 납부할 근거도 부과할 근거도 없다.

그러나 현장에서 실무를 하다 보면 간혹 어떤 지자체에서는 4.6%의 취득세를 납부하라는 경우도 있는데 이는 문제의 소지가 있어 보인다. 과세 근거가 없는데 어떻게 세금을 부과할 수 있는가. 지자체가 내세우는 논리는 단 하나, 주택은 철거되었지만 종전자산평가액이 있고 입주권 상태이기 때문에 취득세를 납부해야 한다는 논리다. 취득세는 열거주의 과세원칙이다. 즉 부과대상을 열거해 놓은 것 외에는 부과하지 않는다는 것이다.

입주권 그 자체는 취득세 과세대상이 아니다. 따라서 입주권이므로 취득세를 납부하라는 것은 이해하기 어렵다. 거듭 강조하지만 대지 지분이 없는 무허가주택의 경우, 철거되면 취득세를 부과할 근거도 없고 납부할 이유도 없다. 그 주택이 국·공유지든 사유지든 상관없다.

6) 입주권 상태라도 주택 멸실 전까지는 주택분 취득세를 낸다

〈도시정비법〉상 재개발·재건축에서는 관리처분계획인가가 나면 주택의 경우 멸실 여부와 관계없이 입주권으로 전환된다. 입주권으로 전환되면 토지나 주택 구분 없이 토지 취득세를 납부하는 것이 원칙이다. 그런데 재개발·재건축 현장을 보면, 관리처분계획인가가 나도 이주 및 철거 전까지는 주택에 거주하고 있다.

그러다 보니 관리처분계획인가 후라 하더라도 주택이 멸실되지 않았는데 토지 취득세를 납부하는 것은 불합리하다는 이의가 계속 제기되어 왔다. 이에 2018년 1월 1일 이후 취득분부터는 관리처분계획인가 후라 하더라도 주택이 멸실되지 않았다면 주택분 취득세를 납부하도록 유권해석(지방세운영과-1, 2018.1.2.)을 한 바 있다.

7) 입주권과 분양권은 토지소유자로 구별된다

입주권과 분양권은 같은 듯 다르고 다른 듯 같다. 분양권은 일반분양 청약으로 당첨되면 생기는 권리고, 입주권은 정비사업에서 완공 후 아파트를 취득할 수 있는 권리다. 세법에서는 둘 다 양도소득세 납부대상이지만 계산 방식도 다르고 주택으로 볼 것인지 단순한 권리로 볼 것인지도 차이가 있다. 앞서 언급했듯이 분양권과 입주권을 구분하는 손쉬운 방법은 토지소유자가 누구인가를 보는 것이다.

분양권은 시행사가 토지를 소유하고 있어 중간에 승계취득하면 취득세 부담이 없다. 준공될 때까지는 토지의 소유가 시행사이기 때문이다. 따라서 분양권은 중간에 취득하더라도 아파트 준공 후 시행사로부터 소유권을 이전받기 전까지는 취득세가 없고, 소유권이전 시 원시취득세를 내면 그만이다. 하지만 입주권은 취득 시에 한 번, 완공 후 원시취득 시 한 번 해서, 두 번 취득세를 내게 된다.

따라서 입주권을 취득하거나 양도할 경우 부과되는 취득세나 양도소득세는 진행단계에 따라 일반적인 주택과는 조금 다르게 취급된다. 주택의 형체가 없는 입주권 상태를 주택으로 볼 것인가에서부터, 관리처분인가 후에 취득세를 어떻게 납부해야 하는지, 주택과 입주권을 동시에 보유하고 있을 경우 비과세 적용을 받기 위해서는 어떻게 해야 하는지 등과 같은 복잡한 문제들에 직면하게 된다.

많은 사람들이 심지어 세무사들도 양도소득세에서 가장 어려운 부분 중 하나가 입주권 관련 비과세 특례라고 할 정도다. 따라서 입주권 관련 취득세와 양도소득세는 거의 난수표를 해독하는 수준일 정도로 복잡하지만 기본적인 몇 가지만 체크하면 의외로 단순한 측면도 있다.

8) 부동산 취득·보유·처분 시 세금

혹자는 부동산이 없으니 세금 공부는 그때 가서 고민하겠다고 한다. 한가한 발상이다. 사실 부동산 자본주의가 고착화되고 있는 우리나라에서 부동산을 빼고 경제를 이야기할 수 없듯이, 부동산을 빼고 자본주의적 삶을 말하기 어려운 상황이다. 따라서 부동산 관련 세금은 무주택자라고 해서 강 건너 불구경할 일이 아니다. 막상 집이 한 채 생겨 공부하려고 하면 이미 늦다. 미리 준비하지 않으면 내지 않아도 될 세금을 내는 경우가 종종 발생한다. 과세당국은 가급적이면 과세하려고 한다. 설령 잘못 부과했더라도 선심 쓰듯 돌려주면 그만이다. 국세청이 과다 징수 등 이유로 되돌려준 세금(2015년)이 무려 6조 2,000억 원이었다.

예를 들면, 과세당국은 감면대상이라도 감면신청서를 제출하지 않으면 감면해 주지 않는다. "권리 위에 잠자는 자는 보호받지 못한다"는 법 명언이 있다. 권리가 있지만 그 권리를 적극적으로 행사하지 않는 국민은 그 권리를 누릴 자격이 없으며, 따라서 법으로도 그 권리를 보호해주지 않는다는 뜻이다. 한 마디로 섬뜩하다. 피 같은 돈을 악착같이 세금으로 걷어가면서 정작 국민들에게 주어진 권리를 살갑게 챙겨주는 것에는 그다지 신경 쓰지 않는다. 팔짱만 낀 채 스스로 감면받으라는 식이다.

주어진 권리도 국민들 스스로가 정해진 기간 내에 행사하지 않으면 주었던 밥그릇을 도로 빼앗아간다. 국가와 싸워 이기는 국민은 없다. 왜일까. 국가가 지면 국가가 망하기 때문이다. 그렇다고 국가와 세법만 탓하고 있을 수는 없는 노릇이다. 권리 위에 잠자지 않기 위해 그나마 주어진 권리마저 잃지 않기 위해서는 기본적인 세금은 절세를 위해서 뿐만 아니라 상식 차원에서라도 알아야 한다.

부동산은 취득하는 순간부터 양도하는 순간까지 세금에 포위되어 있다. 취득하면 취득했다고, 그냥 가지고 있으면 또 그냥 가지고 있는다고, 팔면 또 팔았다고 세금을 내야 한다. 부동산 관련 세금은 종류도 다양해서 안 낼 수 없지만 좀 줄여보자는 것이 우리가 세금을 공부하는 이유다.

취득 시	보유 시	처분 시
취득세, 상속세, 증여세	재산세, 종합부동산세	양도소득세

우리나라는 부동산 소유자를 해당 부동산의 등기부등본상 소유자로 판정한다. 하지만 우리나라 등기는 공신력이 없고 공시력만 있다. 공신력이 없다는 것은 국가에서 등기부등본상 소유자를 진정한 소유자로 100% 보장하지 않는다는 뜻이다. 그럼에도 불구하고 부동산은 취득하면 소유권이전을 통해 등기부등본상에 명의를 등재해야 비로소 '내 것'이라고 주장할 수 있다. 이때 취득하여 명의변경을 하려면 가장 먼저 만나게 되는 세금이 취득세다. 따라서 취득세는 미납이 없다. 소유권이전을 하려면 취득세를 내야 하기 때문이다.

취득세는 잔금청산 후 60일 이내에 납부하면 되지만 등기를 하려면 등기하기 전에 납부해야 한다. 취득은 제3자로부터의 취득만을 의미하는 것은 아니고 가족이라도 상속이나 증여로 명의가 변경되는 것도 취득으로 보기 때문에 취득세를 납부해야 함은 물론, 경우에 따라서는 상속세와 증여세도 납부해야 한다.

이렇게 부동산을 취득하여 취득세를 내고 나면 또 보유하고 있다고 보유세가 나온다. 주택의 경우, 재산세는 물론 일정금액을 초과할 경우 종합부동산세도 납부해야 한다. 재산세와 종합부동산세는 매년 6월 1

일 소유자에게 1년치를 전부 부과한다. 따라서 주택을 취득할 때 매수자 입장에서는 6월 1일을 잔금일로 하지 않는 것도 재산세를 절감할 수 있는 한 방법이다. 사실 찌그러진 중고자동차를 가지고 있어도 1년에 두 번 자동차세를 낸다. 자동차에 비하면 주택 재산세는 그나마 양호한 편이다. 부동산을 공동명의로 하면 절세할 수 있다는 말이 있다. 맞는 말이다. 대표적인 것이 종합부동산세다.

종합부동산세는 개인별로 주택의 공시지가 합계액이 6억 원까지는 감면되기 때문에 공동명의에 따른 절세효과가 있다. 그러나 재산세는 공동명의를 해도 절세효과가 없다. 전체 금액을 해당 지분별로 부과하기 때문이다. 어떤 아파트에 재산세가 50만 원이라면 남편 단독명의일 경우 남편에게 50만 원을, 2분의 1씩 공동명의로 해놓았다면 각각에게 25만 원씩 부과하는 구조이기 때문이다.

이처럼 부동산은 취득하면 취득세, 보유하고 있으면 재산세와 종합부동산세를 내야 하는데 이것으로 끝이 아니다. 보유세가 부담되어 팔면 또 팔았다고 양도소득세를 내야 한다. 세금 중 가장 관심을 많이 가지는 세금이 양도소득세다. 그러나 양도소득세는 취득세나 재산세처럼 간단하지 않다. 한 마디로 머리를 싸매야 하는 복잡한 세금이다. 양도소득세는 소득이 있는 곳에 과세한다는 과세당국의 철학에 가장 부합하는 세금이다. 양도차익이 없으면 내야 할 세금이 없기 때문이다.

양도소득세는 자진신고납부제도를 취하고 있어 양도한 사람이 스스로 신고하고 납부도 해야 한다. 입주권 관련 양도소득세는 제5장을 참조하면 된다.

9) 재개발 승계조합원의 프리미엄에 대한 취득세

앞서 말했듯이 재개발 입주권의 경우, 취득(토지)하는 단계에서 한 번, 아파트에 입주(건물)할 때 한 번 해서 취득세를 두 번 낸다. 입주권을 매수했을 당시에는 그 시점의 주택 또는 토지를 매수한 것으로 향후 지어지는 새 아파트에 대한 취득세는 납부하지 않은 것으로 보기 때문이다.

얼마 전, 〈서울경제〉의 '재개발 승계조합원 취득세 폭탄 맞나'라는 기사(2019.6.25.)가 큰 파장을 일으켰다. 행정안전부 지시사항으로 과세표준을 변경하여 분양가 프리미엄에도 취득세를 부과하겠다는 것이다. 기사에서 한 사례가 등장하는데, '2019년 7월 서울 어느 재개발구역의 새 아파트에 입주를 앞두고 있던 승계조합원인 A는 구청을 방문해 취득세를 문의했다가 예상 금액보다 1,000만 원가량 더 부과된다는 말에 깜짝 놀랐다. A는 언제부터, 왜 셈법이 바뀌게 됐는지 등을 구청 직원에게 물었지만 돌아오는 답변은 행정안전부 지시사항이란 말뿐이었다'고 분통을 터트렸다.

행정안전부로부터 해당 조합이 안내받은 내용에 따르면, 기존에는 '조합원분양가 + 옵션금액 - 승계 취득세 과표(종전 부동산 취득가격) - 선납 할인액 - 부가가치세'가 과표였지만, '조합원분양가 + 프리미엄 + 옵션금액 - 승계 취득세 과표 - 선납 할인액 - 부가가치세'로 과표를 바꾸겠다는 것이다. 복잡하게 해놨지만 한마디로 정리하면 분양가 프리미엄에 대해서도 과세하겠다는 것이다.

문제는 행정안전부와 지방자치단체 등이 재개발 승계조합원의 취득세 과세표준에 분양가 프리미엄을 넣는 방안을 검토하는 단계인데도 납세 현장에서는 혼란에 빠졌다. 갑자기 취득세 계산법이 바뀌는 것도 문제지만, 아직 논의가 확정되지도 않은 상태에서 취득세 납세처인 구청에서 바뀌는 셈법대로 재개발 승계조합원에 안내를 했기 때문이다. 사실 입주권 취득 시 토지에 대한 취득세를 납부할 때 이미 프리미엄에 대한 세금이 포함되어 있다. 그런데 완공 후 취득세를 낼 때 다시 프리미엄에 대해 과세하는 것은 이중과세의 우려가 있다는 것이다.

이 중 두 번째로 내는 취득세에 대한 부분이 바뀐다는 것이다. 파장이 커지자 2019년 6월 28일 행정안전부에서 앞서 〈서울경제〉 기사에 대한 해명을 내놨다.

〈기사 내용〉
재개발 주택 승계조합원 취득세 납부와 관련, 분양권 프리미엄을 취득세 과세표준 산정 시 포함하도록 행안부 유권해석이 변경되어 '취득세 폭탄' 및 이중과세의 소지가 있음

〈행안부 설명〉
가. 취득세 과세표준에는 부동산을 취득하기 위한 일체의 직·간접비용을 포함하도록 규정(지방세법 제10조제1항제5항, 같은 법 시행령 제18조제1항)하고 있으므로, 종전부터 분양권 프리미엄은 취득세 과세대상이었고, 우리부에서는 2015년 유권해석(2015.11.9. 자료 참조)을 통해 이를 명확히 한 바 있음
한편, 마이너스 프리미엄에 대해서는 취득세 과세표준에서 공제하는 법적 근거(지방세법 시행령 제18조제4항)를 신설하여 2016년부터 적용하고 있음
나. 그동안 과세하지 않던 프리미엄에 대해 우리부에서 유권해석을 변경하여 앞으로 과세한다는 보도에 대해, 일부 재개발 사업 구역에서 분양권 프리미엄에 대한 취득세 신고납부가 누락된 사례가 있었기 때문에, 자치단체가 취득세 신고납부를 앞두고 있는 재개발 조합에 분양권 프리미엄을 과세표준에 포함하여야 함을 안내하였는데, 이를 유권해석 변경으로 오해한 것으로 보임
다. 이중과세의 소지가 있다는 점에 대해, 조합원의 지위를 승계할 때 종전

> 토지의 가액에 분양권 프리미엄을 더하여 취득세를 과세하며, 입주할 때 분양가격에 프리미엄을 포함하더라도 종전 부동산 취득가격에 프리미엄이 포함되어 과표에서 다시 공제(지방세특례제한법 제74조제1항제2호)되므로 이중으로 과세되지 않음
>
> | 조합원지위 승계 시(프리미엄과세) = 토지승계취득가액(종전 토지가액 + 프리미엄) × 4% |
> |---|
> | 입주 시(프리미엄 비과세) = [(신축아파트 분양가 + 프리미엄) − (종전 주택가액+프리미엄)] × 2.8% |

이를 정리하면, 행정안전부에서 일부 재개발구역에서 분양권 프리미엄에 대한 취득세 신고납부가 누락된 사례가 있어, 지자체로 하여금 취득세 신고납부를 앞두고 있는 재개발 조합에 분양권 프리미엄을 과세표준에 포함하여야 함을 안내하는 것에 불과한 것이었는데, 이를 행정안전부의 유권해석 변경으로 오해한 것이라고 밝혔다.

이중과세 소지가 있다는 우려에 대해, 조합원의 지위를 승계할 때 종전 토지의 가액에 분양권 프리미엄을 더하여 취득세를 과세하며, 입주할 때 분양가격에 프리미엄을 포함하더라도 종전 부동산 취득가격에 프리미엄이 포함되어 과표에서 다시 공제(지방세특례제한법 제74조제1항제2호)되므로 이중으로 과세되지 않는다고 하여 문제는 일단락되었지만, 문제가 해결되었다기보다는 잠시 덮어두었다는 것이 올바른 표현이다.

> **행정안전부 유권해석(2015. 11. 9.)**
> 「지방세법」제10조제5항 본문 및 같은 항 제3호에서 '판결문·법인장부 중 대통령령으로 정하는 것에 따라 취득가격이 증명되는 취득'에 대해서는 '사실상 취득가격 또는 연부금액을 과세표준으로 한다'고 규정하고 있고, 같은

> 법 시행령 제18조제1항에서는 '법 제10조제5항 각 호에 따른 취득가격 또는 연부금액은 취득시기를 기준으로 그 이전에 해당 물건을 취득하기 위하여 거래 상대방 또는 제3자에게 지급하였거나 지급하여야 할 직·간접비용의 합계액으로 한다'고 규정하고 있음
> 최종 취득자는 거래 상대방인 분양회사 소유의 부동산을 취득하기 위해 제3자인 분양권 매도자에게 프리미엄을 지급하는 것이므로, 분양권 프리미엄은 취득세 과세표준에 포함

상기 행정안전부 유권해석 역시 선뜻 이해하기 어렵다. 마지막 부분에서 '최종 취득자는 거래 상대방인 분양회사 소유의 부동산을 취득하기 위해 제3자인 분양권 매도자에게 프리미엄을 지급하는 것이므로, 분양권 프리미엄은 취득세 과세표준에 포함'이라고 하는 부분이다.

이는 입주권 승계조합원이 아닌 일반 분양자들에게 해당된다. 분양권을 소유한 사람의 경우에는 승계조합원과 달리 아파트 준공 후 취득세를 납부할 때 주택 매매에 대한 취득세율 1.1%에서 3.5%를 한 번만 납부하기 때문에 행정안전부의 유권해석이 타당해 보인다.

그러나 재개발구역의 승계조합원을 일반분양자들처럼 적용시키는 데는 무리가 있다. 재개발에서는 원조합원이든 승계조합원이든 조합원은 자신의 부동산을 조합에 출자하여 아파트를 건축하는 데 참여하는 주체이지 제3자가 아니기 때문이다. 즉 청약을 통해 아파트 건설사로부터 분양권을 취득하는 제3자가 아니라는 것이다. 따라서 승계조합원은 입주권을 살 때 소유권이전등기 취득세와 준공 후 입주 시 소유권보존등기 취득세를 두 번 내는 것이다.

부산의 어느 재개발구역의 조합원 A는 분양신청을 통해 조합원분양가가 4억 원인 84-T타입을 배정받았다. 그 후 조합원 B(승계조합원)에게

종전자산평가액 2억 원짜리 입주권에 웃돈(프리미엄) 1억 원을 더하여 매도하였다.

조합원지위 승계 시(프리미엄과세) = 토지승계취득가액(종전 토지가액 + 프리미엄) × 4%
입주 시(프리미엄 비과세) = [(신축아파트 분양가+프리미엄) − (종전 주택가액 + 프리미엄)] × 2.8%

앞서 행정안전부에서 이중과세가 아니라는 입증으로 제시한 산식으로 B가 납부해야 할 취득세를 살펴보자. 여러 차례 언급했듯이 승계조합원 B는 소유권이전등기 시, 준공 후 소유권보존등기 시 해서 취득세를 두 번 납부해야 한다.

먼저 A로부터 입주권을 매입하면서 소유권이전등기 시 취득세는 승계취득가액(종전자산평가액 + 프리미엄) 3억 원의 4.6%를, 아파트 준공 후 소유권보존등기 시에는 '(조합원분양가 4억 원 + 프리미엄 1억 원) − (종전자산평가액 2억 원 + 프리미엄 1억 원) × 2.96%'를 각각 취득세로 납부해야 한다. 이렇게 하면 행정안전부 말대로 프리미엄에 대한 이중과세는 아닌 듯하다.

그러면 왜 입주권 프리미엄에 대한 이중과세 논란이 대두된 것인가. 승계조합원의 입주권을 일반분양권에 그대로 적용하려 했기 때문으로 보인다. 분양권은 취득세를 한 번 내고 승계조합원 입주권은 두 번 낸다는 것을 구분하지 않았기 때문이 아닐까 한다. 착오가 아니라면 시장의 반응을 떠보기 위한 것이 아니었을까.

10) 주택인정기준일은 준공일이다

입주권 취득시기 조정 등을 골자로 하는 〈지방세법〉 시행령 및 시행

규칙 개정안이 2019년 5월 31일 시행에 들어갔다. 기존 〈지방세법〉령은 재개발 주택이 완공되어 입주를 해도 소유권이전고시 다음 날부터 주택으로 분류하고, 소유권 취득도 이때 성립되는 것으로 봤다.

그렇기 때문에 준공일부터 소유권이전고시 전에 재개발 주택을 매입한 경우, 취득 시 토지분 취득세와 건축물 소유권이전 시 원시취득에 따른 취득세를 내야 했다. 하지만 개정안에 따르면 준공일을 소유권 취득 시점으로 정하고 이날부터 주택으로 분류하도록 했다. 이에 따라 앞으로는 주택에 대한 취득세만 내면 된다.

개정된 내용의 핵심은 입주권 취득세 산정 시 주택으로 인정해 주는 시점이 '소유권이전고시일'에서 '준공일'로 앞당겨졌다는 것이다. 때늦은 감이 없지 않다. 사실상 그간 준공이 되어 입주하여 거주하고 있어도 소유권이전고시일까지 소유권 취득이 되지 않는 희한한 상태였던 것이다. 입주해서 거주하고 있는데도 소유권 취득이 안 된다는 것은 불합리한 측면이 있었다. 즉 준공일부터 소유권이전고시일 사이에 주택을 취득할 경우 개정 전에는 취득세를 토지분과 주택분으로 두 번 냈지만, 앞으로는 주택에 해당하는 취득세만 내면 된다.

예를 들면, 준공일부터 소유권이전고시 전에 신축아파트를 취득한 경우, 개정 전에는 주택(1~3%)이 아닌 토지와 건물 각각에 대한 취득세를 납부했지만, 2019년 5월 31일부터는 일반 주택 취득세율이 적용된다. 관계법령상으로도 준공된 건물에는 소유자가 입주해 거주할 수도 있고, 주택으로 매매할 수도 있어 준공일부터 토지와 건축물이 통합된 주택으로 보는 것이 당연하다. 따라서 원조합원이라면 재개발 신축 주택의 취득시기가 준공일로 앞당겨짐으로 인해 앞으로는 소유권이전고시일이 아닌 준공일로부터 60일 내에 취득세를 신고납부해야 한다.

정리하면, 핵심 내용은 두 가지다. 먼저 취득세(재개발은 추가분담금, 재건축은 공사비) 신고 시점이 기존 '소유권이전고시일'에서 '준공일' 기준으로 변경되었다는 점과 준공일 이후 소유권이전고시 전에 매수한 승계조합원은 두 번에 걸쳐서 토지와 주택에 각각 부과되었던 취득세가 주택에 대한 취득세 한 번으로 변경된 것이다.

11) 주택·입주권 관련 취득세

재개발 현장에서 매매계약서를 작성하면서 느끼는 것인데 대부분 양도소득세는 민감하지만 취득하면서 내는 취득세는 상대적으로 둔감한 것 같다. 일견 부동산을 취득한다는 기쁜 마음이 반영된 탓이 아닌가 싶다. 조합원입주권 관련 세금은 여러 종류가 있지만 그중에서 가장 중요한 것은 취득세와 양도소득세이다.

먼저 취득세는 세법에서 열거한 자산을 취득할 때 내는 세금이다. 취득세를 내야 하는 자산은 〈지방세법〉 제7조에 정해 놓았는데 토지와 건물 같은 부동산만 해당되는 것이 아니다. 부동산 외에도 차량, 선박, 기계장비, 항공기에 듣도 보도 못한 광업권, 어업권은 물론 입목, 각종 회원권에도 취득세가 부과된다. 이뿐인가. 교환, 상속, 증여 등의 방법으로 취득할 때도 내야 하는 세금이다. 취득세에는 취득세 외에 기생하는 소위 '진드기 세금'이라는 것이 있다. 진드기처럼 취득세에 붙어 다니는 세금인데 바로 농어촌특별세와 지방교육세다. 이들은 취득세에 기생한다는 이유만으로 놀면서 세금을 걷어가는 불로세금의 장본인들이다.

〈지방세법〉 제7조(납세의무자 등)
① 취득세는 부동산, 차량, 기계장비, 항공기, 선박, 입목, 광업권, 어업권, 골

프회원권, 승마회원권, 콘도미니엄 회원권, 종합체육시설 이용회원권 또는 요트회원권(이하 이 장에서 '부동산 등'이라 한다)을 취득한 자에게 부과한다. [개정 2014.1.1.]

(…)

⑦ 상속(피상속인이 상속인에게 한 유증 및 포괄유증과 신탁재산의 상속을 포함한다. 이하 이 장과 제3장에서 같다)으로 인하여 취득하는 경우에는 상속인 각자가 상속받는 취득물건(지분을 취득하는 경우에는 그 지분에 해당하는 취득물건을 말한다)을 취득한 것으로 본다. 이 경우 상속인의 납부의무에 관하여는 「지방세기본법」 제44조제1항 및 제5항을 준용한다. [개정 2010.12.27.]

⑧ 「주택법」 제11조에 따른 주택조합과 「도시 및 주거환경정비법」 제35조제3항 및 「빈집 및 소규모주택 정비에 관한 특례법」 제23조에 따른 재건축조합 및 소규모재건축조합(이하 이 장에서 '주택조합 등'이라 한다)이 해당 조합원용으로 취득하는 조합주택용 부동산(공동주택과 부대시설·복리시설 및 그 부속토지를 말한다)은 그 조합원이 취득한 것으로 본다. 다만, 조합원에게 귀속되지 아니하는 부동산(이하 이 장에서 '비조합원용 부동산'이라 한다)은 제외한다. [개정 2016.1.19. 제13805호(주택법), 2017.2.8. 제14569호(빈집 및 소규모주택 정비에 관한 특례법)] [[시행일 2018.2.9.]]

(…)

⑪ 배우자 또는 직계존비속의 부동산 등을 취득하는 경우에는 증여로 취득한 것으로 본다. 다만, 다음 각 호의 어느 하나에 해당하는 경우에는 유상으로 취득한 것으로 본다. [신설 2014.1.1., 2015.12.29.]
　1. 공매(경매를 포함한다. 이하 같다)를 통하여 부동산 등을 취득한 경우
　2. 파산선고로 인하여 처분되는 부동산 등을 취득한 경우
　3. 권리의 이전이나 행사에 등기 또는 등록이 필요한 부동산 등을 서로 교환한 경우
　4. 해당 부동산 등의 취득을 위하여 그 대가를 지급한 사실이 다음 각 목의 어느 하나에 의하여 증명되는 경우
　　가. 그 대가를 지급하기 위한 취득자의 소득이 증명되는 경우
　　나. 소유재산을 처분 또는 담보한 금액으로 해당 부동산을 취득한 경우

다. 이미 상속세 또는 증여세를 과세(비과세 또는 감면받은 경우를 포함한다) 받았거나 신고한 경우로써 그 상속 또는 수증 재산의 가액으로 그 대가를 지급한 경우
라. 가목부터 다목까지에 준하는 것으로 취득자의 재산으로 그 대가를 지급한 사실이 입증되는 경우
⑫ 증여자의 채무를 인수하는 부담부증여의 경우에는 그 채무액에 상당하는 부분은 부동산 등을 유상으로 취득하는 것으로 본다. 다만, 배우자 또는 직계존비속으로부터의 부동산 등의 부담부증여의 경우에는 제11항을 적용한다. [신설 2014.1.1., 2017.12.26.] [[시행일 2018.1.1.]]
⑬ 상속개시 후 상속재산에 대하여 등기·등록·명의개서 등(이하 '등기 등'이라 한다)에 의하여 각 상속인의 상속분이 확정되어 등기 등이 된 후, 그 상속재산에 대하여 공동상속인이 협의하여 재분할한 결과 특정 상속인이 당초 상속분을 초과하여 취득하게 되는 재산가액은 그 재분할에 의하여 상속분이 감소한 상속인으로부터 증여받아 취득한 것으로 본다. 다만, 다음 각 호의 어느 하나에 해당하는 경우에는 그러하지 아니하다. [신설 2014.1.1., 2018.12.31.]
1. 제20조제1항에 따른 신고·납부기한 내에 재분할에 의한 취득과 등기 등을 모두 마친 경우
2. 상속회복청구의 소에 의한 법원의 확정판결에 의하여 상속인 및 상속재산에 변동이 있는 경우
3. 「민법」 제404조에 따른 채권자대위권의 행사에 의하여 공동상속인들의 법정상속분대로 등기 등이 된 상속재산을 상속인 사이의 협의분할에 의하여 재분할하는 경우

여기서는 취득세의 범위를 좁혀 주택과 입주권 관련 취득세를 중심으로 살펴보고자 한다. 주택에 대한 취득세는 실수요자들에게는 비용지출을 의미하는 것이고, 주택이나 입주권을 보유한 수량이나 가격 등에 따라 취득세율은 차이가 있다. 일반적으로 주택의 취득 형태는 유상 매매, 무상 증여, 상속 중 하나로 이루어진다. 주택 취득세는 지방자치단체의

중요한 재원이다. 따라서 특별한 경우를 제외하고는 비과세나 감면 혜택을 적용하지 않는다.

취득 형태에 따른 주택 취득세율을 세부적으로 살펴보자.

※ 자료에서 '세율 = %, ↓ = 이하, ↑ = 초과, 면적 = 전용면적'을 각각 의미한다.

(1) 매매·교환

구분	면적	취득세	농어촌 특별세	지방 교육세	합계
6억 ↓	85㎡ ↓	1	-	0.1	1.1
	85㎡ ↑	1	0.2	0.1	1.3
6억 ↑ ~9억 ↓	85㎡ ↓	2	-	0.2	2.2
	85㎡ ↑	2	0.2	0.2	2.4
9억 ↑	85㎡ ↓	3	-	0.3	3.3
	85㎡ ↑	3	0.2	0.3	3.5

주택의 취득세는 취득가액에 따라서 그리고 전용면적에 따라 취득세, 지방교육세 및 농어촌특별세가 다르게 구분되어 있다. 6억 원 이하의 경우 면적에 따라서 취득세율이 달라진다. 85㎡ 기준으로 이하의 경우 농어촌특별세는 비과세이며, 85㎡ 초과의 경우는 0.2%의 농어촌특별세를 납부해야 한다.

최근 정부는 주택 취득세에 관한 개정안을 입법 예고했다. 취득금액을 조금만 초과하면 세금이 2배 이상 늘어나는 문턱 효과를 해소하기 위해서다. 주택 매매의 경우 기존에는 6억 원 이하는 1%, 6억 원 초과~9억 원 이하는 2%, 9억 원 초과는 3%를 적용했다. 이런 방식으로 과세하게 되면 이른바 '문턱 효과'가 발생한다.

예를 들어, 6억 원에 주택을 매입하는 경우 1%이지만 6억 원을 조금만 초과하면 2%의 세율을 적용받아 취득세가 2배 이상 늘어난다. 이를 회피하고자 거래가격이 6억 원이나 9억 원을 소액 초과하는 경우에는 매매가격을 허위로 낮춰 신고해 낮은 세율을 적용받는 경우가 빈번하게 발생했다. 이에 정부는 주택 취득세율을 100만 원 단위로 적용하도록 개정안을 내놓은 것이다. 개정안에 따르면, 6억 원 이하 1%, 9억 원 초과 3% 구간은 그대로 유지하고, 6억 원 초과 9억 원 이하인 구간에서는 1.01~2.99%를 100만 원 단위로 세분화했다.

(2) 신축

면적	취득세	농어촌 특별세	지방 교육세	합계
85㎡ ↓	2.80	-	0.18	2.88
85㎡ ↑	2.80	0.2	0.18	3.18

기존주택에 비해 신축이 취득세가 더 높은 편이다. 신축 경우 금액은 상관없고 면적만 고려하면 된다. 면적이 85㎡ 이하인 경우 농어촌특별세가 비과세되고, 지방교육세는 면적에 상관없이 0.16% 부과된다.

(3) 상속

상속으로 주택을 받을 경우, 상속인이 그 주택을 취득한 것으로 보아 취득세를 부과한다. 상속의 경우, 무주택자와 유주택자로 구분하는데 무주택자는 유주택자에 비해 취득세가 낮다. 그리고 무주택자의 경우 면적 불문하고 농어촌특별세가 비과세되는 반면, 유주택자인 경우 85㎡ 이하만 농어촌특별세가 비과세된다. 이때 무주택자란 세대원 전원이

구분		면적	취득세	농어촌 특별세	지방 교육세	합계
무주택자			0.80	-	0.18	0.88
유주택자		85㎡ ↓	2.80	-	0.18	2.88
		85㎡ ↑	2.80	0.20	0.18	3.18

무주택자여야 하고 1세대 1주택에 해당할 경우를 말한다.

(4) 증여

면적	취득세	농어촌 특별세	지방 교육세	합계
85㎡ ↓	3.5	-	0.30	3.8
85㎡ ↑	3.5	0.20	0.30	4.0

증여자가 생전에 수증자에게 무상으로 주는 것이 증여인데 앞서 상속과 마찬가지로 증여로 주택을 받을 경우에도 취득으로 본다. 증여로 주택을 취득하게 될 경우 면적에 관계없이 취득세와 지방교육세는 동일하지만 농어촌특별세는 85㎡ 이하인 경우에만 비과세된다는 점이 다르다. 취득세를 기준으로 보면 증여로 인한 취득이 취득세율이 가장 높은데 무상으로 취득하기 때문이다. 즉, 증여-상속-신축-매매·교환 순으로 갈수록 취득세율은 낮아진다.

취득세는 취득일로부터 60일 내에 납부하면 된다. 그러나 실무적으로는 잔금청산 후 등기접수하기 전에 납부한다. 취득일로부터 60일 이내에 납부하면 되지만 등기를 할 경우 등기 전에 납부해야 하기 때문이다. 상속의 경우 상속개시일로부터 6개월 내에 납부하면 된다.

02 입주권 관련 재산세

　재산세는 과세기준일인 매년 6월 1일 현재 재산세 과세대장에 등재된 토지, 건축물, 주택, 선박 및 항공기를 과세대상(지방세법 제105조)으로 한다. 또한 재산세는 현황부과 원칙에 의해 과세한다. 재산세 과세대상 물건의 공부상 등재상황과 사실상 현황이 다른 경우에는 사실상 현황에 의하여 재산세를 부과한다는 의미다. 즉 건축물의 현황 과세는 부동산등기부나 재산세 과세대장상의 실제 현황 간에 용도, 구조, 면적 등이 상이한 경우, 그 사실상의 건축물 실체에 따라 과세한다는 것이다. 마찬가지로 토지의 경우에도 그 용도가 공부상 지목과 사실상 지목이 다른 경우에도 사실상 지목에 의해 과세한다.

> 〈지방세법〉 제110조
> ① 토지·건축물·주택에 대한 재산세의 과세표준은 제4조제1항 및 제2항에 따른 시가표준액에 부동산시장의 동향과 지방재정 여건 등을 고려하여 다음 각 호의 어느 하나에서 정한 범위에서 대통령령으로 정하는 공정시장가액비율을 곱하여 산정한 가액으로 한다.
>   1. 토지 및 건축물 : 시가표준액의 100분의 50부터 100분의 90까지
>   2. 주택 : 시가표준액의 100분의 40부터 100분의 80까지
> ② 선박 및 항공기에 대한 재산세의 과세표준은 제4조제2항에 따른 시가표준액으로 한다.

　재산세의 부과 근거는 공시가격에서 출발한다. 〈지방세법〉 제110조에 의거 공시가격에 공정시장가액비율 60%를 곱하면 과세표준이 나온

다. 재산세 역시 다른 세금과 마찬가지로 과세표준에 세율을 곱해서 누진공제액을 차감하는 방식으로 계산하면 된다.

재산세 과세표준 및 세율		
과세표준	세율(%)	누진공제액
6,000만 원 이하	0.1	-
6,000만 원 초과 1억 5천만 원 이하	0.15	3만 원
1억 5천만 원 초과 3억 원 이하	0.25	18만 원
3억 원 초과	0.4	83만 원

공시가격은 공시지가라고 생각하면 된다. 공정시장가액비율은 공시가격 전체가 아닌 일부분에 대해서만 매기기 위해 별도로 정하고 있는데 현재는 60%를 적용하고 있지만 주택의 시세, 지방재정 여건이나 납세자의 세금 부담 등을 고려하여 정하기 때문에 변동될 수 있다. 입주권 관련 재산세는 결국 건물이 없기 때문에 토지에 대한 재산세만 부과된다.

03 입주권 관련 종합부동산세

앞서 언급한 바와 같이 취득세는 세법에 열거된 자산을 취득할 때마다 내는 것이고, 재산세는 과세기준에 해당할 경우 1년에 한 번씩 납부한다. 재산세에서 '6월 1일'을 모르면 큰코다친다. 매년 6월 1일 소유자에게 1년치 세금이 부과되기 때문이다.

반면 종합부동산세는 흔히 '부자세富者稅'라고 불린다. 따라서 일반인들 입장에서는 한 번 내보고 싶은 세금일지도 모른다. 주택과 토지에 부과되는 종합부동산세도 재산세와 마찬가지로 보유세의 일종이며, 매년 6월 1일 소유자에게 납부 조건에 해당할 경우 해마다 한 번씩 내지만 종합부동산세는 내고 싶어도 아무나 낼 수 있는 세금이 아니다. 종합부동산세를 내야 할 대상은 2016년 기준 전체 인구의 0.7%가 채 안 되기 때문이다. 주택의 경우 공시가격이 1주택자는 9억 원, 2주택 이상이면 6억 원을 초과해야 납부대상이 된다.

〈종합부동산세 과세표준 및 세율〉

과세표준	세율(%)	누진공제액
6억 원 이하	0.5	–
6억 원 초과 12억 원 이하	0.75	150만 원
12억 원 초과 50억 원 이하	1.0	450만 원
50억 원 초과 94억 원 이하	1.5	2,950만 원
94억 원 초과	2.0	7,650만 원

종합부동산세도 재산세와 동일한 방식으로 산출한다. 과세표준에 세율을 곱하여 누진공제액을 차감하는 순으로 진행된다. 예를 들어, 다주택자이면서 주택 공시가격을 합산한 금액이 11억 원일 경우 4억 원(11억 원-6억 원×80%)이 종합부동산세 주택분 과세표준이 된다.

표에서 보듯이 종합부동산세 주택분 세율은 누진세율 구조로 되어 있는데, 과세표준이 6억 원 이하 5/1,000, 6억 원~12억 원 7.5/1,000, 12억 원~50억 원 10/1,000, 50억 원~94억 원 15/1,000 그리고 94억 원 초과는 20/1,000이 각각 적용된다. 그리고 종합부동산세는 재산세와 중복과세 될 수 있어 주택분 과세표준에서 부과된 재산세는 공제되고, 1세대 1주택자인 경우 장기보유주택과 노령자 소유 주택은 종합부동산세 공제 혜택도 있다.

앞서 살펴보았듯이 입주권 관련 종합부동산세는 건물이 멸실되기 전이라면 주택은 주택으로, 토지는 토지대로 분리과세가 적용된다. 그러나 건물이 멸실되면 분리과세 적용이 되지 않는다. 즉 주택분 종합부동산세는 없어지고 토지분만 발생한다.

제 5 장

재개발·재건축 입주권 관련 양도소득세

성공한 투자자는 특히 나쁜 뉴스에 민감하다. 이들은 좋은 뉴스가 아닌 나쁜 뉴스를 찾아다닌다. 호경기일 때 다른 업종에서 나쁜 뉴스와 거래 건을 찾아 돌아다니며 낮은 가격이지만 가치 있거나 성장 추세에 있는 투자대상을 물색한다.

성공적인 투자자가 되려면 나쁜 경제뉴스의 두려움을 흥분으로 전환해야 한다. 당신이 두려움보다는 흥분으로 사는 것을 배울 수 있다면 삶이 더 재미있고, 활기차고, 만족스러울 것이다. 나는 나쁜 뉴스를 더 많이 들을수록 더 흥분되고 행복해진다.

『부자 아빠 가난한 아빠』의 저자 로버트 기요사키가 한 말이다. 특히 우리나라 언론은 뉴스를 한쪽으로 몰아가는 이른바 '몰빵뉴스'의 귀재들이다. 주택시장에 미분양이 나오고 집값이 약보합세로 돌아서면 비관적인 뉴스를 무지막지하게 쏟아낸다. 건설사의 하청 뉴스로 전락한 언론들이 늘 써먹어 왔고 여전히 써먹고 있고 계속 써먹을 것이다. 개미들이 여전히 이런 뉴스에 박수를 보내기 때문이다. 이런 분위기가 되면 개미들은 풀이 죽어 서둘러 가격을 낮추어 매도 행렬에 동참한다. 그러고는 추가하락을 우려해 철수해 버린다.

혹자는 작금의 부동산 정책은 19세기 정책입안자들이 20세기 부동산 환경에서 21세기 시장을 가르치는 형국이라고 한다. 2017년 6·19와 8·2 대책에 이어 DTI를 주요 골자로 하는 10·24 가계부채 대책 그리고 2018년에는 기존 LTV보다 한층 더 강화된 DSR 시행 및 2019년 8월 민간택지 분양가상한제를 주요 골자로 한 8·12 대책 등 정부의 부동산 관련 규제가 끝없이 이어지고 있다. 이에 언론들도 덩달아 맞장구를 치고 있다. 뉴스에 대한 필터링이 필요한 이유다.

그런데도 이에 편승한 개미들은 잔뜩 움츠리고 있다. 주식시장에서 관련 뉴스를 보고 주식을 산다면 이미 늦었을 뿐만 아니라 초보적인 수준이다. 따라서 부동산 뉴스 역시 나름대로 비틀고 삐딱하게 보는 능력을 키워야 한다. 부자들은 언론에 나쁜 뉴스가 나오면 투자할 적기라고 본다.

01 양도소득세 일반

1) 뛰는 탈세자 위에 나는 국세청

서울에 집을 세 채나 갖고 있던 A는 최근 아내와 이혼했다. 금실은 좋은데 양도소득세 부담이 너무 커 위장이혼을 한 것이다. A는 일단 집 한 채를 20대 아들 명의로 바꿔 세대를 독립시켰다. 나머지 두 채 중 한 채는 아내에게 재산 분할로 줬다. 가족 모두 1가구 1주택이 돼 A는 자신 명의 아파트를 팔고 양도소득세를 한 푼도 내지 않았다(서울신문, 2019.6.16.).

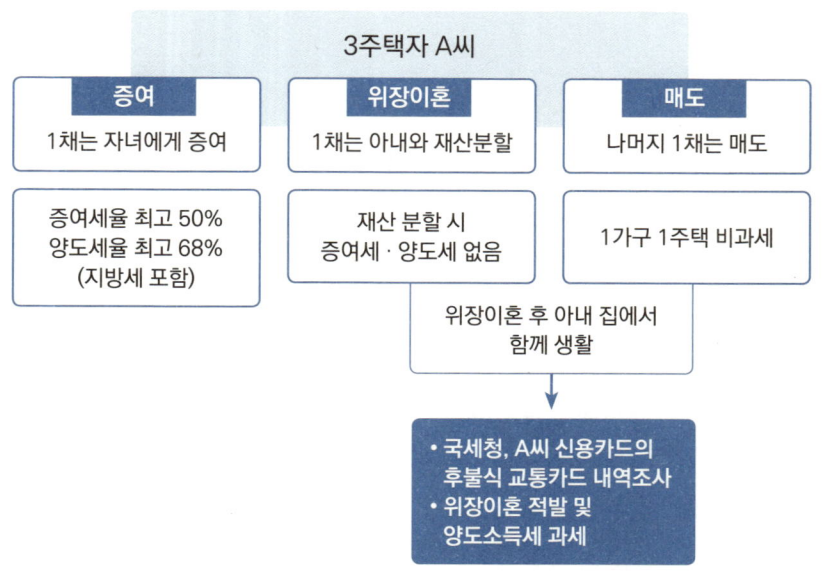

〈다주택자 위장이혼 수법과 국세청 조사기법〉

예전부터 세금을 내지 않기 위해 자주 써먹는 수법이 이른바 '위장이혼'이다. 특히 양도소득세를 내지 않으려는 다주택자들에게 위장이혼은 달콤한 유혹이다. 최근 다주택자들의 위장이혼이 늘어나는 이유는 양도소득세 부담이 대폭 늘어난 탓이 크다. 2017년 '8·2 대책'에서 다주택자에게 장기보유특별공제를 없앴고, 세율도 일반세율에 10~20%의 중과세율을 적용하기 때문이다. 이처럼 위장이혼 수법이 교묘해지면서 국세청의 조사 기법도 진화하고 있다.

위의 사례에서 이혼한 A는 이혼 후에도 아내의 집에서 함께 살다가 국세청에 꼬리가 잡혔다. 잡히는 순간 당사자들은 대부분 '위장이혼이 아니다'라고 우긴다. A 역시 펄펄 뛰며 위장이혼이 아니라고 했지만 '뛰는 탈세자 위에 나는 국세청'이 있었다. A가 거의 매일 아내 집 근처 버스정류장에서 타고 내린 후불식 교통카드 사용 내역이 국세청의 레이더망에 걸린 것이다.

심부름센터나 위치추적기로 행적을 추적하는 것은 옛날이야기다. 신용카드 사용 내역 하나만 봐도 국민들의 일상을 대부분 파악할 수 있는 시대다. 따라서 위장이혼 같은 고리타분한 방식은 백발백중 잡힌다.

잡히면 어떻게 될까? 당초 납부할 양도소득세에 산출세액의 약 40%에 해당하는 부당 과소신고가산세는 물론 10만분의 25에 해당하는 납부불성실가산세까지 추가로 내야 한다. 그러자 최근에는 다주택자들 사이에서 증여와 세대 분리를 이용하는 합법적인 절세 방법이 유행하고 있다. 그도 그럴 것이 증여세 최고세율은 50%인데 다주택자 양도소득세는 지방세까지 합하면 최고 68%에 이르기 때문에 어차피 자녀에게 줄 집이라면 증여세를 내더라도 미리 넘기고 나중에 집을 팔 때 가족 모두 1세대 1주택 비과세를 받는 것이 이득이다. 양도소득세는 국세청에서 손 안 대고 세금을 거둬들이는 대표적인 세금이다. 재산세처럼 얼마를 납부하라는 고지서를 보내지 않는다. 양도가 발생하면 그때마다 직접 계산해서 신고하고 납부도 해야 하는 골치 아픈 세금이다. 이를 세법상 용어로 하면 '자진신고납부제도'이다.

누구나 세금 내기 싫어한다. 탈세와 절세는 종이 한 장 차이다 보니 절세 방법 찾기란 여간 어려운 일이 아니다. 특히 양도소득세 비과세는 더 그렇다. 양도소득세가 어렵다고 머리를 탓하지 않았으면 한다. '상대성이론'으로 유명한 천재 물리학자 아인슈타인Albert Einstein조차 "세상에서 가장 이해하기 어려운 것이 소득세다"라고 했을 정도이다. 천재에게도 소득세 구조는 이해가 쉽지 않았던 모양이다. 소득세가 다른 세금보다 어렵다는 반증이고 그중에서도 양도소득세 비과세가 복잡하다.

2) 비과세와 감면

양도소득세 관련 책을 펼치는 순간 가장 먼저 맞닥뜨리게 되는 용어가 바로 '비과세'와 '감면'이다. 사실 어지간한 세무 지식이 아니고서는 비과세와 감면의 차이를 정확하게 구별하기 어렵다.

〈표 20〉에서 보듯이, '비과세'는 과세를 하지 않는 것이다. 과세당국인 국세청이나 세무서 등에서 세금을 부과할 과세권 자체가 없다. 따라서 내야 할 세금 자체가 처음부터 없기 때문에 비과세 요건에 해당할 경우 신고할 필요도 없다. 나아가 1세대 2주택의 비과세 특례 사례들은 모두 과세권 자체가 없는 비과세이다.

반면 '감면'이란 과세당국에서 부과할 세금 중 일부 또는 전부를 깎아주는 것이다. 즉 일정 요건이 충족되면 세금 중 일부 또는 전부를 경감시켜 주는 것이다. 이 경우에는 세금 자체는 발생하기 때문에 신고해야

〈표 20〉 비과세와 감면 비교		
구분	비과세	감면
개념	과세당국이 과세권 자체를 포기	세금의 일부 또는 전부를 경감
세금발생	X	감면세액의 20%에 해당하는 농어촌특별세 발생
세금 신고	X	납부할 세금이 없어도 신고는 필수
사례	1세대 1주택, 일시적 1세대 2주택	준공공임대주택 100% 감면

하며, 감면대상이면 감면신청까지 해야 한다. 신고하지 않으면 무신고 가산세가 부과된다. 그리고 감면세액이 100%인 경우에도 양도소득세의 20%인 농어촌특별세는 납부해야 한다. 예를 들어 준공공임대주택이나 8년 이상 경작한 농지 등에 대해서는 감면을 실시하고 있지만, 감면신청은 본인이 직접 해야 한다. 과세당국이 친절하게 설명을 해주거나 안내해 주지 않는다. 안내해 주지 않는 것으로 그치지 않고 감면신고서를 제출해도 이런저런 이유를 들어 내용을 부인하는 경우도 허다하다.

3) 가구와 세대

비과세를 논하려면 먼저 가구와 세대의 의미부터 명확히 할 필요가 있다. 종종 가구와 세대를 혼동하는 경우가 있는데 의미도 다르고 세금 부과 기준도 다르다. 〈인구주택총조사〉에 의하면, '가구'란 1인 또는 2인 이상이 모여 취사와 취침 등 생계를 같이하는 생활단위 개념이다. 따라서 혈연과는 관계가 없다.

반면 '세대'는 혈연이나 혼인 및 입양 등으로 한 집안을 이룬 집단 즉, 가족을 말한다. 주민등록상 가족관계로 등재되어 있는 가족 구성원을 말한다. 따라서 주민등록상 주소가 다르다고 해도 실제 한집에서 같이 먹고 자면서 생활하면 하나의 세대로 판단한다.

가구와 세대 구분은 세법상으로 보면 확연히 차이가 난다. 취득세나 주민세, 재산세 등과 같은 지방세는 가구 단위로 부과되지만, 양도소득세, 법인세, 종합부동산세 등과 같은 국세는 세대 단위로 부과된다.

〈주택법〉이나 〈건축법〉 등에서 말하는 청약 시에 적용하는 것은 세대 개념이다. 따라서 주택 청약 시 무주택 세대주, 세대 구성원으로 무주택자 및 세대원 공급 대상자의 경우, 입주자모집 공고일 현재 주민등록등본에 기재된 세대원이나 본인, 배우자 및 직계비속을 말한다.

일반적으로 주택 양도 시 비과세 요건은 '1세대 1주택 + 2년 보유 + 9억 이하'이어야 한다. 또한 양도소득세는 세대 기준으로 부과되기 때문에 주택을 소유한 자녀들과 한집에서 먹고 자면서, 1세대 2주택이나 3주택을 회피할 목적으로 주소만 다르게 한다고 해서 비과세가 되지 않는다. 즉 1세대의 구성원인 자녀가 각각 주택을 소유하고 있다면 주소가 달라도 비과세 적용을 받을 수 없다.

이 경우에는 세대 분리가 되어야 하는 것이 원칙이다. 세대를 분리하는 방법은 결혼으로 독립된 세대를 이루는 것이다. 그러나 만 30세 이상이거나 배우자가 사망한 경우, 또는 이혼한 경우에는 별도의 세대로 인정한다. 이때 만 30세 미만이지만 직장생활을 통해 최저생계비 이상의 수입원(중위소득의 40% 이상)이 있다면 역시 별도의 세대로 인정해 준다. 따라서 주택 청약뿐만 아니라 양도소득세 비과세 혜택을 받기 위해서는 세대 분리가 필수적이다.

4) 양도는 유상양도를 말한다

〈소득세법〉 제88조에 '양도'란 자산에 대한 등기 또는 등록과 관계없이 매도, 교환, 법인에 대한 현물출자 등을 통하여 그 자산을 유상으로 사실상 이전하는 것으로 규정하고 있다. 여기서 핵심 단어는 '유상'이다. 즉 돈을 주고받는 대가성이 있어야 양도로 보는 것이다. 대가 없이 무상으로 주면 증여나 상속이 된다. 간혹 양도소득세를 내지 않으려고 무상으로 주면 되지 않느냐고 반문하는 경우가 있는데, 무상으로 주면 양도소득세보다 더 많은 증여세나 상속세를 낼 수 있다.

세법稅法의 '법法' 자를 풀이하면 '물氺 + 갈去', '물처럼 자연스럽게 흘러간다'는 뜻이지만, 앞에 '세稅' 자가 들어가면 결코 자연스럽지 않다. 물 흐르듯 자연스럽지 않을 뿐만 아니라 국민으로부터 아무런 대가 없이 강제적으로 빼앗아가는 돈이기 때문이다.

5) 과세표준을 알아야 세금을 산출할 수 있다

모든 세금은 과세표준에 세율을 곱하면 내야 할 세금이 나온다. 과세표준을 세법상 용어로 말하면, '세금을 부과하는 기준이 되는 단위'를 말한다. 양도소득세는 기본적으로 양도차익에 따라 7단계 구간으로 나누어 6~42%까지 차등을 두어 과세하는 구조다. 〈표 21〉은 2년 이상 보유한 경우, 양도차익에 대한 과세표준 및 세율과 누진공제액을 나타낸 것인데, 세율은 보유 기간에 따라 달라진다.

비교적 단순하지만 계산 과정에서 실수하는 경우가 적지 않다. 예를 들어 과세표준이 3,000만 원이라면 '1,200만 원 초과 4,600만 원 이하' 구간에 해당되어 세율은 15%이다. 이때 흔히 '3,000만 원×15%=450만 원'이라고 단순하게 생각하는 경우가 있는데 이는 잘못된 계산법

<표 21> 양도소득세 세율

과세표준	기본세율		
	세율(%)	누진공제액(만 원)	산출공식(만 원)
1,200만 원 이하	6	0	과세표준 × 6%
4,600만 원 이하	15	108	(과세표준 × 15%) − 108
8,800만 원 이하	24	522	(과세표준 × 24%) − 522
1억 5,000만 원 이하	35	1,490	(과세표준 × 35%) − 1,490
3억 원 이하	38	1,940	(과세표준 × 38%) − 1,940
5억 원 이하	40	2,540	(과세표준 × 40%) − 2,540
5억 원 초과	42	3,540	(과세표준 × 42%) − 3,540

이다. 누진공제액도 미반영되었을 뿐만 아니라 구간별로 세율을 달리해서 계산해야 한다. 즉 (1,200만 원×6%) + [(3,000만 원−1,200만 원)×15%] = 342만 원이 되므로 제법 차이가 난다.

6) 입주권 · 분양권 양도소득세율

〈표 22〉는 주택과 입주권 및 기타부동산과 분양권에 대한 양도소득세율을 정리한 것이다. 보유기간이 1년 미만일 경우에는 주택과 입주권은 40%, 기타부동산(토지, 건물)과 분양권은 50%의 세율이 각각 적용된다. 1년 이상 2년 미만인 경우, 주택과 입주권은 기본세율, 분양권은 40%가 각각 적용된다. 그러나 2년 이상 보유한 경우에는 주택, 입주권, 분양권 구별 없이 기본세율을 적용한다.

여기서 우리가 관심을 가지는 부분은 입주권 관련 양도소득세인데 조금 복잡하다. 실제 세무사들도 양도소득세에서 가장 어렵고 복잡한 분

<표 22> 입주권·분양권 양도소득세율

보유기간	주택	입주권	분양권	기타부동산
1년 미만	40%		50%	
1년 이상~2년 미만	기본세율		40%	
2년 이상	기본세율			

야 중 하나가 입주권 관련 1세대 2주택 관련 비과세 특례 부분이라고 한다. 물론 1세대 1주택 비과세의 경우는 그나마 단순하지만 1세대 2주택 비과세, 1세대 3주택 비과세, 정비사업에 따른 대체주택, 농어촌주택, 상속, 증여, 노부모 동거봉양, 혼인 등으로 세분화해서 보면 복잡하다는 말이 이해가 된다.

입주권의 경우 1년 내 양도 시 40%, 1년 이상이면 6~42%로 양도차익에 따라 7단계로 구분하여 과세한다.

분양권은 1년 내 양도 시 50%, 1년 이상 2년 미만이면 40%, 2년 이상이면 6~42%로 차등 과세한다. 일시적 1세대 2주택의 경우, 입주권은 비과세 혜택이 없지만 분양권은 비과세된다. 또한 장기보유특별공제는 입주권의 경우 원조합원은 주택 취득일로부터 관리처분계획인가일까지는 보유기간으로 인정하여 장기보유특별공제를 적용하지만, 분양권은 처음부터 주택이 아니기 때문에 장기보유특별공제가 되지 않는다.

7) 장기보유특별공제는 인내심에 대한 보상이다

장기보유특별공제는 오래 보유할 경우 보유기간에 따라 일정 세액을 공제해 주는 것이다. 기본적으로 3년 이상 보유해야 적용받을 수 있고 보유기간에 따라 최소 3년 이상 10%에서 15년 이상 최대 30%까지 공

〈표 23〉 장기보유특별공제율

보유기간	공제율(%)	
	현행	개정
3년 이상 4년 미만	10	6
4년 이상 5년 미만	12	8
5년 이상 6년 미만	15	10
6년 이상 7년 미만	18	12
7년 이상 8년 미만	21	14
8년 이상 9년 미만	24	16
9년 이상 10년 미만	27	18
10년 이상 11년 미만	30	20
11년 이상 12년 미만	30	22
12년 이상 13년 미만	30	24
13년 이상 14년 미만	30	26
14년 이상 15년 미만	30	28
15년 이상	30	30

제받을 수 있다. 개정 전에는 보유기간이 10년 이상인 경우 30%를 일괄 공제해 주었으나, 2019년부터 적용되는 개정(2019.1.1. 이후 양도분부터 적용) 세법에서는 3년 이상인 경우 매년 2%씩 공제하여 15년 이상 되어야 30%를 공제받을 수 있도록 하였다. 한 마디로 공제요건과 기간이 한층 강화되어 공제받기가 더 까다로워졌다.

8) 1세대 1주택 장기보유특별공제

2020년 1월 1일 이후 양도분부터 적용되는 개정 세법에서는 1세대 1

보유기간	공제율(%)
3년 이상 4년 미만	24
4년 이상 5년 미만	32
5년 이상 6년 미만	40
6년 이상 7년 미만	48
7년 이상 8년 미만	56
8년 이상 9년 미만	64
9년 이상 10년 미만	72
10년 이상	80

주택자에 대한 장기보유특별공제율 조건도 바뀌었다.

1세대 1주택 장기보유특별공제는 2019년 12월 31일 이전(개정 전)이나 2020년 1월 1일 이후(개정 후)나 공히 10년 보유에 최고 80%까지 공제해 준다. 그러나 2020년 1월 1일 이후 양도분부터 적용되는 개정 세법에서는 2년 거주 요건이 추가되었다. 2년 거주요건은 〈소득세법〉 시행령 제159조의3에 의거 조정대상지역뿐 아니라 전국으로 확대되어 적용된다. 그리고 1세대 1주택자라도 양도 시기에 따라 다음의 요건이 충족되어야 장기보유특별공제를 받을 수 있다.

2019년 12월 13일 이전 양도분	2020년 1월 1일 이후 양도분
① 1세대 1주택일 것 ② 2년 이상 보유할 것	① 1세대 1주택일 것 ② 2년 이상 보유할 것 ③ 2년 이상 거주할 것

그러나 미등기 양도자산이나 국외 소재 부동산 및 2주택 이상 보유 세대의 조정대상지역 내 주택을 양도하는 경우 당해 주택은 장기보유특별공제를 받지 못한다.

9) 양도소득세는 자진신고납부한다

앞서 양도소득세는 과세당국에서 도랑 치고 가재 잡는 대표적인 세금이라고 하였다. 자진신고납부이기 때문이다. 양도소득세 과세대상 물건은 토지 및 건물, 부동산에 관한 권리의 양도(건물을 취득할 수 있는 권리, 지상권 및 전세권과 등기된 부동산임차권), 주식 등을 양도할 경우 잔금청산일이 속하는 월말로부터 2개월 이내에 신고납부해야 한다. 예를 들어, 잔금청산일이 2019년 7월 17일이면 2019년 9월 30일까지 신고납부해야 한다. 또한 양도소득세는 1년 이내의 양도소득은 합산되므로 양도하는 연도를 달리하는 것이 절세할 수 있는 방법이다. 즉 손실이 발생하는 양도가 있을 경우 같은 해에 이익이 발생하는 부동산을 함께 처분하는 식이다.

비과세는 감면과 달리 과세당국의 과세권이 없다. 입주권 관련 양도소득세 비과세 특례 규정은 크게 1세대 1주택 비과세와 1세대 2주택 비과세로 구분된다. 흔히 1가구 1주택과 1세대 1주택을 혼용해서 사용하는데 양도소득세에서는 1세대 1주택으로 규정 짓는 것이 타당하다.

하루에 주택 구입과 양도가 동시에 이루어진 경우에는 우선순위를 어떻게 볼 것인가 하는 것도 중요하다. 같은 날에 1주택을 취득하고 동시에 1주택을 양도한 경우에는 '1주택을 양도한 후 1주택을 취득한 것'으로 본다(재정경제부 재산세과-836, 서면5팀-354, 2008.2.22.). 같은 날에 취득과 양도가 동시에 이루어지면 잔금지급 시간이나 등기접수 시간으로 우선순위를 정한다고 생각하는 경우가 있는데, '선 양도, 후 취득'으로 본다.

또한 같은 날에 2주택 이상을 양도한 경우에는 순서를 어떻게 정할 것인가도 중요하다. 이 경우에는 납세자가 정한 순서에 따른다. 재개발·재건축 투자를 여러 곳에 하다 보면 종종 발생할 수 있는 경우이다. 같은 날 2주택 이상을 양도하는 경우에는 양도자가 정한 순서에 따라 주택을 양도한 것으로 본다(재산세과-1268, 2009.6.25.). 따라서 양도차익이 큰 주택을 나중에 양도하는 것이 유리한 측면이 있다.

02 1세대 1주택 양도소득세 비과세

상담하다 보면 집 한 채 갖고 있는 투자자도 제법 있다. 대부분 집을 한 채 갖고 있으면 양도소득세를 내지 않는 것으로 알고 있다. 결론부터 말하면 1세대 1주택 비과세 요건은 생각보다 까다롭다. 〈소득세법〉에서 말하는 1세대 1주택의 기본 원칙은 '1세대 1주택자 + 2년 보유 = 비과세'가 맞지만 조정대상지역에서 '9·13 대책' 이후 즉, 2018년 9월 13일 이후 취득한 주택의 경우 2년 거주요건까지 충족해야 비과세가 된다. 〈소득세법〉에서 말하는 1세대 1주택 비과세와 관련한 1세대의 판정 기준일은 양도일 현재를 기준으로 한다.

> **〈소득세법〉 제89조제1항제3호가목**
> ① 다음 각 호의 소득에 대해서는 양도소득에 대한 소득세(이하 '양도소득세'라 한다)를 과세하지 아니한다. [개정 2014.1.1., 2016.12.20., 2018.12.31.]
> 3. 다음 각 목의 어느 하나에 해당하는 주택(가액이 대통령령으로 정하는 기준을 초과하는 고가주택은 제외한다)과 이에 딸린 토지로서 건물이 정착된 면적에 지역별로 대통령령으로 정하는 배율을 곱하여 산정한 면적 이내의 토지(이하 이 조에서 '주택 부수토지'라 한다)의 양도로 발생하는 소득
> 가. 1세대가 1주택을 보유하는 경우로서 대통령령으로 정하는 요건을 충족하는 주택

1세대 1주택 비과세는 〈소득세법〉 제89조제1항에 규정되어 있는데, 앞서 언급한 바와 같이 1세대 1주택자라고 해서 무조건 비과세가 되는

것은 아니다. 단순하게 1세대 1주택은 2년 보유(조정대상지역 2년 거주)하면 비과세라고 생각해 덜렁 매도했다가 낭패를 볼 수도 있다. 〈표 24〉와 같이 네 가지 요건이 모두 충족되어야 비과세되기 때문에 1세대 1주택 비과세 요건을 쉽게 생각해서는 안 된다.

〈표 24〉 1세대 1주택 비과세 요건	
1세대 1주택 비과세 요건	① 2년 이상 보유할 것
	② 양도일 기준 1주택일 것
	③ 양도가액이 9억 원 이하일 것
	④ 거주자일 것

먼저 2년 이상 보유해야 한다. 여기서 '보유'란 글자 그대로 일반지역이라면 임대를 하든지, 아니면 세대원 전원이 실제 거주를 하든지 불문하고 2년 이상 보유해야 한다는 것이다. 다만, 8·2 대책 이후라면 주의해야 한다. 조정대상지역에 주택이 있다면 2017년 8월 2일 이후에 취득한 주택은 '2년 이상 보유 + 2년 이상 거주' 요건을 충족해야 비과세가 되기 때문에, 1세대 1주택 비과세를 받기 위해서는 내 주택이 어느 지역에 있는지를 먼저 파악하는 것이 필요하다. 다시 말하면, 8·2 대책 이전과 이후로 구분하여 이전이면 지역에 상관없이 2년 보유하면 되고, 이후라면 일반지역은 2년 보유, 조정대상지역은 2년 거주까지 해야 비과세된다.

그리고 취득 당시에는 일반지역이었으나 양도일 현재 조정대상지역에 포함되었을 경우에는 일반지역으로 보아 2년 보유만 하면 비과세된다. 또한 일반지역인 상태에서 매매계약을 체결하고 잔금지급 전에 조정대상지역으로 바뀐 경우에도 역시 일반지역으로 보아 2년 보유만 하면 비과세 적용을 받는다.

둘째, 양도일 기준 1주택이어야 한다. 세대원 즉 주민등록상 등재되어 있는 가족 명의로 1주택만 있어야 비과세된다. 앞서 가구와 세대를 설명할 때 양도소득세에서 비과세를 위한 주택 수를 계산할 때는 세대를 기준으로 한다고 이미 언급한 바 있다.

셋째, 양도가액이 9억 원 이하여야 한다. 9억 원을 초과하면 고가주택으로 분류되어 초과분에 대해서는 양도소득세를 내야 한다. 물론 지방에서는 주택 한 채가 9억 원을 초과하는 경우가 별로 없지만 최근 한 통계를 보면, 서울의 경우 신축아파트의 평균 분양가가 9억을 초과하는 주택이 44.5%에 달한다고 한다. 고가주택 기준을 서울과 지방으로 구분할 필요가 있어 보인다. 당연한 말이지만 양도소득세 과세 여부를 판단하는 기준은 양도일이므로 만약 실제와 다르게 주민등록이 되어 있다면 양도일 이전에 바로잡아야 한다.

마지막으로 거주자여야 한다. 비거주자 즉, 국내에 체류하지 않는 영주권자는 보유기간과 거주기간을 충족하더라도 비과세 적용을 받을 수 없다. 단, 주택 양도 시점에서는 비거주자라 하더라도 취득 당시 거주자였고, 출국 시점에 1주택을 보유한 상태에서 출국 후 2년 이내 양도 시 비과세 혜택을 받을 수 있다. 이처럼 1세대 1주택 비과세를 받기 위한 요건이 결코 만만치 않다. 비과세 판정 시 보유기간은 당해 주택의 등기부등본, 토지대장 및 건축물대장에 의한다.

기타 1세대 1주택 비과세에 관련하여 사례를 통해 살펴보자. 먼저 무허가주택의 경우, 주택으로 사용할 목적으로 건축된 무허가주택도 주택에 해당되며 1주택만 소유한 경우에는 1세대 1주택 비과세 특례를 적용받을 수 있다(소득세 집행기준 88-154-15).

그리고 주택을 오랫동안 공가 상태로 두었는데 폐가 수준인 경우, 주택으로 사용하던 건물이 장기간 공가상태로 방치된 경우에도 공부상의 용도가 주거용으로 등재되어 있으면 주택으로 본다. 단, 방치된 건물이 〈건축법〉에 의한 건축물로 볼 수 없을 정도로 폐가가 된 경우에는 주택으로 보지 아니한다.

그리고 1세대 1주택 비과세와 관련하여 주택의 부수토지는 어느 정도까지 인정되는 것일까. 주택에 딸린 부수토지도 비과세되는 것이 원칙이지만 기준면적을 초과하는 경우에는 적용되지 않는다. 부속토지로 인정해 주는 면적은 주택면적의 5배에서 10배까지인데 도시지역의 경우 5배, 도시지역 밖은 10배까지 인정해 준다.

03 1세대 2주택 양도소득세 비과세 특례 사례

1) 대체취득으로 인한 1세대 2주택 비과세

한 마디로 대체취득은 국민들의 거주이전의 자유를 보장하기 위한 헌법 정신을 바탕에 두고 있다. 이사를 가기 위해 종전주택을 팔지 못한 상태에서 이사 갈 집을 먼저 취득하면 1세대 2주택이 되는데 이 경우 일정 요건을 충족하면 비과세 특례를 적용해 준다.

> 철수는 시내에서 떨어진 외곽의 본인 소유 아파트에서 10년 이상 거주하다 아이들 학교 문제로 시내의 다른 아파트를 매입하여 이사를 앞두고 있다. 그는 1세대 1주택자는 2년 보유하면 비과세가 된다는 것까지는 알고 있지만, 이사한 후 종전 주택이 팔리지 않으면 1세대 2주택이 되는데 어떻게 해야 할지 몰라 고민이다.

일반적으로 1세대 1주택자가 다른 곳으로 이사 가기 위해서 주택(종전주택)을 양도하기 전에 다른 주택(대체주택)을 취득하여 일시적으로 2주택 상태가 된다. 즉 이사 갈 집(대체주택)을 구해 놓고 살던 집(종전주택)을 파는 것이 일반적이다. 물론 이사 갈 집과 살던 집의 잔금일을 맞추면 문제없지만, 이사 갈 집은 계약했는데 살던 집이 팔리지 않으면 일단 이사하고 살던 집을 처분하는 것이 순리다. 그러다 보니 종종 2주택 상태가 된다.

이 경우 원칙적으로는 2주택자이기 때문에 종전주택을 양도할 때 비과세 적용이 되지 않는다. 그러면 거주이전의 자유가 세법에 의해 부당하게 침해받는 결과가 된다. 이러한 경우를 대비하여 〈소득세법〉에서는 일시적 1세대 2주택자 비과세 규정을 만들어놓았는데 대체주택도 여기에 해당된다. 하지만 대체주택이라고 무턱대고 비과세를 해주는 건 아니고 다음과 같은 세 가지 요건을 모두 충족해야 〈소득세법〉 시행령 제155조제1항에 의거 비과세해 준다. 대체주택 취득으로 2주택이 된 경우 '1취2보3양'을 기억하라.

> ① 종전주택을 취득한 날부터 1년 이상이 지난 후 대체주택을 취득할 것 (1취)
> ② 종전주택 양도일 기준 2년 이상 보유할 것(2보)
> ③ 대체주택을 취득한 날로부터 3년 이내에 종전주택을 양도할 것(3양)

따라서 철수의 경우를 보면, 종전주택(1세대 1주택 비과세 요건 충족할 것)을 취득하고 10년 후 대체주택을 취득했으므로(①항 충족), 종전주택을 10년 이상 보유하면서 거주(②항 충족)한 상태이므로 이사한 후 3년 이내에 종전주택을 양도하면 비과세 적용을 받을 수 있으나 고가주택이 아니어야 한다.

그러나 동일 세대원인 어머니와 딸이 각자 1주택을 보유한 상태에서 어머니가 보유한 주택을 양도할 경우에는 1세대 2주택이 되므로 비과세 특례가 적용되지 않는다. 이 경우 비과세를 받기 위해서는 어머니와 딸이 먼저 세대 분리를 한 후 어머니의 주택을 양도하면 비과세된다. 그런데 여기서 ③항의 3년 이내에 종전주택을 양도하지 못하는 경우로, 기획재정부령으로 정하는 다음과 같은 사유로 양도된 경우에도 비과세된다.

> 가. 〈금융기관부실자산 등의 효율적 처리〉 및 〈한국자산관리공사의 설립에 관한 법률〉에 의하여 설립된 한국자산관리공사에 매각을 의뢰한 경우

> 나. 법원에 경매를 신청한 경우
> 다. 〈국세징수법〉에 의한 공매가 진행 중인 경우
> 라. 〈도시 및 주거환경정비법〉에 따른 주택재개발사업 또는 주택재건축사업의 시행으로 같은 법 제47조에 따라 현금으로 청산을 받아야 하는 토지등소유자가 사업시행자를 상대로 제기한 현금청산금 지급을 구하는 소송절차가 진행 중인 경우 또는 소송절차는 종료되었으나 해당 청산금을 지급받지 못한 경우

공통적으로 법적 절차가 진행 중인 경우인데 법적 절차가 종료되기 전에는 어찌할 수 없는 부득이한 경우들이다. 특히 '라'의 경우, 재개발·재건축구역의 조합원 중에서 종전자산평가액(감정평가액)에 대해 이의를 제기하거나 소송 등으로 이어지는 경우가 간혹 발생한다. 이의신청으로 끝나지 않고 소송으로 이어질 경우 3년 이상이 걸릴 수 있다. 따라서 청산금이 확정되지 않은 상태이기 때문에 조합에서도 현금청산을 할 수 없다.

2) 입주권 취득으로 인한 1세대 2주택 비과세

언제부터 언제까지를 입주권이라고 하는지 다시 정리해 보자. 먼저 조합원입주권이란 〈소득세법〉 제89조제2항에 의거 〈도시정비법〉 제74조에 따른 재건축사업 또는 재개발사업의 관리처분계획인가 및 〈빈집 및 소규모주택 정비에 관한 특례법〉 제29조에 따른 소규모 재건축사업의 사업시행계획인가로 인하여 정비사업조합의 조합원으로서 취득한 입주자로 선정된 지위를 말한다.

정리하면, 〈도시정비법〉에 의한 재개발·재건축 관리처분계획인가에 따라 취득한 입주자로 선정된 지위뿐만 아니라, 〈소규모주택정비법〉에

의해 진행되는 소규모 재건축사업의 사업시행계획인가로 취득한 입주자로 선정된 지위 또한 조합원입주권으로 본다. 하지만 〈주택법〉에 의해 사업이 진행되는 지역주택조합이나 직장주택조합 등은 세법에서 말하는 조합원입주권이 아니라는 데 유의해야 한다.

재개발·재건축은 기존주택을 허물고 다시 지어야 하기 때문에 같은 주택이라도 사업절차에 따라 '주택－입주권－주택'으로 부동산의 형태가 변한다. 따라서 입주권은 관리처분계획인가 후부터 준공일 전날까지의 기간을 말한다. 이처럼 부동산의 형태가 변동함에 따라 관련 세금 역시 달라지게 되는데, 재개발·재건축은 관리처분계획인가일을 기준으로 입주권 여부를 따진다. 하지만 2005년 5월 30일 이전의 재건축은 사업시행인가일을 기준으로 하였는데 당시에는 재건축이 〈주택법〉에 근거하여 진행되었기 때문에 〈도시정비법〉상의 관리처분계획인가라는 제도 자체가 없었기 때문이다.

입주권 상태라도 주택이 철거되지 않으면 주택으로 간주한다

재개발·재건축 전 과정에서 입주권 기간은 관리처분계획인가일 후부터 준공일(사용검사 필증교부일 또는 사실상 사용일이나 사용승인일 중 빠른 날) 전날까지라고 했다. 그런데 현실적으로 관리처분계획인가가 나서 입주권으로 바뀌어도 철거될 때까지는 실제 주택이 멸실되지 않고 존재한다. 따라서 입주권 상태지만 주택이 철거되지 않은 상태에서 매매를 하게 되면 취득세와 재산세, 1세대 2주택 비과세와 관련하여 보유기간 산정 및 장기보유특별공제 등을 따져봐야 하는 복잡한 문제가 생긴다.

그동안 재개발·재건축 현장에서 입주권으로 전환되었지만 주택이 멸실되지 않은 상태에서 매매할 경우, 지자체별로 적용기준이 달라 많은 민원이 제기되어 왔다. 이에 2017년 12월 24일 감사원 감사를 통해 지자체별 상이한 적용기준에 따른 문제점을 지적하면서 일관된 기준을 마련할 것을 권고하였다. 이에 전국 취득세 및 재산세 담당자들이 실무회의를 개최하여 기존 유권해석으로는 다양한 사례를 적용하는 것이 어려울 뿐만 아니라 개별 사실관계 확인 과정에 많은 행정력이 소모됨은 물론 지자체 간 상이한 운영에 따른 과세의 불형평 문제를 초래하기 때문에 〈표 25〉와 같이 통일된 기준을 마련할 필요가 있다고 판단하여 감사원의 의견을 반영하였다.

정리하면, 재개발·재건축구역 주택의 경우 주택이 멸실되기 전까지

〈표 25〉 주택 멸실 여부에 따른 세금납부 기준

구분	개정 전	개정 후
취득세	관리처분계획인가 후 단전, 단수, 이주 완료, 이주비 지급 완료 등을 종합적으로 판단하여 이미 주택의 기능을 상실하였다고 인정될 경우 주택 유상거래 세율 적용 제외 (지방세운영과-2641, 2016.10.17.)	주택의 건축물이 사실상 철거·멸실된 날, 사실상 철거·멸실된 날을 알 수 없는 경우에는 공부상 철거·멸실된 날을 기준으로 주택 여부를 판단(단, 통상적인 사업 진행 일정에서 벗어나 조세회피 목적으로 의도적으로 철거를 지연하는 경우 등 특별한 사정이 있는 경우에는 달리 적용) 예를 들면, 취득일 현재 재개발·재건축 구역 내 해당 부동산이 관리처분계획인가 이후 이주가 완료되었으나 건축물관리대장상 주택으로 등재되어 있고 주택의 구조 및 외형이 그대로 유지되고 있는 경우에는 주택으로 보아 주택분 취득세 납부
재산세	철거예정주택은 세대원이 퇴거·이주하여 단전·단수 및 출입문 봉쇄 등 폐쇄조치가 이루어진 경우 주택에 해당되지 않음(지방세운영과-138, 2008.6.20.)	과세기준일 현재 재개발·재건축구역 내 해당 부동산이 관리처분계획인가 이후 이주가 완료되었으나 주택의 구조 및 외형이 그대로 유지되고 있는 경우에는 주택으로 보아 과세

는 주택분으로 취득세와 재산세를 납부하면 된다. 즉 관리처분계획인가로 인한 입주권 여부는 고려하지 않으며, 적용 시기는 2018년 1월 1일 이후 납세의무가 성립하는 경우부터 적용한다.

그렇다면 주택의 일부만 철거된 상태라면 이를 주택으로 볼 것인가. 얼마 전 부산 남구 우암2구역 재개발 현장에서 이주가 완료되고 주택의 지붕만 철거된 상태에서 매매를 진행한 사례가 있었는데, 취득세는 철거된 것으로 보아 4.6%를 납부했다. 즉 주택의 외형이 온전히 남아 있어야 주택으로 보고, 주택의 일부만 철거되어도 철거된 것으로 본다.

결론적으로 입주권 상태라 하더라도 주택이 멸실되지 않은 상태면 취득세와 재산세는 주택분으로 납부하고, 중개보수 역시 주택분으로 계산하는 것이 원칙이다. 그리고 입주권 양도 시 보유기간 산정 여부에 유의해야 한다. 즉 관리처분계획인가가 나면 입주권 상태이므로 보유기간 산정에서 제외되는 것이 원칙이지만 주택이 멸실되기 전까지의 기간은 보유기간으로 인정해 주고 장기보유특별공제도 받을 수 있다.

법인이 취득한 입주권은 추가과세하지 않는다

재개발·재건축구역에는 간혹 법인 조합원도 있다. 법인이란 글자 그대로 법에서 정한 인간이다. 인간은 아닌데 법에서 인간으로 간주하는 것이다. 마치 입주권은 주택이 아니지만 주택 수에는 포함된다는 의미와 유사하다. 최근 재개발·재건축구역에서 법인의 조합원입주권 취득 사례가 증가하고 있는데, 법인의 경우 관리처분계획인가가 임박한 조합원 물건을 취득한 뒤 입주권 상태에서 양도하면 절세 차원에서 유리한 측면이 있기 때문이다.

개인이 부동산을 매각하면 양도소득세를 내는 것과 달리 법인의 경우에는 법인세를 내게 된다. 그러나 주택, 별장, 비사업용 토지와 같은 비업무용 자산을 양도할 경우 법인세 외에 10%를 추가로 납부해야 하지만 법인이 과세표준 2억 원 이하인 입주권을 처분할 경우에는 양도차익에 대해 10%의 법인세만 내면 그만이다. 즉 법인이 주택, 별장, 비사업용 토지 양도 시 10%의 추가과세 대상에서 입주권은 빠지는 것이다. 입주권을 주택으로 보지 않기 때문이다.

이 부분은 쉽게 납득하기 어려운 점이 있다. 1주택자인 개인이 입주권을 취득하면 1주택을 양도할 때 입주권을 주택으로 보아 2주택으로 중과하는데, 법인이 취득한 입주권은 주택으로 보지 않는다는 것은 쉽게 납득되지 않는다. 법인이 사업 활동과 아무런 관계가 없는 입주권을 취득하는 것 자체도 문제가 있어 보이는데, 그 입주권을 양도할 때 추가과세를 하지 않는다는 것은 모순이 아닌가 싶다.

이제 입주권 취득으로 인한 1세대 2주택 비과세에 대해 자세하게 살펴보자. 1세대 1주택자가 주택(종전주택)을 양도하기 전에 입주권을 취득하게 되면 1주택과 1입주권을 소유하여 2주택자가 된다. 하지만 이 경우에도 〈소득세법〉 시행령 제156조제2제3항에 의거 일정 요건(1취 3양)을 갖추면 비과세된다. 비과세 여부를 따질 때 분양권은 주택 수에 산정되지 않지만 입주권은 주택 수에 포함된다고 한 바 있다.

> **〈소득세법〉 시행령 제156조의제2제3항**
> ③국내에 1주택을 소유한 1세대가 그 주택(이하 이 항에서 '종전의 주택'이라 한다)을 양도하기 전에 조합원입주권을 취득함으로써 일시적으로 1주택과 1조합원입주권을 소유하게 된 경우 종전의 주택을 취득한 날부터 1년 이상이 지난 후에 조합원입주권을 취득하고, 그 조합원입주권을 취득한 날부터 3년 이내에 종전의 주택을 양도하는 경우(3년 이내에 양도하지 못하는 경

> 우로서 기획재정부령으로 정하는 사유에 해당하는 경우를 포함한다)에는 이를 1세대 1주택으로 본다.

1주택을 보유하고 있는 상태에서 입주권을 취득하여 2주택이 된 경우, ㉮ 종전주택을 취득한 날부터 1년이 지난 후 입주권을 취득하고(1취), ㉯ 그 입주권을 취득한 날부터 3년 이내에 종전주택을 양도하는(3양) 경우 비과세 적용을 받는다.

> 홍길동은 2016년 8월 1일 A주택을 취득하여 소유하다 2018년 10월 20일자로 일반지역의 입주권을 취득하여 2019년 6월 1일부로 A주택을 양도하였다. 홍길동은 비과세 적용을 받을 수 있을까?

홍길동의 경우, A주택(종전주택) 취득일(2년 보유기간 충족할 것)로부터 1년이 지나 입주권을 취득하였고, 입주권을 취득한 날로부터 3년 내 A주택(종전주택)을 양도했으므로 〈소득세법〉 시행령 제156조제2에 따라 비과세된다.

단, 조정대상지역이라면 3년 이내가 아니라 2년 이내에 종전주택을 양도해야 한다. 조정대상지역의 경우 3년 이내가 아니고 2년 이내인 이유는 조정대상지역은 투기의 우려가 있는 지역이니 일반지역보다 더 빨리 처분하라는 의미다. 여기서 중요한 것은 종전주택이 아닌 입주권을 먼저 양도하면 비과세 혜택을 받을 수 없다는 점이다. 입주권을 먼저 양도할 경우 비과세 혜택을 주지 않는 이유는 입주권 그 자체는 주택이 아니기 때문이다. 즉 주택으로 보지 않기 때문에 당연히 1세대 1주택 요건 자체에도 해당되지 않는 것이 원칙이다. 그러나 다른 주택이 없는 상태에서 입주권 1개만 있다면 이 경우에는 입주권을 주택으로 보기 때문에 비과세 혜택을 받을 수 있다.

　따라서 입주권을 취득한 날부터 3년 이내(조정대상지역 2년 이내)에 종전주택을 양도해야 비과세되지만, 3년이 지나서 종전주택을 양도하는 부득이한 경우가 발생하기도 한다. 즉 사업이 진행되는 중간에 조합이 법적 분쟁에 휘말리거나 조합장이나 임원들이 불미스러운 일로 구속되거나 하는 경우 사업이 지연될 수밖에 없다. 이런 경우에는 본인의 의지와 상관없이 3년 이내에 종전주택을 양도할 수 없는 상황이 된다. 이 경우에는 다음 두 가지 요건만 갖추면 3년이 지나서 종전주택을 양도하더라도 1세대 1주택으로 보아 비과세 적용을 받을 수 있다.

> ① 조합원입주권에 의한 주택이 완성된 후 2년 이내에 그 주택으로 세대 전원이 이사하여 1년 이상 거주할 것
> ② 조합원입주권에 의한 주택이 완성되기 전 또는 완성된 후 2년 이내에 종전의 주택을 양도할 것

3) 대체주택 취득으로 인한 1세대 2주택 비과세

　대체주택이란 〈소득세법〉 시행령 제156조의2에 의거 국내에 1주택을 소유한 1세대가 그 주택의 재개발·재건축사업의 시행기간 동안 거주하는 다른 주택을 말한다. 사업이 진행되어 관리처분계획인가가 나면 주택을 철거하고 공사를 해야 하기 때문에 이주를 해야 한다. 이주단계에서 새로 이사 갈 집이 필요한데 이사 갈 집을 전세로 구할 수도 있지만 매수할 수도 있다. 이렇듯 재개발·재건축 및 소규모 재건축사업의 시행으로 공사하는 기간 동안 거주하기 위하여 취득하는 주택을 대체주택(매입한 조합원입주권으로 취득한 주택 포함)이라고 한다. 대체주택도 1세대 1주

택으로 보아 비과세 적용을 받는다. 사실 재개발·재건축으로 인해 부득이하게 취득한 대체주택까지 양도소득세를 부과한다면 다소 불합리한 측면이 있기 때문에 대체주택을 취득한 경우 다음 요건을 충족할 경우 비과세된다.

> 〈소득세법〉 시행령 제156조의2
> ① 재개발·재건축 또는 소규모 재건축사업의 사업시행인가일 이후 그 대체주택을 취득하여 1년 이상 거주할 것
> ② 재개발·재건축 또는 소규모 재건축사업의 관리처분계획에 따라 취득하는 주택이 완성되기 전 또는 완성된 후 2년 이내에 대체주택을 양도할 것
> ③ 재개발·재건축 또는 소규모 재건축사업의 관리처분계획에 따라 취득하는 주택이 완성된 후 2년 이내에 그 주택으로 세대원 전원이 이사하여 1년 이상 거주할 것

대체주택 취득으로 일시적 1세대 2주택이 된 경우 비과세 받기 위한 요건을 세부적으로 정리해 보자.

첫째, 사업시행인가일 현재 1주택자여야 한다. 사업시행인가일 당시 이미 A, B주택을 보유한 다주택자는 재개발·재건축 및 소규모 재건축사업 진행 시 A나 B주택에 거주할 수 있기 때문에 별도의 대체주택이 필요 없다. 그럼에도 불구하고 A, B주택을 그냥 둔 채 다른 대체주택을 구입했다면 세법에서는 실수요 목적이 아닌 투기 목적으로 보기 때문에 대체주택 취득에 따른 비과세 특례가 적용되지 않는다.

둘째, 대체주택은 사업시행인가 후에 취득해야 한다. 〈도시정비법〉에 의거 관리처분계획인가가 나면 조합원 동·호수 추첨과 이주 및 철거가 진행된다. 따라서 관리처분계획인가가 나고 이주할 무렵에 대체주택

을 구입하는 경우도 있지만 현장에서 실무를 하다 보면 대부분 관리처분계획인가 전에 대체주택을 취득하는 경우가 많다. 이를 감안하여 사업시행인가일 이후에 대체주택을 취득해도 실수요 목적으로 인정하여 비과세된다. 그러나 사업시행인가가 나기 전에 대체주택을 취득하면 투기 목적으로 보아 비과세 적용이 배제된다.

셋째, 대체주택을 취득하고 세대원 전원이 1년 이상 거주해야 한다. 세대원 일부가 아닌 세대원 전원이 이사하여 1년 이상 거주해야 실수요 목적으로 보아 비과세해 준다. 하지만 1년 이상 거주는 계속하여 1년 이상이 아니고 통산하여 1년 이상이면 된다.

넷째, 대체주택은 준공 전에 양도하거나 또는 준공 후 2년 내에 양도해야 한다. 앞서의 요건을 갖추었다 하더라도 대체주택은 정해진 기간 내에 팔아야 한다. 즉 준공 전에 팔거나, 준공 후 2년 내에 팔아도 비과세 적용을 받을 수 있다. 따라서 대체주택을 취득하고 1년 이상 거주한 다음 재개발·재건축 주택 준공 후 2년 내에 처분하면 비과세가 된다.

마지막으로, 재개발·재건축 주택이 준공되면 2년 내에 그 주택으로 이사를 가서 1년 이상 계속 거주해야 한다. 주택이 완공되면 실제로 그 주택으로 세대원 전원이 이사를 가야 비과세 적용을 받는다. 만약 이사 갈 기한을 정해 두지 않으면 대체주택에 대한 비과세를 받은 후 차일피일 이사를 미룰 수 있다. 그렇다고 과세당국이 완공된 주택으로 실제 이사를 가는지 안 가는지 일일이 체크할 수 없다. 그래서 이사기한을 별도로 규정해 놓은 것이다. 따라서 주택 완공 후 2년 이내로 기한을 정해 세대원 전원이 이사를 가지 않은 경우에는 대체주택으로 보지 않기 때문에 비과세 적용이 배제된다.

> 부산 연제구 어느 재개발구역 주택에 거주하던 조합원 영희는 다음과 같이 대체주택을 취득하여 거주한 후, 2020년 12월 3일 양도한다고 가정할 경우 비과세 적용을 받을 수 있을까?

사업시행인가 후 대체주택 취득	세대원 전원 1년 이상 거주	재개발 신축주택 완공	신축주택 완공 후 세대원 전원 이사하여 1년 이상 거주	완공 후 2년
2015.1.1.	2016.1.2.	2019.11.1.	2020.12.3.	2021.11.2.

영희의 경우, 사업시행인가 당시 1세대 1주택자로 사업시행인가일 이후 대체주택을 취득(2015.1.1.)하였고, 대체주택 취득 후 해당 주택에서 세대원 전원이 1년 이상 거주하였다. 또한 대체주택에 1년 이상 거주한 날(2016.1.2.)부터 완공 후 2년 이내(2021.11.2.)까지 대체주택을 양도하면 되는데 영희는 2년(2021.11.2.)이 되기 전(2020.12.3.)에 양도하였으므로 비과세가 적용된다.

> 그렇다면 무주택자인 철수가 사업시행인가가 난 재개발구역 주택을 취득한 후 또다시 대체주택을 취득하는 경우 비과세 적용이 될까?

사업시행인가가 나더라도 관리처분계획인가가 나기까지는 입주권으로 전환된 것도 아니고 실제 주택이 멸실되지도 않은 경우이므로 철수가 사업시행인가가 난 재개발 주택을 취득하자마자 곧장 대체주택을 취득하여 비과세 요건을 갖추면 비과세 적용을 받을 수 있다. 이때 주의해야 할 점은 철수가 관리처분계획인가 후 즉 해당 구역의 입주권을 승계취득하고 뒤이어 대체주택을 구입한 경우에는 비과세 적용이 되지 않는다는 점이다. 법 취지를 보면 대체주택은 재개발·재건축구역 주택에서 거주하다가 그 주택이 철거될 경우, 거주 목적으로 대체주택을 취득할 경우 실수요 목적으로 보아 향후 대체주택을 양도할 때 비과세해 준다는 의미다. 따라서 관리처분계획인가가 나서 입주권으로 전환되었다면 해당 주택에서 거주를 하지 않았기 때문에 관리처분계획인가 후 입주권을 취득하고 그 후 대체주택을 취득한 경우라면 대체주택에 대한 비과세가 적용되지 않는 것이 마땅하다.

> 또 다른 경우를 보자. 재개발·재건축구역의 주택을 소유한 상태에서 공사 기간 중 거주하기 위한 대체주택으로 기존주택을 취득하는 경우도 있지만, 입주권에서 주택으로 곧 전환될 분양권이나 입주권을 취득하는 경우도 있다. 이 경우에도 비과세 적용을 받을 수 있을까?

이 경우에도 실수요 목적으로 보아 비과세된다. 즉 분양권이나 입주권을 대체주택으로 취득한 경우에도 비과세 받을 수 있다. 하지만 모든 요건을 갖추었다 하더라도 대체주택이 아닌 입주권을 양도하면 비과세 적용이 되지 않는다는 점을 기억할 필요가 있다.

4) 농어촌주택 취득으로 인한 1세대 2주택 비과세

흔히 농가주택으로 불렸던 농어촌주택이나 고향주택의 경우에는 특별히 주택 수 산정에서 제외해 준다. 이 경우에도 비과세 혜택을 받기 위해서는 1세대가 일정 규모보다 작은 농어촌주택이나 고향주택을 취득하고, 3년 이상 보유한 후 농어촌주택 등을 취득하기 이전부터 소유하고 있었던 일반주택을 양도할 경우이다. 그러나 일반주택이 아닌 농어촌주택을 먼저 양도하는 경우에는 일시적 1가구 2주택 비과세에 해당되지 않기 때문에 세금을 납부해야 한다. 하지만 세법은 쉽게 비과세 적용을 해주지 않는다. 따라서 모든 농어촌주택이 비과세되는 것이 아니라 농어촌주택으로 인정받기 위해서는 지역 요건, 규모의 기준 및 취득 당시 기준시가 요건이라는 세 가지를 충족해야 가능하다.

첫째, 지역 요건이다. 수도권을 제외한 읍면 지역에 위치해야 한다. 수도권은 원칙적으로 농어촌주택으로 인정되는 지역이 거의 없다. 단, 경기도 연천군과 인천광역시 옹진군은 예외적으로 농어촌주택으로 인정받을 수 있는 지역이다. 지역 요건을 충족했다 하더라도 도시지역이나 토지거래허가구역 및 투기지역인 지역은 제외될 뿐만 아니라 〈관광진흥법〉상 관광단지로 구분된 지역에 소재하고 있는 주택도 농어촌주택으로 인정받지 못한다.

둘째, 규모의 기준을 충족해야 한다. 대지면적이 660㎡ 이하이고 고가주택이 아니어야 한다. 마지막으로 주택을 취득할 당시 기준시가 요건을 충족해야 한다. 다만, 취득 시점별로 기준시가 요건을 다르게 정하고 있는데, 2007년 12월 31일 이전에 취득한 주택은 취득할 당시의 기준시가 7,000만 원 이하, 2008년 1월 1일 이후에 취득한 주택은 기준시가 1억 5,000만 원 이하 그리고 2009년 1월 1일 이후 취득한 주택은 기준시가 2억 원 이하가 되어야 한다. 예외적으로 지방자치단체의 지원 및 보전의무 대상인 한옥은 취득할 당시 기준시가 4억 원까지 농어촌주택으로 인정받을 수 있다.

5) 노부모 동거봉양으로 인한 1세대 2주택 비과세

〈소득세법〉 제89조제1항에 '1세대가 1주택을 양도하기 전에 다른 주택을 대체취득하거나 상속, 동거봉양, 혼인 등으로 인하여 2주택 이상을 보유하는 경우로 대통령령으로 정하는 주택의 소득에 대해서는 양도소득세를 과세하지 아니한다'고 비과세 특례를 인정하고 있다.

노부모를 봉양하기 위해 세대를 합가한 경우, 자식도 1주택을 소유하고 있고 부모도 주택을 한 채 소유하고 있다가 합가로 인해 일시적 1세대 2주택이 된 경우 기본적으로는 비과세 요건에 해당되지만 다음 요건은 갖추어야 한다.

> ① 양도일 기준 1세대 1주택자 비과세 요건을 갖출 것
> ② 1주택을 가진 60세 이상의 노부모를 봉양할 것
> ③ 합가한 날로부터 10년 이내에 양도할 것

그리고 세대가 다른 1주택을 소유하고 있는 아들과 1주택을 가진 노부모가 세대를 합가했다가 후에 다시 분가했다가 또다시 세대를 합친 경우에는 최종 합가한 날로부터 10년 이내에 비과세 요건을 갖춘 1주택을 양도하는 경우에는 비과세된다. 만약 1주택을 소유하고 있는 아들이 2주택을 소유한 노부모와 세대 합가한 후 아들의 주택을 양도한 경우에는 양도 당시 이미 3주택에 해당되므로 노부모 봉양을 위한 1세대 1주택 비과세 대상이 아니다(국심 2003중 1253).

그러나 노부모 동거봉양을 위하여 세대를 합가한 경우로 합가일부터 5년 이내에 해당 직계존속 소유 주택을 증여하는 때에는 증여받은 주택은 동거봉양 합가에 따른 비과세 특례규정이 적용되지 않지만, 합가일부터 5년 이내에 양도하는 본인 소유 주택은 동거봉양 합가 비과세 특례규정이 적용된다.

6) 결혼으로 인한 1세대 2주택 비과세

요즘 우리나라 청년들을 대별하는 3포세대(연애, 결혼, 출산 포기), 이태백(이십

대 태반이 백수)이라는 말이 사회 저변에 깔려 있다. 그러나 그중에서도 가장 섬뜩한 말은 지옥 같은 대한민국, 희망 없는 대한민국으로 압축되는 '헬조선'이다. 상황이 이렇다 보니 결혼 전에 주택을 각각 소유하기가 쉽지 않은 상황이다. 어쨌든 주택 한 채씩을 소유하다 결혼으로 인하여 일시적으로 2주택이 된 경우, 〈소득세법〉 제89조제1항에 의해 비과세 적용을 받을 수 있다. 단, 다음의 요건이 충족될 경우에 한한다.

> ① 결혼한 날로부터 5년 이내에 양도할 것
> ② 양도하는 주택이 양도일 기준 1세대 1주택 비과세 요건을 갖출 것

즉, 결혼한 날로부터 누구의 주택이든 5년 이내에 먼저 양도하는 주택에 대해 1세대 1주택 비과세 요건이 될 경우 비과세 혜택을 받을 수 있다. 앞서 보았던 대체주택 취득에 따른 비과세 요건보다는 느슨하다. 3년이 아닌 5년 이내에 양도하면 비과세가 되기 때문이다.

이때 결혼한 날의 의미는 〈가족관계의 등록 등에 관한 법률〉에 따라 관할 지방관서에 혼인신고한 날을 말한다. 그러나 국내에 1주택을 보유한 자가 1주택을 보유한 자와 결혼하여 1세대가 2주택을 보유하게 된 상태에서 그 1주택을 같은 세대원에게 양도하는 경우에는 결혼으로 인한 1세대 1주택 비과세 특례가 적용되지 않는다.

7) 취학 및 근무상 형편으로 인한 1세대 2주택 비과세

직장인이 갑자기 다른 지역으로 발령을 받거나 취학으로 인해 가족들과 떨어져 생활하는 경우 주택을 사서 거주해야 하는 경우가 생길 수 있다. 즉 1주택을 소유한 1세대가 취학(유치원, 초등학교 및 중학교 제외), 직장 변경이나 전근 등 근무상의 형편(사업상의 형편 제외)으로 수도권 외에 소재하는

1주택을 취득하여 1세대 2주택이 된 경우, 주택을 취득하고 나서 실제 거주하는 기간이 1년 이상이고, 지방발령이나 취학으로 인한 사유가 해소된 날부터 3년이 되기 전에 기존주택을 양도하는 경우 비과세 혜택을 받을 수 있다.

원칙적으로 비과세를 받으려면 2년 이상 보유해야 하지만 이 경우에는 보유 요건은 필요 없다. 즉 1년 이상 거주만 하면 되지만 역시 9억 원이 넘는 고가주택은 제외된다.

그리고 수도권에 있는 법인이나 공공기관이 수도권 밖으로 이전함에 따라 관련 임직원들이 이사 갈 경우에는 특별히 비과세 요건이 더 완화된다. 서울에 있던 공공기관이 세종시로 이전하여 이사를 가는 경우, 다음 ①과 ②의 요건만 충족하면 비과세된다.

> ① 종전주택 양도일 현재 1세대 1주택 비과세 요건을 충족할 것
> ② 대체주택을 취득한 날로부터 5년 이내에 종전주택을 양도할 것

앞서 대체주택 취득에 따른 비과세 요건과는 다르다. 즉 2년 이상 보유는 동일하지만 종전주택을 취득한 날부터 1년 이내(1년 이상 아님)에 대체주택을 취득해도 될 뿐만 아니라 대체주택을 취득하고 3년 이내가 아닌 5년 이내에 종전주택을 처분하면 비과세 적용이 된다.

8) 상속으로 인한 1세대 2주택 비과세

〈소득세법〉 제89조제1항에 따라 1세대 1주택 비과세 요건을 충족한 상태에서 상속으로 인해 다른 주택(입주권 포함)을 물려받을 경우 1세대 2주택이 된다. 사실 부모의 사망으로 슬퍼하는 자식들에게 2주택자가 되었으니 양도소득세를 납부하라고 하는 것은 지나치다. 따라서 상속으로

인해 2주택자가 되었을 경우, 중과세율이 적용된다면 불합리한 측면이 있다. 그러나 상속으로 주택을 취득하는 것도 '취득'으로 보기 때문에 해당 취득일 즉, 상속개시일로부터 3년 이내에 종전주택을 양도하면 일시적 1세대 2주택 비과세 특례 적용이 된다.

> **〈소득세법〉 시행령 제155조제2항**
>
> 주택[법 제89조제2항 본문에 따른 조합원입주권(이하 '조합원입주권'이라 한다)을 상속받아 사업시행 완료 후 취득한 신축주택을 포함하며, 피상속인이 상속개시 당시 2 이상의 주택을 소유한 경우에는 다음 각 호의 순위에 따른 1주택을 말한다]과 그 밖의 주택(상속개시 당시 보유한 주택 또는 상속개시 당시 보유한 조합원입주권에 의하여 사업시행 완료 후 취득한 신축주택만 해당하며, 상속개시일부터 소급하여 2년 이내에 피상속인으로부터 증여받은 주택 또는 증여받은 조합원입주권에 의하여 사업시행 완료 후 취득한 신축주택은 제외한다. 이하 이 항에서 '일반주택'이라 한다)을 국내에 각각 1개씩 소유하고 있는 1세대가 일반주택을 양도하는 경우에는 국내에 1개의 주택을 소유하고 있는 것으로 보아 제154조제1항을 적용한다. 다만, 상속인과 피상속인이 상속개시 당시 1세대인 경우에는 1주택을 보유하고 1세대를 구성하는 자가 직계존속(배우자의 직계존속을 포함하며, 세대를 합친 날 현재 직계존속 중 어느 한 사람 또는 모두가 60세 이상으로서 1주택을 보유하고 있는 경우만 해당한다)을 동거봉양하기 위하여 세대를 합침에 따라 2주택을 보유하게 되는 경우로서 합치기 이전부터 보유하고 있었던 주택만 상속받은 주택으로 본다(이하 제3항, 제7항제1호 및 제156조의2제7항제1호에서 같다). [개정 2018.2.13.]

양도소득세 관련 1세대 2주택 비과세 특례는 복잡한 측면이 있는데 그중에서도 상속으로 인한 비과세 특례는 주의해서 살펴보아야 한다. 예를 들어, 피상속인(사망한 사람)이 상속 개시 당시 두 채 이상의 주택을 소유한 경우에는 피상속인을 기준으로 다음 ①~④의 순위에 따른 1주택에 대해서만 비과세된다.

> ① 피상속인이 소유한 기간이 가장 긴 1주택
> ② 피상속인이 소유한 기간이 같은 주택이 2이상일 경우에는 피상속인이 거주한 기간이 가장 긴 1주택
> ③ 피상속인이 소유한 기간 및 거주한 기간이 모두 같은 주택이 2이상일 경우에는 피상속인이 상속개시 당시 거주한 1주택
> ④ 피상속인이 거주한 사실이 없는 주택으로 소유한 기간이 같은 주택이 2이상일 경우에는 기준시가가 가장 높은 1주택(기준시가가 같은 경우에는 상속인이 선택하는 1주택)

그리고 〈소득세법〉 제154조제1항을 적용할 때 공동상속주택(상속으로 여러 사람이 공동으로 소유하는 1주택을 말하며, 피상속인이 상속개시 당시 2 이상의 주택을 소유한 경우에는 제2항 각 호의 순위에 따른 1주택을 말한다) 외의 다른 주택을 양도하는 때에는 해당 공동상속주택은 해당 거주자의 주택으로 보지 아니한다. 다만, 상속지분이 가장 큰 상속인의 경우에는 그러하지 아니하며, 상속지분이 가장 큰 상속인이 2명 이상인 경우에는 그 2명 이상의 사람 중 당해 주택에 거주하는 자, 최연장자 순서에 따라 해당하는 사람이 그 공동상속주택을 소유한 것으로 본다.

또한 상속 개시 당시에 상속인과 피상속인의 주민등록이 동일 세대로 되어 있을 경우에는 비과세 혜택을 받지 못한다. 즉 아버지와 아들이 각각 주택을 한 채씩 소유한 상태에서 동일 세대원으로 주민등록을 해놓은 상태에서 아버지가 사망하여 아버지 소유의 주택을 아들이 상속받는 경우 비과세 적용이 배제된다.

단, 아버지를 봉양하기 위해 합가한 후 아버지가 사망한 경우에는 비과세되지만 이 경우에도 합가 당시 아버지와 아들이 각각 주택을 한 채씩 소유하고 있었을 경우에만 해당되고, 합가 당시 아버지 소유의 주택

이 없다가 합가로 인해 아버지가 주택을 소유하게 된 경우에는 해당되지 않는다. 그러나 상속개시 당시 피상속인과 별도 세대로 되어 있는 경우에는 비과세 특례를 받을 수 있다. 즉 아버지와 아들이 별도 세대를 구성하고 있는 상태에서 아버지가 사망함으로 인해 그 주택을 상속받은 경우, 아들 소유의 일반주택을 먼저 팔아야 비과세 특례가 적용된다. 상속주택을 먼저 팔 경우에는 비과세되지 않는다.

주택을 파는 순서에 따라 비과세 적용 여부가 달라지기 때문에 주의할 필요가 있다. 마지막으로 일반주택의 취득 시기에 따라 비과세 적용이 달라진다는 점을 기억해야 한다.

〈표 26〉 일반주택 취득시기에 따른 상속주택 비과세	
일반주택 취득 시기	상속주택 비과세 적용 여부
2013.2.14. 이전 취득	취득 순서에 관계없이 상속주택 비과세
2013.2.15. 이후 취득	일반주택 취득 후 상속주택 취득 시 상속주택 비과세
	상속주택 취득 후 일반주택 취득 시 과세

〈표 26〉을 보면, 일반주택의 취득시기에 따라 상속주택에 대한 비과세 여부가 달라진다. 2013년 2월 14일까지는 일반주택의 취득순서와 상관없이 상속주택은 비과세 적용을 받지만, 2013년 2월 15일 이후에는 상속주택을 먼저 취득하고 일반주택을 취득하면 비과세 적용을 받을 수 없다. 이유는 상속주택 비과세 적용을 반복적으로 받을 수 있기 때문이다. 또한 동일 세대 간에 상속이 된 경우에도 비과세 특례규정이 적용되지 않는다. 상속 관련 비과세 특례의 취지는 1주택자가 갑자기 상속으로 2주택이 되는 부득이한 사유를 대비하여 주택 수에서 제외해 주는 것이다.

그런데 동일 세대 간에도 똑같이 적용되면 1세대 2주택자의 경우 2주택 중 1주택이 상속 개시되면 비과세 특례를 적용해야 하는데 이것은 불합리하다. 이미 2주택을 소유한 상태였기 때문에 1주택이 특례에 해당되지 않으면 먼저 양도하는 주택은 세금을 내야 한다.

9) 증여로 인한 1세대 2주택 비과세

> 홍길동은 2001년 8월 입주하여 소유해 오던 부산시 남구 소재 아파트 32평형(기존주택)을 양도하지 않은 상태에서 2016년 3월 4일 아버지로부터 부산시 해운대구 소재 아파트 25평형을 증여받아 취득함으로써 현재 1세대 2주택자가 된 상태에서, 2018년 4월 5일 부산시 남구 소재 아파트를 양도한 경우 홍길동은 1세대 2주택 비과세 적용을 받을 수 있을까?

상속과 달리 증여는 증여자가 생전에 수증자에게 재산을 무상으로 주는 것을 말한다. 1주택자가 증여로 주택을 취득한 후 3년 이내 기존주택 양도 시 일시적 1세대 2주택 비과세 적용을 받는다. 다시 말하면 증여로 주택을 취득하는 것도 상속과 마찬가지로 '취득'에 해당하기 때문에 1주택을 보유한 1세대가 증여로 주택을 취득한 경우 해당 취득일 즉 증여일로부터 3년 이내에 기존주택을 양도할 경우, 일시적 1세대 2주택 비과세 특례가 적용된다.

이 경우에도 증여받은 주택을 양도하면 비과세 적용을 받지 못한다. 단, 기존주택을 취득한 날로부터 1년 이상이 지난 후 증여받은 주택이어야 한다. 따라서 홍길동이 비과세를 받기 위해서는 다음 세 가지 조건을 충족해야 한다.

> ① 기존주택 취득일로부터 1년 이상이 지난 후 주택을 증여받을 것
> ② 증여받은 날로부터 3년 이내에 기존주택을 양도할 것
> ③ 증여받은 주택이 9억 원 이하일 것

사례에서 홍길동은 2001년 8월 기존주택을 취득한 상태에서 2016년 3월 증여를 받았으므로 ①항의 요건이 충족되었고, 2016년 3월 증여받아 2018년 4월 기존주택을 양도하였으므로 ②항의 요건도 충족된 상태이다. 그리고 증여받은 부산 해운대구 소재 아파트 25평형의 공시가격은 2억 8천만 원 수준이므로, ③항의 고가주택에도 해당하지 않기 때문에 홍길동은 일시적 1세대 2주택 비과세 특례를 받을 수 있다.

그리고 증여는 등기한 날의 시가(시장가격)로 증여한 것으로 본다. 정비사업의 경우 사업시행인가일 3개월 이전에는 공시지가와 아파트 및 단독주택의 고시가격을 시가로 볼 수 있지만, 그 이후에는 종전자산평가액(감정평가액)이나 권리가액을 증여가액으로 본다.

일반적인 증여의 경우 배우자에게는 6억 원, 직계존비속은 5천만 원(미성년자의 경우 2천만 원), 기타 친족에게는 1천만 원까지는 증여세가 없다. 대부분 이 정도는 알고 있다. 그러나 이 금액이 10년 누적합산금액임을 아는 사람은 많지 않다. 배우자나 직계존비속 간 부동산을 매매할 경우에는 이를 증여로 본다.

흔히들 증여할 때 증여부동산에 더불어 전세보증금이나 증여부동산에 담보된 차입금을 수증자가 부담하는 조건으로 하는 증여, 즉 '부담부증여'를 하면 증여세가 줄어드는 것으로 알고 있다. 그러나 증여세보다 더 많은 양도소득세가 발생할 수도 있다. 예를 들어, 5억 원짜리 부동산을 아들에게 증여하면서 당해 부동산을 담보로 빌린 차입금 3억 원을 아

들이 부담하는 부담부증여의 경우, 증여세는 증여가액 5억(시가)에서 은행 차입금 3억 원을 뺀 2억이 증여가액이 되어 아들은 5억 원이 아닌 2억 원에 대해서만 증여세를 부담한다.

반면 아들이 부담부증여를 받은 은행 차입금 3억 원은 증여자가 채무를 면하는 것이 된다. 따라서 증여자는 5억 원짜리 부동산의 60%(3억 원/5억 원)를 부분양도한 것으로 보아 양도소득세를 납부해야 한다. 재건축의 경우, 투기과열지구 내에서는 조합설립인가 후에는 소유권 변동이 되더라도 새로운 소유자는 조합원 지위를 승계할 수 없지만, 대표조합원을 변경하지 않는 부분증여는 가능하다.

이 경우 수증자가 취득세와 증여세를 부담한다. 증여세는 등기를 한 날이 속하는 월말로부터 3개월 내에 신고납부해야 한다. 물론 자진신고납부하면 5%의 세액공제 혜택을 주지만 그렇지 않을 경우에는 가산세를 부담하게 된다.

〈표 27〉 증여세·상속세 세율

과세표준	세율(%)	누진공제액
1억 원 이하	10	-
1억 원 초과 5억 원 이하	20	1,000만 원
5억 원 초과 10억 원 이하	30	6,000만 원
10억 원 초과 30억 원 이하	40	1억 6,000만 원
30억 원 초과	50	4억 6,000만 원

10) 거주주택의 1세대 2주택 비과세

> 이도령은 5년째 서울 강남구 서초동 한 아파트(A주택)에 거주하고 있고 역삼동(B주택)과 양천구 목동(C주택)에 전세를 준 아파트가 있는 3주택자이다. 임대주택으로 사업자로 등록한 후 임대한 기간은 역삼동아파트는 7년째이고 목동아파트는 5년이 지났는데, 거주주택에 대한 비과세 적용이 되는가?

이도령의 경우에는 2주택자 비과세 특례 규정 중 주택임대사업자의 거주주택 비과세 요건 다섯 가지를 충족할 경우 A주택에 대해 비과세 적용을 받는다.

> ① 거주주택에서 전 세대원이 2년 이상 거주(보유 아님)할 것(2년 이상 거주요건에서 연속으로 2년이 아니어도 되고, 임대사업자등록 이전의 거주 기간도 인정)
> ② 거주주택 외 주택을 모두 임대주택으로 등록할 것
> ③ 사업자등록을 두 곳(세무서와 구청)에 할 것
> ④ 등록한 임대주택은 5년 이상 의무적으로 임대할 것
> ⑤ 임대주택이 수도권인 경우 임대주택 기준시가 6억 원 이하(수도권 외 지역 3억 원)일 것

따라서 이도령은 A주택을 양도하면 비과세된다. A주택에 2년 이상 거주했고 B와 C주택은 임대주택으로 등록하여 5년 이상 임대했으므로 살고 있는 A주택을 처분하면 비과세 혜택을 받을 수 있다.

나아가 A, B, C주택을 보유한 이도령이 또 다른 D주택을 취득했다면, D주택 취득 후 3년 이내에 A주택을 양도하면 역시 비과세된다. 즉 B와 C주택은 이미 임대주택으로 등록되어 있기 때문에 양도소득세 산정 시에는 A주택만 보유한 1주택으로 본다. 1주택 상태에서 D주택을 취득했으므로 일시적 1세대 2주택(대체주택) 비과세 요건에 대입해 보면,

A주택에 2년 이상 거주하고 있는 상태에서 D주택을 취득한 후 3년 이내에 D주택이 아닌 A주택을 처분해야 비과세된다.

11) 장기임대주택의 1세대 2주택 비과세

장기일반민간임대주택(이하 '장기임대주택'이라 한다)은 종전의 준공공임대주택을 말하는데, 임대사업자가 공공지원민간임대주택이 아닌 주택을 8년 이상 임대할 목적으로 취득하여 임대하는 민간임대주택이다. 임대사업자 종류는 공공지원민간임대주택(기업형임대사업자 8년 이상 임대)과 장기일반민간임대주택(일반임대사업자 8년 이상 임대) 및 단기민간임대주택(일반임대사업자 4년 이상 임대)으로 구분되는데 여기서는 장기임대주택에 대해 살펴본다.

장기임대주택은 앞서 살펴본 거주주택 비과세와 유사하다. 공히 임대사업자 등록을 한 경우 비과세되는 경우다. 기본적으로 임대사업자로 등록한 임대주택은 주택 수에 산정되지 않는다. 따라서 장기임대주택으로 등록한 주택 역시 주택 수에서 제외되기 때문에 2년 이상 거주한 주택을 양도할 때는 양도차익에 대해 비과세된다. 즉 장기임대주택을 보유한 자가 대체주택을 취득한 날로부터 3년 이내에 2년 이상 거주한 주택을 양도할 경우에는 비과세된다.

〈소득세법〉 시행령 제167조의 3, 제1항제2호에 의거 장기임대주택도 다음의 요건을 갖추어야 비과세된다.

① 〈소득세법〉상 사업자등록을 할 것
② 〈민간임대주택법〉상 임대사업자등록을 할 것
③ 임대의무기간이 8년 이상일 것
④ 임대개시일 당시 주택의 기준시가가 6억 원 이하일 것(수도권 외 3억)

장기임대주택 요건이 되려면 먼저 세무서에 사업자등록과 시, 군 또는 구청에 임대사업자등록을 한 임대주택이어야 하고, 임대의무기간이 8년 이상이어야 한다. 동시에 주택의 시준시가가 6억 원(수도권 외 지역 3억 원) 이하여야 한다.

이러한 임대주택 요건을 갖추었다면 종전주택 양도에 따른 비과세 요건은 '보유 기간 2년 이상 + 거주 기간이 2년 이상'을 의미한다. 앞서 대체주택 취득으로 인한 일시적 1세대 2주택 비과세 적용에서 1주택을 보유한 1세대가 종전주택을 취득한 날부터 1년이 경과하여 대체주택을 취득하고, 대체주택을 취득한 날로부터 3년 이내에 종전주택을 양도할 경우 일시적 1세대 2주택 비과세 적용을 받을 수 있다고 했다. 이때 일시적 1세대 2주택 비과세를 적용할 때는 종전주택은 그냥 2년 이상 보유만 하면 되고 별도의 거주요건은 필요하지 않았다.

그러나 대체주택이 아닌 장기임대주택이 추가되면 이야기가 달라진다. 장기임대주택은 2년 이상 거주한 주택을 양도하면서 종전주택의 비과세 여부를 판단할 때, 〈소득세법〉 시행령 제155조제20항에 따라 주택 수 산정에서는 제외되지만, 그 외의 주택을 양도할 때는 주택 수에 포함된다. 따라서 일시적 1세대 2주택자가 장기임대주택을 보유한 상태에서 종전주택을 양도할 경우에는 비록 종전주택을 2년 이상 보유했다 하더라도 해당 주택에서 2년 이상 거주요건을 충족해야 한다.

정리하면, 양도일 기준 요건을 갖춘 장기임대주택의 경우 '2년 이상 보유 + 2년 이상 거주'한 종전주택을 양도하는 경우, 그 장기임대주택은 주택 수에서 제외되기 때문에 거주주택을 1세대 1주택으로 보아 비과세한다. 그러나 8년 임대의무기간을 채우지 못한 상태에서 임대주택을 양도할 경우에는 당초 비과세 적용을 받았던 종전주택이 비과세가 아닌 경우의 양도소득세와 비교하여 그 차액에 대해 신고납부를 해야 한다. 따라서 장기임대주택과 일시적 1세대 2주택을 보유한 상태에서 종전주택을 양도할 경우, 비과세 적용 여부를 따질 때는 2년 보유가 아닌 2년 거주요건을 충족해야 한다.

1	장기임대주택 + 일시적 1세대 2주택 보유한 상태에서 2년 거주
2	장기임대주택 + 일시적 1세대 2주택 보유한 상태에서 2년 비거주

1의 경우, 2년 거주요건이 충족되었기 때문에 종전주택을 양도할 때 장기임대주택이 주택 수에서 제외되어 비과세가 적용되지만, 2의 경우에는 종전주택이 2년 거주요건을 충족하지 못한 상태이므로 비과세 적용을 받지 못한다. 이 경우에는 장기임대주택이 주택 수에 포함되기 때문이다.

그렇다면 장기임대주택이 입주권으로 전환된 후 종전주택을 양도할 경우에는 비과세 특례 적용 여부는 어떻게 되는 것인가? 앞서 장기임대주택과 일시적 2주택 상태에 있는 주택을 보유하다가 2년 이상 거주한 주택을 양도할 경우 비과세 적용을 받을 수 있다고 한 바 있다. 그런데 장기임대주택이 어느 날 〈도시정비법〉에 따라 재개발·재건축이 진행되어 관리처분계획인가를 받아 입주권으로 전환된 상태에서 2년 이상 거주한 주택을 양도하는 경우에도 일시적 1세대 2주택 비과세 특례가 적용되는지가 중요하다.

〈도시정비법〉 절차에 따라 진행되는 재개발·재건축구역의 경우, 조합원은 구주택을 조합에 양도하고 이후 신축주택을 취득하는 절차를 일종의 '환지'로 간주한다. 다시 말하면, 신축주택을 구주택의 연장선상으로 보기 때문에 비록 구주택이 관리처분계획인가 이후 입주권으로 전환되어 토지 상태라 하더라도 일시적 1세대 2주택 상태에서 2년 이상 거주한 주택을 양도한 경우에는 비과세가 적용된다.

> 1. 「소득세법 시행령」제167조의3제1항제2호에 따른 장기임대주택과 그 밖의 1주택을 국내에 소유하고 있는 1세대가 같은 영 제155조제20항 각 호의 요건을 모두 충족하는 해당 1주택(거주주택)을 양도하는 경우에는 국내에 1개의 주택을 소유하고 있는 것으로 보아 같은 영 제154조제1항에 따른 1세대 1주택 비과세 규정을 적용한다.
> 2. 이 경우 같은 영 제167조의3제1항제2호에 따른 장기임대주택이 「도시 및 주거환경정비법」제48조에 따른 관리처분계획인가로 인하여 취득한 입주자로 선정된 지위(조합원입주권)로 전환된 이후 거주주택을 양도하는 경우에도 같은 영 제155조제20항에 따른 1세대 1주택 비과세 특례규정을 적용한다. 다만, 1세대1주택 비과세를 적용받은 후 장기임대주택의 임대기간요건을 충족하지 못하게 된 경우에는 소득세법 시행령 제155조제22항에 따라 해당 사유가 발생한 날이 속하는 달의 말일부터 2개월 이내에 해당 임대주택을 장기임대주택으로 보지 아니할 경우 추가로 납부하였어야 할 양도소득세를 납부하여야 한다. 〈사전 – 2017 – 부동산납세과 – 823(2017.7.19.)〉

문재인 정부는 2017년 8·2 부동산 대책을 통해 '임대주택 등록 활성화 방안'으로 임대사업자에게 취득세, 재산세, 양도소득세 및 종합부동산세 감면 등 각종 세제 혜택을 주면서 다주택자의 임대사업 등록을 유도했다. 그 결과 우리나라 임대사업자의 3분의 1이 서울에 있고, 서울 임대사업자의 3분의 1은 강남 3구에 몰려 있다. 국토교통위원회 소속 정동영 의원이 국토교통부로부터 받은 '임대사업자 등록 현황'에 따르면, 전국 임대사업자 상위 30명이 보유한 임대주택 수(2019.6.)는 1만 1,029채로 나타났다.

서울 강서구에 거주하는 40대 임대사업자는 무려 594채를 임대주택으로 등록하여 1위를 차지했다. 이에 정동영 의원은 "문재인 정부는 각종 세금 특혜를 주어 임대사업 등록을 구걸할 것이 아니라 아예 임대주택 등록을 의무화해야 한다"고 주장했다. 유독 임대사업자에게만 집값의 80%까지 대출을 허용하다 보니 일부 임대사업자는 이를 이용해 주택을 사재기한 것으로 보인다.

12) 1세대 다주택자 비과세

일시적 1세대 2주택 상태에서 상속·동거봉양·혼인으로 인한 합가로 1세대 3주택이 된 경우에도 대체주택을 취득한 날로부터 3년 이내 종전주택을 양도하면 비과세가 적용된다. 반대로 1주택 상태에서 동거봉양·혼인 등으로 2주택이 된 경우에도 대체주택을 취득한 후 3년 이내에 종전주택을 양도하면 일시적 1세대 2주택 비과세 적용을 받는다.

그리고 다주택자인 1세대 3주택자의 경우 순차로 2주택을 양도할 때는 양도한 주택에 대해서는 세금을 내고 마지막 1주택 양도 시에는 비과세 받을 수 있는 방법이 있다. 이와 관련해서는 다음의 개정 전·후를 구별할 필요가 있다. 개정 전 내용은 2020년 12월 31일까지 양도할 경우 적용되고, 개정 후 내용은 2021년 1월 1일 양도분부터 적용되어 개정 전과 후에 따라 마지막 1주택에 대한 비과세 요건이 달라진다.

가. 개정 전

강남구 C주택	1주택	2년 보유 시 비과세	
송파구 B주택	2주택	B주택 양도	과세
서초구 A주택	3주택	A주택 양도	과세

위 표에서 보는 바와 같이 서초구 A주택, 송파구 B주택, 강남구 C주

택을 보유한 3주택자의 경우 A, B주택을 순차적으로 양도하고 최종 C
주택만 보유한 후 그 C주택을 양도할 경우, C주택의 취득시점부터 보유
기간 2년을 기산하여 C주택에 대해서는 비과세를 적용한다. 물론 A주
택을 양도한 상태에서 B주택 양도 시 일시적 1세대 2주택 요건을 갖출
경우 B주택도 비과세를 적용받을 수 있다.

나. 개정 후

강남구 C주택	1주택	보유기간 2년 충족	비과세
송파구 B주택	2주택	B주택 양도	과세
강남구 C주택	3주택	A주택 양도	과세

마찬가지로 위 표에서는 서초구 A주택, 송파구 B주택, 강남구 C주택
을 보유한 3주택자가 A, B주택을 순차적으로 양도하고 최종 C주택만
보유한 후 그 C주택을 양도할 경우, C주택만 보유하게 된 날로부터 보
유기간 2년을 기산하여 이를 충족할 경우 C주택은 비과세 적용이 된다
는 것을 보여준다. 앞서 언급했듯이 동 규정은 2021년 1월 1일 이후 양
도분부터 적용된다.

다시 말해서, 다주택자의 경우 개정 전에는 1세대 1주택의 최초 취득
시기를 기산하여 비과세 적용을 받을 수 있었지만, 개정 후에는 여러 채
의 주택을 양도하고 마지막 주택이 남은 날로부터 보유기간을 계산한
다는 의미다. 따라서 개정된 내용에 대한 정부의 의지는 다주택자들은
2020년까지 1주택만 남기고 모두 처분하라는 경고이다. 향후 세금 측
면에서 보면, 일시적 1세대 2주택 비과세를 활용하여 투자하기는 사실
상 어려워졌다고 봐야 한다.

> 철수가 2011년 1월 3일 A주택을 취득하고 2016년 3월 4일 B주택을 취득하여 2주택 상태에서 2017년 3월 2일 승계입주권을 취득한 후 2018년 6월 1일 A주택을 양도할 경우 A주택에 대해 비과세 적용을 받을 수 있을까?

입주권은 주택은 아니지만 다른 주택을 양도할 때 주택 수에는 포함된다고 수차례 언급한 바 있다. 따라서 철수는 'A주택 + B주택 + 입주권' 상태 즉, 3주택을 보유한 상황에서 A주택을 양도한 것이다. 따라서 이 경우 철수는 일시적 1세대 2주택 비과세가 되지 않는다.

앞서 여러 차례 입주권은 주택이 아니지만 다른 주택 양도 시 주택 수에 포함된다고 한 바 있다. 따라서 다주택자뿐만 아니라 1세대 1주택 비과세 관련 중과 여부를 판단할 때 입주권은 주택 수에 포함되는 것이 원칙이다. 예를 들어, 조정대상지역 내 2주택과 입주권을 보유하고 있다가 조정대상지역의 주택을 팔 경우에는 주택 수에 포함되어 3주택 중과가 적용된다. 그러나 이 경우 주택이 아닌 1년 이상 보유한 입주권을 양도할 경우에는 입주권을 주택으로 보지 않기 때문에 중과 적용이 되지 않는다. 즉 조정대상지역에서 '다주택 + 입주권'을 보유한 경우, 주택을 먼저 팔면 입주권을 주택으로 보아 중과가 되고, 입주권을 먼저 팔 경우에는 주택으로 보지 않아 중과가 되지 않는다. 입주권 그 자체는 주택이 아니기 때문이다.

> 3주택 보유자가 1주택을 선 양도하고 나머지 2주택이 일시적 1세대 2주택 비과세 요건을 충족할 경우 이 경우 양도하는 주택은 비과세 적용을 받을 수 있을까?

결론부터 말하면, 양도 시점에서 일시적 1세대 2주택 요건만 갖추면 비과세 적용을 받는다. A, B, C의 3주택자가 A주택을 양도하면서 세금을 내고 B와 C주택이 일시적 1세대 2주택 비과세 요건을 충족하면 비과세가 적용된다.

이와 관련한 국세청의 유권해석(부동산납세과-1998, 2016.12.30.) 사례를 하나 보자. 3주택(A,B,C)을 소유하던 1세대가 1주택(B)을 먼저 양도하고 나머지 2주택을 보유한 상태에서, 나머지 2주택(A, C)이 A주택의 취득일로부터 1년 이상 지난 후 다른 C주택을 취득한 사실이 확인되는 경우에 있어서는 C주택을 취득한 날로부터 3년 이내에 양도하는 A주택이 비과세 요건을 충족할 경우, 〈소득세법〉 시행령 제154조제1항에 의거 비과세된다. 다만, 양도하는 A주택은 고가주택이 아니어야 한다.

13) 청산금 관련 양도소득세

청산금(환급금)에 대해서도 양도소득세 납부의무가 있다. 재개발·재건축은 대부분 해당 구역의 '토지등소유자'인 조합원들이 조합을 설립하여 직접 사업을 시행한다. 재개발과 재건축의 토지등소유자를 보면, 먼저 재개발의 경우 해당 구역 내 ① 토지소유자 ② 건축물소유자 ③ 지상권자 그리고 재건축의 경우에는 토지 및 건축물 소유자가 토지등소유자가 된다.

현금청산 대상자는 ① 분양신청 기간에 신청을 하지 않은 자, ② 분양신청을 했지만 기간 중에 철회한 자, ③ 분양신청은 했지만 관리처분 과정에서 배제된 자, ④ 분양신청을 했지만 분양계약을 체결하지 않은 자(단, 정관에 이와 관련한 현금청산 관련 조항이 있을 경우), ⑤ 재건축의 경우 조합설립에 동의하지 않은 자이다.

조합설립에 동의하지 않거나 분양신청 및 분양계약을 하지 않은 조합원은 현금청산자가 되어 잔금수령일(단, 잔금수령일까지 이전고시가 되지 않은 경우, 이전고시일의 다음 날 – 조심 2010서 3614)을 양도일로 보아 양도소득세를 납부해야 한다. 또한 분양신청 및 분양계약을 체결한 조합원의 경우에도 분양받은 아파트 가격보다 권리가액(감정평가액×비례율)이 큰 경우, 환급금을 수령하게 되는데 이 역시 부분양도로 보아 양도소득세를 납부해야 한다.

여기서 사례를 통해 청산금 관련 양도소득세를 계산해 보자.

> 조합원 P는 10년 전 서울 어느 재개발구역 물건을 5억 원에 취득하였다. 권리가액은 15억 원, 조합원분양가는 10억 원이다.

사례의 경우 P는 권리가액이 조합원분양가보다 많아 5억 원을 현금으로 돌려받게 되는데, 이 5억 원을 조합원 P가 조합에 부동산의 일부를 양도(종전주택의 3분의 1을 부분양도)한 것으로 보아 양도소득세를 납부해야 한다. 양도 시기는 '준공 후 이전고시일 익일'이다.

만약 P가 1세대 1주택자라면 권리가액 9억 원을 초과하는 부분에서 발생하는 이익에 대해서만 과세하지만, 이 경우 10년 이상 보유했으므로 그 차익의 80%에 대해서는 장기보유특별공제를 받기 때문에 실제 납부할 양도소득세는 268만 원에 불과하다.

> ① 양도차익 : [10억(양도차익)×1/3(부분양도비율)]×(15억 – 9억)/15억 (9억 초과분) = 1억 3,000만 원
> ② 과세표준금액 : 1억 3,000만 원 – 1억 3,000만 원×80%(장기보유특별공제) – 250만 원(기본공제) = 2,350만 원
> ③ 양도세 등 : (2,350만 원×15% – 108만 원)×1.1(지방소득세 포함) = 2,689,500원

그러나 조합원 P가 1세대 2주택자 이상인 경우에는 예외 없이 양도소

득세를 납부해야 한다.

> ① 양도차익 : 10억(양도차익)×1/3(부분양도비율)=3억 3,000만 원
> ② 과세표준금액 : 3억 3천만 원 – 3억 3천만 원×30%(장기보유특별공제)
>   – 250만 원(기본공제)=2억 2,850만 원
> ③ 양도세 등 : (2억 2,850만 원×38% – 1,940만 원)×1.1(지방소득세포
>   함) = 74,173,000원

게다가 장기보유특별공제가 되지 않을 뿐만 아니라 세율도 2주택자는 10%, 3주택자는 20%가 중과될 수 있다.

결국 청산금(환급금)은 재개발·재건축에서 납부하는 추가부담금의 한 형태로 볼 수 있다. 자세히 보면 추가부담금에는 두 가지 유형이 있다. 말 그대로 사업과정에서 미처 예상하지 못했던 추가비용이 발생하여 조합원들이 추가적으로 분담금을 더 납부해야 하는 금액이다. 조합에서 관리처분계획을 수립하면서 향후 조합이 어떻게 신축아파트를 팔아서 어느 정도의 수입을 내겠다는 내역을 추산하고, 정비사업비 즉 아파트를 짓는 과정에서 비용은 어떻게 사용하겠다고 하는 계획을 수립하는데 이것이 곧 관리처분계획이다.

그러나 관리처분계획은 글자 그대로 계획일 뿐이지 확정이 아니라는 데서 문제가 시작된다. 실제 그만큼의 수입이 들어올지, 혹은 실제 비용 집행이 계획대로 될지는 알 수 없는 노릇이다. 부동산시장의 변화에 따라서 분양가격이 올라가서 수입이 늘어날 수 있고, 분양이 잘 안 되면 분양가를 낮춰야 하니 분양수입이 줄어들 수밖에 없다.

또한 원자재 값 상승이나 금융 비용 증가 등으로 사업비가 올라간다거나 소송 등을 이유로 사업이 지연되면서 사업비가 증가할 수도 있다. 물론 사업이 잘돼서 돈이 남으면 조합원들에게 돈을 돌려주기도 하지

만, 사업이 잘 안 되면 돈이 더 필요할 수도 있다. 정비사업이란 대부분 조합이 사업시행자가 되어 사업의 성패를 모두 책임져야 하는 사업이기 때문에 이윤도 비용도 조합에서 부담해야 한다. 이처럼 사업과정에서 조합원들이 추가로 부담해야 하는 금액을 추가부담금이라고 통칭한다.

다른 하나는 바로 청산금 개념의 추가부담금이다. 정비사업을 통해 새로 공급받게 되는 자산을 종후자산이라고 하는데 이 종후자산을 받기 위해서 추가로 조합원들이 더 납부하거나 환급받는 금액을 청산금 또는 추가부담금이라고 한다. 이때의 추가부담금은 종후자산과 종전자산을 정산하기 위한 비용인 것이다.

따라서 조합원의 권리가액이 조합원분양가보다 많을 경우에는 차액을 조합으로부터 환급받게 되는데 이것이 청산금이다. 청산금에 대해서도 양도소득세를 내야 하는데 〈소득세법〉에서는 청산금을 종전자산에 대한 유상 양도로 보는 것이다. 즉, 기존주택의 일부를 조합에 부분 양도한 것으로 보는 것이다.

헷갈리지 말아야 할 것은 청산금은 입주권에 대한 양도의 대가가 아니라 기존주택의 일부를 양도한 것으로 보기 때문에, 청산금을 받을 당시 다주택자가 조정대상지역의 조합원 분양신청을 통하여 청산금을 지급받았다면 해당 청산금에 대해서는 중과가 적용된다. 청산금은 통상 분할 지급을 받는데 이 경우 청산금의 양도 시기를 언제로 보느냐 하는 것은 중과와 관련이 있어 중요하다.

청산금의 양도 시기는 잔금청산일이다. 따라서 잔금청산 시 다주택자이고 청산금을 받을 주택이 조정대상지역 내에 있다면 청산금에 대한 양도소득세는 기본세율이 아니라 중과된다. 반면 청산금에 대한 잔금을 받을 당시 1주택을 2년 보유(조정대상지역 2년 거주)하여 비과세 요건을 충족할 경우에는 양도소득세가 비과세된다.

그렇다면 청산금은 언제까지 지급해야 할까? 원래 청산금이란 농지개량사업이나 토지구획정리사업 등을 함에 있어 토지의 교환·분합 시에 그 차액을 주고받는 돈을 말한다. 정비사업에서는 대지 또는 건축물을 분양받은 자가 종전에 소유하고 있던 토지 또는 건축물의 가격과 분양받은 대지 또는 건축물의 가격 사이에 차이가 있는 경우에는 사업시행자는 〈정비법〉 제73조에 따라 관리처분계획인가 고시된 다음 날부터 90일 내(2013.12.24. 이후에 설립된 조합에만 적용되고, 그 이전에 설립된 조합은 150일 이내)에 청산하도록 하고 있다.

사실 조합에서는 현금청산을 빨리 완료하고 부동산을 인도받고자 하는데 막상 부동산 소유자와 청산금액 협의 과정에서 합의점을 찾지 못하는 경우가 비일비재하다. 당사자 간에 원만하게 협의가 이뤄지지 않을 때는 지자체장이 추천하는 감정평가업자 2인 이상이 평가한 금액을 평균한 금액으로 의견을 조율할 수 있지만 그럼에도 쉽게 합의점을 찾기 어려운 경우가 많아 행정소송으로 이어지는 경우도 있다.

그리고 청산금을 지급받아야 할 자가 이를 지급받을 수 없는 상황이거나 지급받기를 거부하는 경우 사업시행자는 청산금을 법원에 공탁할 수 있고, 청산금을 지급받을 권리 또는 이를 징수할 권리는 소유권이전 고시일 다음 날부터 5년간 이를 행사하지 않으면 소멸된다. 지금까지 양도소득세 비과세 특례 관련 다양한 사례들을 살펴보았다. 특히 입주권 투자를 하는 경우 비과세 특례에 대해서는 미리 정리할 필요가 있다.

지금까지 살펴본 것 외에도 5년 이상 운영한 가정 어린이집과 2년 이상 거주한 주택으로 2주택을 소유하고 있는 경우에도 거주하고 있는 주택을 매매하는 경우에 비과세 혜택을 받을 수 있으며, 조정대상지역에 주택이 있는 상태에서 조정대상지역에 신규주택을 취득한 경우에도 요건에 부합하다면 비과세 혜택을 받을 수 있다. 〈표 28〉은 앞서 살펴본 1세대 2주택 관련 양도소득세 비과세 특례 사례들을 정리한 것이다.

〈표 28〉 1세대 2주택 비과세 특례 사례 정리

유 형	비과세 적용 요건
종전주택 + 일반주택	종전주택을 취득하고 1년이 지난 후 일반주택을 취득하고, 일반주택 취득일로부터 3년 이내에 종전주택 양도
상속주택 + 일반주택	일반주택 양도
공동상속주택 + 일반주택	일반주택 양도
동거봉양을 위한 일반주택 + 일반주택	동거봉양을 위한 합가일로부터 5년 이내 먼저 양도한 주택
혼인으로 인한 일반주택 + 일반주택	혼인일로부터 5년 이내 먼저 양도한 주택
농어촌주택 + 일반주택	일반주택 양도
재개발·재건축에 따른 대체주택	사업시행인가일 이후 그 대체주택을 취득하여 1년 이상 거주+ 관리처분계획에 따라 취득하는 주택이 완성된 후 2년 이내에 그 주택으로 세대원 전원이 이사하여 1년 이상 거주 + 관리처분계획에 따라 취득하는 주택이 완성되기 전 또는 완성된 후 2년 이내에 대체주택 양도
거주주택 + 장기임대주택	거주주택 양도(2년 이상 보유 + 2년 이상 거주)
주택 + 입주권	관리처분인가 후 새로운 주택을 취득하고 3년 내 입주권 양도
대체취득	① 종전주택을 취득한 날부터 1년 이상이 지난 후 대체주택을 취득 ② 대체주택을 취득한 날로부터 3년 이내(조정대상지역 2년 이내)에 종전주택을 양도할 것 ③ 종전주택 양도일 현재 1세대 1주택 비과세 요건(2년 보유 또는 2년 거주)을 충족할 것

04 조정대상지역에 대한 규제사항

1) 조정대상지역이란?

〈표 29〉를 보면, 우리나라의 부동산 규제지역(2019.8.기준)은 조정대상지역, 투기과열지구, 투기지역으로 구분되어 있다. 이 중 지역 범위가 가장 포괄적이고 그나마 규제가 덜한 지역이 조정대상지역이다. 다음은 투기과열지구이고 규제가 가장 심한 지역은 투기지역이다. 서울의 경우 전 지역이 조정대상지역이면서 투기과열지구에 해당한다. 따라서 조정대상지역에 해당되는 규제는 서울의 경우 전부 적용된다.

반대로 투기지역에 적용되는 규제는 투기과열지구와 조정대상지역의 일부에만 적용된다. 물론 이러한 규제지역은 정부 정책에 따라 추가되거나 없어지기도 하므로 투자를 결정하기 전에 파악할 필요가 있다. 여기서는 규제지역 중 조정대상지역에 한정하여 살펴본다.

〈표 29〉 조정대상지역, 투기과열지구, 투기지역 구분

구분	조정대상지역	투기과열지구	투기지역
서울	전 지역(25개 구)	전 지역(25개 구)	강남, 서초, 송파, 강동, 용산, 성동, 노원, 마포, 양천, 영등포, 강서 (11개 구)
경기	과천, 성남, 하남, 고양, 광명, 남양주, 동탄2(7개 시)	과천시, 성남시 분당구, 대구시 수성구	-
부산	해운대, 수영, 동래(3개 구)	-	-
기타	세종시(행복도시)	세종시(행복도시)	세종시(행복도시)

* 자료 : 국토교통부

2) 양도소득세 강화 및 장기보유특별공제 배제

조정대상지역 내 다주택자인 경우, 2018년 4월 1일 이후는 양도소득세 산정 시 장기보유특별공제가 없어지고 〈표 30〉의 2주택, 3주택에 해당하는 중과세율이 적용된다. 단, 조정대상지역이라도 1세대 1주택자 경우에는 장기보유특별공제가 적용된다. 1세대 2주택자는 일반세율에 10%(16~52%)를 가산하고, 1세대 3주택일 경우에는 20%(26~62%)를 중과한다. 여기에 지방소득세까지 포함하면 최고 68.2%까지 올라간다.

〈표 30〉 조정대상지역 다주택자 양도소득세율

과세표준	세율(%)			누진공제액(만 원)	산식
	기본세율	2주택자	3주택자		
1,200만 원 이하	6	16	26	0	과세표준 = 양도가액 - (취득가액 + 대수선비용 + 양도비용 + 장기보유특별공제) - 250만 원(기본공제)
4,600만 원 이하	15	25	35	108	
8,800만 원 이하	24	34	44	522	
1억 5천만 원 이하	35	45	55	1,490	
3억 원 이하	38	48	58	1,940	
5억 원 이하	40	50	60	2,540	
5억 원 초과	42	52	62	3,540	

예를 들어, 1세대 1주택을 2년 이상 보유(2017년 8월 2일 이후에 조정대상지역 내 주택을 취득했다면 2년 이상 거주)한 상태에서 추가로 주택을 취득하여 2주택자가 된 경우, 3년 이내에 기존주택을 처분하면 비과세된다. 단, 2018년 9월 14일 이후 조정대상지역 내 주택을 취득했다면 2년 내 기존주택을 처분해야 비과세 적용이 된다. 간혹 취득 및 양도일자를 잘못 계산해 비과세를 적용받지 못해 세금 폭탄을 맞는 경우가 생긴다. 즉, 3년 이내에 기존주

택을 처분하지 못하고 3년 하고 하루가 지나 처분하면 어떻게 될까? 단순히 비과세만 못 받는다고 생각하면 오산이다. 비과세를 못 받는 것은 물론 처분한 주택이 조정대상지역에 있다면 중과된다. 이 경우 10%가 가산되고 장기보유특별공제도 받지 못한다.

대부분 다주택자가 조정대상지역의 입주권을 양도하면 중과되는 것으로 알고 있지만 중과 대상이 아니다. '다주택자 + 입주권'을 소유한 경우 주택을 먼저 양도하면 입주권을 주택으로 보지만, 입주권을 먼저 양도하면 주택으로 보지 않기 때문에 '다주택자 + 입주권'을 소유한 사람이 조정대상지역 내 입주권을 양도하더라도 기본적으로는 중과되지 않는다. 단, 입주권 취득일로부터 1년 이내에 양도할 경우에는 단기양도로 보아 40%의 중과세율이 적용된다.

3) 1세대 1주택 비과세

먼저 2017년 8월에 조정대상지역 내 주택을 취득한 경우 주의해야 할 것은 '취득' 개념이다. 예를 들어, 2017년 8월 2일 이전에 매매계약을 체결하고 잔금까지 청산한 경우에는 조정대상지역의 해당 주택에 대해 1세대 1주택 판정 시 2년 거주요건을 적용하지 않고 2년 보유 요건만 따진다. 또한 계약체결일 현재 무주택자인 경우, 2017년 8월 2일 이전에 매매계약을 체결하고 8월 2일 이후에 잔금을 청산했다 하더라도 2년 보유만 하면 된다.

그런데 매매계약 당시 1주택을 보유한 상태에서 조정대상지역의 주택을 추가로 취득할 경우, 2017년 8월 2일 이전에 매매계약은 체결하였으나 8월 2일 이후 잔금을 지급했다면 취득시점이 8월 2일 이후이므로 1세대 1주택 판정 시 2년 거주요건을 갖추어야 한다. 따라서 조정대상지역에 있는 주택을 2017년 8월 2일 이후에 취득할 경우 1세대 1주택 비과세 여부를 판정할 때는 '2년 보유 + 2년 거주'로 요건이 강화되었다.

4) 청약 관련 제재 강화

지금까지 조정대상지역의 양도소득세 강화, 중과세, 장기보유특별공제 배제, 1세대 1주택 비과세 관련 내용을 살펴보았다. 이외에도 조정대상지역의 청약자격 요건도 강화되었다. 청약 1순위 자격요건은 청약통장 가입기간이 2년 이상이고 월 1회 납입기준 24회 이상이거나 납입금이 청약예치금의 기준금액 이상이 되어야 한다. 게다가 청약가점제 적용비율이 확대되어 1순위로 당첨될 확률이 대폭 줄었다. 조정대상지역의 오피스텔은 소유권이전등기 시까지 전매가 제한되고 지역거주자에게 우선권을 주도록 하고 있다.

5) 분양권 양도 시 50% 중과

〈표 31〉에서 보듯이, 8·2 대책에 따라 2018년 4월 1일 이후 조정대상지역 내에서 분양권을 전매할 경우 보유기간에 관계없이 50% 중과세율이 적용된다. 다만, 무주택자로서 ① 양도 당시 다른 분양권이 없고,

〈표 31〉 조정대상지역 분양권 양도소득세율

조정대상지역의 분양권 양도	양도소득세율(%)		
	1년 미만	1년 이상 2년 미만	2년 이상
무주택자로서 ①, ② 요건을 충족하고 양도	50	40	6~42 (기본세율)
그 외의 분양권 양도	50		

② 30세 이상 또는 30세 미만으로서 배우자가 있을 경우(단, 배우자의 사망, 이혼의 경우 포함)에는 1년 미만 50%, 1년 이상 2년 미만은 40%, 2년 이상은 6~42%의 기본세율이 적용된다.

그러나 조정대상지역이라도 오피스텔 분양권의 경우에는 2018년 4월 1일 이후에 양도하더라도 50% 중과는 되지 않는다. 8·2 대책에서도 조정대상지역 내 분양권 양도 시 50% 중과세율이 적용된다고 하는데, 오피스텔 분양권이 포함되는지에 대한 언급이 없기 때문이다.

또한 분양권은 장기보유특별공제가 배제되는 것이 원칙이지만 관리처분계획인가 전 취득한 원조합원의 경우에는 주택 취득일로부터 관리처분계획인가일까지의 기간에 대해서는 장기보유특별공제를 받는다. 따라서 입주권을 취득한 승계조합원의 경우에는 주택을 취득한 것이 아니고 입주권, 다시 말하면 조합원의 권리를 취득한 것이므로 장기보유특별공제를 받을 수 없다. 또한 조정대상지역 내 주택의 분양계약을 2017년 8월 2일 이전에 계약하고 계약금을 지급하였으나, 8월 2일 이후에 그 지분 중 2분의 1을 배우자에게 증여한 경우에도 2년 보유만 하면 되고 2년 거주요건은 필요 없다.

6) 입주권 양도 시 추가과세 배제

8·2 대책에서 다주택자 중과여부는 조합원입주권도 주택 수에 포함하여 판단한다. 따라서 1주택과 1입주권을 보유한 경우 1주택을 양도하면 입주권도 주택 수에 포함되므로 2주택 중과가 적용되고, 1주택과 2입주권을 보유하다가 1주택을 양도하면 3주택 중과가 적용된다. 따라서 1주택과 1입주권을 보유하다가 주택을 먼저 양도할 경우에는 입주권을 주택 수에 포함시킨다.

그러나 1주택과 1입주권을 보유한 상태에서 입주권을 먼저 양도할 경우에는 입주권을 주택으로 보지 않는다. 입주권 그 자체는 주택이 아니기 때문이다. 입주권은 부동산을 취득할 수 있는 권리에 불과한 것이지 주택이 아니라는 의미다. 따라서 조정대상지역이라 하더라도 입주권을 먼저 양도할 경우에는 중과가 적용되지 않는다.

다만 입주권을 양도할 때 비과세 적용을 받기 위해서는 관리처분계획인가 시점에서 비과세 요건(2년 이상 보유+관리처분계획인가 시점에 1주택 보유)을 갖추고 있어야 한다. 과거에는 관리처분계획인가 당시 2년만 보유하면 비과세 요건이 되었으나, 8·2 대책 이후 조정대상지역의 주택에 대한 비과세 요건은 2017년 8월 2일을 기준으로 차이가 있다. 기준일 이전에 취득한 주택은 관리처분계획인가 당시 '2년 보유'만 하면 되고, 기준일 이후에는 관리처분계획인가 당시 '2년 보유+2년 거주' 요건을 갖추어야 비과세된다.

여기서 하나의 의문이 생긴다. 정비구역 내 주택으로 관리처분계획인가 당시에는 2년 보유 요건을 충족하지 못했는데 철거될 시점에서는 2년 보유 요건이 충족되었을 경우, 비과세 적용이 되는가 하는 점이다. 결론부터 말하면 비과세 적용이 된다. 앞서도 언급했듯이 정비구역 내 주택의 경우 관리처분계획인가가 나면 입주권으로 전환되어 취득세를 토지분으로 납부하는 것이 원칙이지만 실질과세와 현황과세원칙에 따라 주택이 철거될 때까지는 주택분으로 취득세를 납부한다. 따라서 관리처분계획인가가 나서 입주권으로 전환된 주택이라 할지라도 철거되지 않은 채 거주했다면 예외적으로 철거 전까지는 주택으로 본다.

05 관리처분계획인가 후 조합원 간 평형 및 동·호수 교환 시 양도소득세

　흔한 경우는 아니지만 정비사업 구역 내에서 관리처분계획인가 후 조합원 상호 간에 평형이나 동·호수를 교환하는 경우, 국세청에서는 교환거래로 보아 양도소득세가 과세된다고 유권해석하고 있다.

06 1+1에 대한 양도소득세

1+1에 대한 양도소득세를 논하기 전에 우선 1+1을 분양신청할 수 있는 조합원 자격요건을 살펴보자. 재개발사업에서 새 아파트에 입주할 수 있는 입주권은 '1세대당 1입주권'이 원칙이지만 일정 요건을 충족할 경우에는 2개의 입주권이 주어진다. 일정 요건이란 '주거전용면적요건' 과 '가격요건'을 말한다.

먼저 주거전용면적요건이란 종전주택의 주거전용면적을 말한다. 예를 들어 1층 근린생활시설 50㎡, 2층 주택 50㎡인 상가주택을 소유한 조합원의 경우 입주권을 2개 받을 수 있는 면적을 계산할 때는 1층 근린생활시설을 제외한 주거전용면적인 50㎡만 면적으로 산정한다.

종전주택의 주거전용면적의 범위란 순수 주거전용면적이므로 공급받을 2개의 주택면적의 합이 건축물대장상 주택연면적의 범위 내에 있어야 한다. 그리고 2주택을 공급받을 경우, 1주택은 주거전용면적 60㎡ 이하여야 한다. 또한 60㎡ 이하로 공급받은 1주택은 〈도시정비법〉 제54조제2항에 의거 이전고시일 다음 날부터 3년이 지나기 전(상속 제외)에는 주택을 전매(매매, 증여나 그 밖에 권리의 변동을 수반하는 모든 행위를 포함)하거나 이의 전매를 알선할 수 없다. 동시에 조합원 특별제공 품목이 없을 뿐만 아니라 경우에 따라서는 조합원분양가 적용을 받지 못할 수도 있으므로 해당 조합에 확인할 필요가 있다.

다음은 가격요건이다. 가격이란 감정평가액(종전자산평가액)을 말하며 권리가액(감정평가액×비례율)이 아닌 비례율을 제외한 순수감정평가액임을 주의해야 한다. 즉, 공급받을 입주권 2개의 조합원분양가를 합한 가격이 종전자산평가액의 범위 내에 있어야 한다.

　부산시 남구 어느 재개발구역의 실제 사례를 통해 살펴보자. 건축물 연면적이 180㎡인 3층 주택을 소유한 조합원 A의 감정평가액은 1억 원, 조합원분양가는 3.3㎡당 1,000만 원이다. 감정평가액의 범위는 조합원분양가 기준 59Type은 2억 5,000만 원인 경우, A는 가격의 범위를 초과하지만 종전주택의 주거전용 연면적이 180㎡이므로 59Type과 85Type 각각 1개씩 공급받을 수 있다.

　또 다른 사례를 보자. 2층 주택을 소유하고 있는 조합원 B는 감정평가액이 6억 원이고 건축물대장상 연면적은 110㎡, 조합원분양가는 3.3㎡당 1,000만 원이다. 종전주택 연면적이 110㎡로 59Type을 신청하고 남는 면적이 51㎡ 밖에 되지 않으므로 더 높은 Type의 입주권 2개를 받을 수 있는 면적 범위에 들지 못한다. 그러나 감정평가액이 6억 원이고 조합원 분양가가 3.3㎡당 1,000만 원이므로 59Type과 84Type을 각각 1개씩 공급받을 수 있게 되는 것이다.

　정리하면, 조합원의 감정평가액이 공급받는 2주택의 조합원 분양가격의 합보다 크거나, 건축물대장상의 주거전용면적이 공급받는 2주택의 전용면적의 합보다 클 경우에는 2개의 입주권을 받을 수 있다. 면적이 크거나, 감정평가액이 높아 큰 Type의 입주권 2개가 가능한 경우라 하더라도 공급받는 2개의 입주권 중 1개는 전용면적 60㎡ 이하 주택이 포함되어야 한다. 사실 2개의 입주권이 조합원분양가로 공급된다는 것도 혜택인데 거기에 큰 Type의 주택을 두 채나 준다면 투기의 목적으로 악용될 수 있고 결과적으로 정부가 방치하는 모양새가 될 수 있기 때문에 제한을 하는 것이다.

입주권 2개와 관련하여 자주 질문을 받는 것 중 하나는 완공되기 이전에 전매가 가능한지의 여부다. 결론부터 말하면 가능은 하다. 그러나 2개의 입주권은 사실 하나의 조합원 권리에서 뻗어 나온 것이기 때문에 따로따로 매매할 수는 없고, 2개의 입주권을 동시에 이전해야 한다. 무허가건축물의 경우에도 이 같은 두 요건을 충족하면 당연히 2개의 입주권이 주어진다.

또한 상가주택의 경우에도 감정평가액이 주택의 입주권을 받고도 권리가액이 구역 내에 건립되는 상가의 최소면적분양가액을 초과할 경우 상가도 받을 수 있다. 재개발·재건축은 '1조합원 1입주권'이 기본 원칙이었다. 그러나 재개발·재건축이 활성화되면서 감정평가액이나 면적이 큰 조합원이 상대적으로 불이익을 받는 형태가 반복되자 2012년 2월 법이 개정되어 일정 요건을 갖춘 조합원에 한하여 1조합원 2입주권이 가능하게 된 것이다. 이와 같은 법 규정에도 불구하고 재개발은 구역마다, 조합마다 차이가 있기 때문에 1조합원 2입주권의 경우 조합정관이나 약관상에 관리처분을 해야 가능하기 때문에 지자체나 해당 조합에 확인해야 한다.

한편 재건축사업에서 입주권은 '대지 지분 + 건축물 소유자 및 복리시설(대지 포함) 소유자' 중 조합에 가입한 조합원에게 주어진다. 재개발사업과 달리 조합에 가입하지 않을 수 있지만 이때는 매도청구권이 인정된다. 재건축구역의 지형 여건이나 주변 환경상 불가피하게 포함된 일부 단독주택이나 다세대주택 등의 소유자도 적법한 행정절차와 총회 의결을 거쳐 조합원이 되면 입주권을 받을 수 있다.

다만, 상가 등 복리시설 소유자에게는 재건축된 복리시설에 대한 입주권만 주어진다. 재건축은 재개발과 달리 상가 소유자는 아파트는 받을 수 없고 상가로만 분양받을 수 있다. 또 재건축 대상 주택의 세입자도 일정 요건을 갖추면 신축 임대주택에 대한 입주권을 받을 수 있다. 일정 요건이란 구역지정공람공고일 3개월 전부터 전입신고하고 거주하면 된다. 2주택을 소유하고 있는 조합원 역시 원칙적으로는 2개의 입주권이 배정되지만 투기지역이나 투기과열지구인 경우에는 1개의 입주권만 주어지고 다른 주택은 현금청산 대상이 된다.

이제 1+1 관련 양도소득세에 대해 알아보자. 국세청에서는 2016년 2월 23일 조합원이 분양신청 시 1+1을 신청하면 2주택에 해당한다고 유권해석(2016 법령해석집 2865)을 내린 바 있다. 이의 적용시점은 관리처분계획인가 후 분양계약체결일이 될 것으로 예상되지만, 사실 1+1은 하나의 뿌리에서 세포 분열된 것에 불과한데 2주택으로 본다는 것은 다소 불합리한 측면도 있어 보인다. 앞서 언급했듯이 1+1 중 작은 것 즉 60㎡ 이하는 준공 후 3년 이내에는 양도하지 못하고 나머지 큰 것도 양도하더라도 소유권이전 때까지는 공동소유 형태로 있다가 준공 후 소유권이전고시가 되어야 분리가 가능하다.

그러나 국세청에서도 아직은 1+1의 경우 양도소득세를 어떻게 계산하여 부과할 것인지 구체적으로 제시한 바는 없다. 과세당국에서도 1+1을 2주택으로 간주하여 양도소득세를 부과한 경우는 아직 없지만 양도소득세를 부과한다면 기존 세법 틀에서 보면 추론은 가능하다. 취득시기는 종전자산의 취득일, 취득가액은 1+1의 각 면적에 비례하여 안분할 것으로 예상된다. 그리고 장기보유특별공제가 가능하다면 종전자산의 당초 취득일로부터 관리처분계획인가까지의 기간과 준공 후 실제 양도일까지의 기간을 합한 기간이 되는 것이 합리적이다. 따라서 1+1의 유불리를 단정하기는 어렵다. 개별 조합원들의 자금사정, 가족

관계, 주택보유 현황 등이 다르기 때문이다.

만약 1세대 1주택자인데 자금이 필요하다면 작은 평형을 신청하고 환급금(청산금)을 받는 것이 세부담도 줄일 수 있으므로 유리할 것이고, 다주택자인 경우에는 환급금을 받으면 그에 대한 양도소득세도 납부해야 하므로 우선 1+1을 신청해 놓고 기다려보는 것도 방법이다. 그리고 부동산을 많이 보유하고 있어 양도 시 세부담이 큰 경우에는 가급적 환급금 수령액을 최소화하는 것이 유리할 수 있다. 따라서 권리가액 범위 내에서 최대한 주택 및 상가로 분양신청을 확대하는 것도 좋은 방법이 될 수 있다. 물론 임대사업자 등록을 하는 것도 세부담을 경감시킬 수 있는 방법이다.

# 입주권 상태라도 주택이 철거되지 않으면 보유기간으로 인정된다

관리처분계획인가를 받으면 주택이 철거되지 않더라도 입주권으로 간주한다. 입주권으로 변하면 취득세는 물론 여러 측면에서 변화가 생기는데 특히 양도소득세 산정 시 유의해야 한다. 주택의 경우 관리처분계획인가일 이전에는 주택으로 보지만 이후에는 주택을 취득하더라도 주택이 아닌 입주권으로 본다. 입주권은 주택 수에는 포함되나 매도 시에는 주택으로 보지 않기 때문에 양도소득세가 중과되지는 않는다.

여기서 1세대 1주택 비과세 요건(2년 이상 보유, 취득 당시 조정대상지역인 경우 2년 이상 거주) 산정 시 주택 보유기간을 계산할 때 입주권 상태가 되면 보유기간으로 인정해 주지 않는 것이 원칙이다. 그러나 관리처분계획인가일 이후에도 사실상 철거될 때까지는 주택으로 사용하는 경우가 일반적이다. 따라서 이 기간을 보유기간으로 인정해 주지만 보유기간으로 인정받기 위해서는 주택으로 사용했다는 것을 입증해야 한다. 예를 들면, 전기·수도요금고지서 등을 보관해 두는 것이다.

세무회계 전문 사이트인 비즈앤택스bizntax에서도 조합원 입주권이 비과세받으려면 관리처분인가일 이전에 비과세 요건을 충족해야 하는데 관리처분인가일까지 비과세 요건을 충족하지 못하더라도 관리처분인가일 이후에도 종전주택이 멸실되지 않고 상당 기간 현실적으로 주거용으로 사용되었다면 비록 조합원 입주권 상태라 하더라도 주택으로 보아 보유기간 및 거주기간을 계산할 수 있다고 설명하고 있다.

관리처분인가일 이후 멸실되지 않고 계속 주거용으로 사용되다가 멸실되었다면 멸실일까지를 주택으로 사용한 기간으로 보며, 멸실일 이전에 퇴거하여 주거용으로 사용하지 않았다면 퇴거일까지를 주택으로 사용한 기간으로 본다는 것이다. 따라서 현실적으로 멸실 이전에 퇴거할 것이므로 보유기간 및 거주기간은 종전주택 취득일부터 퇴거일까지로 보는 것이 타당해 보인다.

주택이 철거되고 난 이후에 구입하는 주택은 준공일 전까지는 보유기간으로 인정받지 못하고, 아파트가 완공되어 준공검사나 사용승인을 득한 시점부터 비로소 보유기간으로 인정된다.

> A는 부산 남구의 관리처분인가가 난 재개발구역 조합원입주권을 매입하여 3년간 공사가 끝나고 아파트에 입주한 후 6개월 정도 거주하던 A가 주택을 매도한 경우, 양도소득세는 어떻게 되는가?

결론부터 말하면 비과세 혜택도 볼 수 없고, 차익에 대해 양도소득세를 납부해야 한다. A가 실제 보유한 기간이 3년 6개월이기 때문에 비과세 요건을 충족했다고 생각할 수 있지만 앞서 입주권으로 보유한 기간은 양도소득세 비과세기간 산정에서 제외된다고 했다. 따라서 A의 실제 보유기간은 입주 후 주택으로 거주한 기간 6개월만 인정하여 1년 이내에 양도한 것으로 보아 양도소득세 50%를 납부해야 한다. 이 경우 A가 입주하기 전 입주권 상태에서 매도하면 일반세율을 적용받을 수 있다.

08 분양권 전매와 미등기 전매

부동산시장이 흐림에도 불구하고 여전히 입지가 우수한 아파트의 청약에 당첨되는 것은 '로또'에 비유된다. 당첨되는 즉시 가격이 오르기 때문이다. 당첨을 자축하는 의미로 저녁에 술 한 잔 하고 있으면 어떻게 알았는지 귀신처럼 전화가 온다. 프리미엄을 얹어줄 테니 넘기라는 것이다. 내가 산 가격보다 높은 프리미엄을 제시한다면 응당 그 사람에게 소유권을 넘기고 싶은 마음이 생기기 마련이다. 바로 미등기 전매다.

미등기 전매와 분양권 전매는 다르다. 분양권 전매는 합법이지만 미등기 전매는 불법이다. 분양권 전매는 분양권을 취득해 등기하기 전, 즉 잔금청산일 전에 분양권을 양도하는 것이다. 전매금지 기간이 정해져 있는 경우 그 금지기간 안에 전매하는 경우가 아니라면 합법이며 계약의 효력도 유효하다. 전매가 합법적인 경우라면 취득세는 최종소유자 한 명만 내면 된다.

분양권 전매의 세율은 지방소득세를 포함하여 1년 미만 55%, 2년 미만은 44% 그리고 2년 이상 보유 시 6.6~46.2%이다. 그러나 미등기 전매는 소유권 이전에 다른 각종 세금을 내지 않아도 되기 때문에 유혹을 뿌리치기 힘들지만 이런 유혹에 넘어가면 곤란하다. 한 마디로 패가망신의 지름길이다.

등기는 잔금청산 후 60일 내에 하도록 되어 있는데 등기를 하지 않고 소유권을 넘기는 미등기 전매는 불법이다. 세금을 피하기 위해 등기를 하지 않고 부동산을 매매한 것이기 때문이다. 등기를 하지 않음으로 인해 탈루하는 세금은 소유권 이전과 관련한 취득세, 농어촌특별세, 지방교육세 등이다. 거기다 매수자의 동의로 양도소득세를 피할 수도 있다. 미등기 전매를 규제하는 가장 큰 이유는 단기간의 시세차익을 노리는 투기꾼들의 횡포를 막는 데 있으므로 과세당국이 이런 걸 용납하지 않는다.

그럼에도 불구하고 미등기 전매를 하면 어떻게 될까? 먼저 처벌이 무시무시하다. 미등기 전매는 〈부동산등기특별조치법〉 위반으로 1년 이하의 징역이나 3,000만 원 이하의 벌금을 물릴 수 있다. 또한 〈조세범처벌법〉 위반으로 3년 이하의 징역 또는 포탈세액의 3배 이하에 해당하는 벌금이 부과될 수 있다. 또한 미등기 전매의 양도소득세율은 지방소득세를 포함하여 77%의 세율로 과세할 수 있다. 미등기 전매로 챙긴 이익을 세금으로 추징하겠다는 것이다. 이뿐만 아니라 아무리 오래 보유했더라도 장기보유특별공제와 기본공제를 받지 못한다.

09 다주택자 중과 제외 기준

 다주택자의 경우 조정대상지역 내 주택을 팔면 2주택자는 기본세율 6~42%에 + 10%, 3주택 이상은 기본세율에 + 20%를 중과한다. 그러나 조정대상지역이라 하더라도 수도권, 광역시 및 세종시를 제외한 지역에 있는 기준시가 3억 원 이하(저가주택)의 주택이나 장기임대주택 등은 양도소득세 중과가 적용되지 않는다. 따라서 수도권과 광역시 및 세종시를 제외한 지역의 기준시가 3억 원 이하 주택은 다른 주택의 중과여부를 판단할 때는 주택 수에서 제외되지만, 비과세 여부를 판단할 때는 주택 수에 포함된다.

10 주택은 1년 이상 보유하라

양도소득세의 기본 법정신은 매수했으면 단기간에 매도하지 말라는 것이다. 부동산 투기를 방지하기 위해서다. 따라서 주택은 최소 2년 이상 보유해야 기본세율이 적용되는 것으로 알고 있다가 시기를 놓쳐 팔지 못하고 보유하고 있는 경우가 있다. 그러나 주택이나 조합원입주권의 경우에는 보유기간 1년 미만 40%, 1년 이상이면 기본세율을 적용한다. 다만, 분양권은 주택으로 보지 않기 때문에 보유기간 1년 미만 50%, 2년 미만 40%가 세율이 적용되고 2년 이상이 되어야 기본세율을 적용한다는 차이가 있다.

도 랑 치 고 가 재 잡 는 재 개 발 재 건 축

제 6 장

재개발·재건축 투자의 3요소

01 입지

1) 강남은 그림의 떡이자 희망고문이다

『바벨탑 공화국』에서 저자는 서울 초집중화의 빨대로 이용되고 있는 대표적인 것으로 대학과 대기업을 꼽았다. 서열이 높은 대학의 80% 이상이 서울에 몰려 있어 지방의 우수한 인재들과 돈을 빨대처럼 빨아들이고 있다. 출생률 저하 등에 따른 학생 감소로 정부가 추진하는 대학 정원 감축 프로젝트의 75%가 지방대이고 서울의 주요 대학들은 오히려 정원이 늘고 있다.

2017년 8월 〈경향신문〉에서 조사한 문재인 정부의 청와대 수석, 장관 등 주요 요직의 출신대학을 보면 서울대 90명, 고려대 24명, 연세대가 16명으로 나타났다. 61%가 소위 말하는 'SKY' 출신이다. 사실 1,500만 촛불은 박근혜 정부의 아웃만 외친 것은 아니었다. 그 밑바닥에는 새로운 세상에 대한 변화의 요구가 있었다. 세계사적으로도 위대한 혁명으로 불리는 촛불혁명으로 정권을 잡은 정부도 별반 달라지지 않았다. 박근혜 정부 출범 초기의 SKY 출신 50.5%보다 오히려 증가했다.

많은 국민들이 촛불을 들고 힘을 합쳐 SKY 대학을 밀어준 꼴이다. 물론 그들의 능력이 뛰어난 부분도 있겠지만 더 중요한 것은 지역과 학교의 안분으로 인한 국가적·지역적 공익이 더 크다. 공공기관을 지방으로 이전하는 것보다 서울의 유명 대학을 지방으로 이전하고, 정부 주요 요직에 지방대생을 일정 비율 충원하는 것이 지역균형 발전에 더 효과적이라는 전문가들의 외침은 공허한 메아리로 남는다.

대기업도 마찬가지다. 50대 기업의 100%가 서울에 본사를 두고 있다. 대학이나 기업뿐만 아니라 정치, 경제, 사회, 문화 전 분야에 걸쳐 서울 집중화는 가속화되고 있다. 풀뿌리 민주주의니 공공기관 지방이전을 통한 지역균형발전이니 요란스럽지만 진짜 알맹이는 서울에 몰려 있어 지방은 서울의 노예이자 하청업체에 불과하다.

영화 〈강남 1970〉에서 주인공은 오토바이를 타고 가면서 '작대기만 꽂으면 모두 내 땅이다'라고 했던 땅이 오늘날 강남이다. 당시 서울 변두리의 강남은 황무지와 논밭으로 별 쓸모없는 땅이었다. 그 강남이 오늘날 강남으로 변신하는 데 가장 큰 역할을 한 것은 경기고, 휘문고, 숙명여고 등과 같은 명문고의 강남 이전에서 시작되었다는 것이 많은 전문가들의 분석이다.

부동산 관련 책이나 소위 전문가들은 하나같이 좋은 투자처나 입지의 예로 강남을 든다. 그러나 필자는 가급적 강남 사례를 언급하지 않는다. 강남이 나빠서가 아니라 강남이 좋다는 것은 삼척동자도 다 아는 사실이다. 사실 강남에 투자할 여력이 된다면 굳이 부동산 입지나 정책에 대해 머리를 싸맬 필요가 없다. 소위 묻지마식으로 투자해도 괜찮은 곳이 강남이다. 전 국민의 로망인 강남은 입지 그 너머의 욕망의 화신이다.

현실을 보라. 국민의 95%는 강남이 아무리 좋아도 투자할 수 없는 그림의 떡일 뿐이다. 부동산 강의장을 꽉 메운 사람들, 부동산 지표를 챙기는 사람들 대부분은 강남에 투자할 여력이 없다. 돈이 많아 강남에 투자할 여력이 되거나 이미 투자한 부류라면 사실 부동산 공부하는 대신 골프 치면 된다. 강남에 투자할 여력이 안 되니까 적은 돈으로 투자할 곳을 찾으려다 보니 임장을 다니고 힘들게 공부한다. 따라서 소액투자자들, 강남에 투자할 여력이 안 되는 사람들이라면 강남을 머릿속에서

지우는 것이 정신건강에 좋다. 희망 고문일 뿐이다.

부산의 핵심상권인 서면도 마찬가지다. 우리나라에서 20대 상권 전국 1위를 기록하고 있는 서면 중심가의 땅값은 3.3㎡당 1억 5,000만 원 수준이다. 부산 사람들 역시 95%는 이런 곳에 투자할 여력이 안 되는 것이 현실이다. 투자란 자신의 능력 범위 내에서 최상의 입지와 투자처를 찾는 것이지 희망만으로 되는 것이 아니다.

입지와 관련하여 최근에는 '슬세권'이 각광받고 있다. 맥세권(맥도날드)이나 스세권(스타벅스)은 이젠 옛말이 되었다. '슬세권'은 '슬리퍼 + 세권'의 합성어로 잠옷과 같은 편한 복장으로 슬리퍼를 신고 마트, 쇼핑몰, 영화관, 커피전문점, 은행 등과 같은 편의시설을 이용할 수 있을 정도로 편리한 주거 권역을 의미한다.

슬세권이 등장하게 된 가장 큰 이유는 기본적으로 젊은 세대 중심의 1~2인 가구 증가와 맥락을 같이한다. 대형마트보다 온라인 쇼핑에 익숙하고 편의점에서 물건을 구매하는 것이 익숙한 젊은 세대들이 주거지를 결정할 때 마트와 같은 쇼핑시설보다는 편의시설 여부를 중요하게 생각하는 것이다.

실제로 신한카드 빅데이터센터인 〈신한트렌디스〉 분석(2017년)에 따르면, 집 주변 500m 이내에서 카드 결제한 비중이 무려 45%에 달했다. 이는 3년 전의 37%보다 8% 증가한 수치다. 거주지를 멀리 벗어나지 않고 집 주변에서 소비한 비중이 증가하고 있다는 것을 나타내 주고 있다. 집 앞 상권이나 단지 내 상가로의 투자 수요가 집중되는 추세에 발맞추어 최근 오픈한 롯데몰 수지점은 슬세권 공략을 주요 전략으로 내세운 대표적인 사례다. 반경 1km 이내에 2만 가구가 거주하고 있는데다 쇼핑몰, 마트, 시네마 등 각종 편의시설이 입점해 있을 뿐만 아니라 쇼핑몰에서는 보기 드물게 아이스링크장과 암벽등반장까지 들어섰다.

이처럼 온갖 편의시설이 몰린 입지가 우수한 대도시의 경우 도시확장을 규제하는 정책의 부작용으로 인한 주택가격 상승은 살인적이다. 그 어떤 정책과 규제로도 편리함을 추구하고자 하는 인간의 욕망을 이길 수는 없다.

한 조사에 의하면, 2000년에 빈곤했던 지역의 75%는 10년이 지난 후에도 여전히 가난했고, 반대로 1990년에 부유했던 지역의 80%는 20년 뒤에도 여전히 부유했다. 부동산 계급사회가 갈수록 고착화되고 있다. 우리가 사는 우편번호가 우리의 운명을 좌우하고 있다.

『도시는 왜 불평등한가』의 저자이자 '도시기획 분야의 석학'으로 불리는 리처드 플로리다 교수Richard Florida는 얼마 전 경기도 일산 킨텍스에서 열린 '2019 월드 스마트시티 엑스포World Smart City Expo·WSCE' 기조연설자로 나서, 도시의 성장을 위해 스마트 발전, 지속가능성, 포용성이 필요하다고 강조하면서 "서울은 한 해에 100건의 벤처캐피털 계약을 체결하고 9억 5,000만 달러 상당의 벤처캐피털 투자금을 유치하는 등 전 세계 최상위권 경제적 경쟁력을 갖고 있다"면서, "일본, 이스라엘, 미국 등과 맞먹는 수준으로 보고 있으며 인재풀 면에서는 세계에서 1순위"라고 했다.

미국은 대도시에서 밀려난 비숙련 노동자들을 받아들일 수 있는 중소 규모 도시가 350개 이상 되지만 한국은 서울을 중심으로 지나치게 응집돼 있어 여러 사회적 문제가 되고 있다는 것이다. 그동안 서울의 집값을 잡겠다는 정부 정책이 실효성을 거두지 못하는 이유도 지나친 서울 집중화에 따른 공급부족 때문이다.

움직이는 도시들의 전쟁을 그린 영화 〈모털 엔진Mortal Engines〉, '상상

력의 대가'라 불리는 피터 잭슨Peter Jackson의 또 다른 세계를 확인해 볼 수 있는 영화다. 클라이맥스는 바로 압도적이고 거대한 스케일의 비주얼이다. 도시가 통째로 움직이고 달리는 모습이 웅장하다. 영화 속 움직이는 도시는 바로 세계적인 도시 '런던'인데, 서울 전체가 움직인다고 상상하면 된다. 3,000년대라는 먼 미래를 그리고 있음에도 인간의 기본적 가치는 변하지 않을 것이라는 메시지를 품고 있다. 대도시의 땅따먹기 경쟁이 심해지면 결국 영화 속 하늘의 공중도시, '에어헤이븐'이 현실화 될지도 모를 일이다.

2) 입지는 만병통치약이 아니다

입지location의 사전적 의미는 인간이 경제활동을 하기 위하여 선택하는 장소를 의미한다. 인간은 누구나 경제행위를 하며 살기 마련인데 어떤 부동산이 경제행위하기에 적합하고 접근하기에 용이하다면 우수한 입지를 갖추었다고 볼 수 있다. 사실 입지는 인류가 정착 생활하면서부터 고민하기 시작한 과제였다. 우리나라에서 주택의 경우 풍수지리에서 말하는 '배산임수'를 좋은 주택의 입지로 보고 있지만, 전 국민의 절반 이상이 아파트에 거주하다 보니 배산임수를 넘어 교통이나 편의시설이 밀집한 지역을 우수한 입지로 본다. 부동산 관련자들이 입지가 부동산 가격에 미치는 영향에 대해 다각도로 분석하는 이유이다.

혹자는 부동산 3대 요소로 첫째도 입지, 둘째도 입지, 셋째도 입지라고 한다. 부동산의 물리적 비이동성에 기인한 바가 크다. 그러나 경제적 효용 측면에서는 이미 고정되어 있지 않고 움직이는 존재가 되었다. 사실 '부동산 = 입지'라는 공식은 과거 지하철 노선이나 도로 여건이 원활하지 않았던 시절에는 중요한 평가 기준이었다. 그러나 투자 측면에서 보면 이제는 입지 너머의 심리를 파악해야 하는 것이 시대적 요구가 되었다. '부동산 = 심리'라는 명제가 확산되고 있다. 정부에서는 서울의 집값을 잡기 위해 고군분투하고 있지만 강남 아파트는 최고가를 경신하여 3.3㎡당 1억 원에 육박하고 있다.

최근 '대한민국 아파트는 일본산 쓰레기로 지어졌다'는 한 언론 기사가 큰 반향을 일으켰다. 우리나라에서 가장 대중적인 105㎡(32평) 아파트 건축에 들어가는 총시멘트 값은 150만 원에 불과하다고 한다. 3.3㎡(1평)가 아니라 105㎡(32평) 전체 그리고 복도와 지하주차장 공용면적을 포함한 총시멘트 비용이 150만 원이라고 한다. 105㎡ 아파트를 가장 낮은 시세인 약 3억 원으로 가정해 보면 시멘트 값 150만 원은 3억 원 중 겨우 0.5%에 불과하다. 평당 들어가는 시멘트 값이 고작 4만 7천 원인 아파트의 매매가가 1억 원이라는 것은 경제 논리만으로 설명하기에는 부족해 보인다. 단순한 주거 수준을 넘어 욕망의 분출구이자 권위의 상징이 된 것이다.

입지를 무시하라는 것이 아니라 대도시에서 좋은 입지는 이미 포화상태라는 것이다. 입지가 좋은 곳은 이미 주택이 들어섰다. 재건축이 아니고는 좋은 입지에 아파트를 지을 땅이 거의 없다. 그리고 현재 좋은 입지의 부동산을 보유하고 있는 사람이라면 후세에게 물려주지 매물로 나올 확률이 별로 없다. 입지를 강조할수록 '똘똘한 한 채'에 집착하기 때문이다. 사실 입지에 관한 정보는 넘쳐나고 있어 필자는 입지보다는 정부 정책이나 대중심리에 초점을 두고자 한다.

3) 서울 집값, 안 잡나 못 잡나?

통계청이 발표한 '2018 인구주택총조사'에 의하면, 외국인을 포함하여 우리나라에 거주하는 총인구(2018.11.1. 기준)는 5,163만 명으로 2017년 5,142만 명에 비해 0.4% 증가한 것으로 나타났다. 그중 서울, 인천, 경기를 포함한 수도권 인구는 2,571만 명으로 무려 전체 인구의 49.8%를 차지했는데, 2017년 2,552만 명에 비해 19만 명 증가했다. 우리나라 인구의 절반 정도가 수도권에 집중되어 있는데 탈지방화와 맞물려 수도권으로의 인구유입 현상은 계속될 것이다.

『목민심서』의 저자이자 조선 중기 대표적인 학자 정약용. 그는 단순히 글을 쓰고 기중기를 발명한 과학자에 그치지 않고 '여전제閭田制'(토지는 공동으로 소유하고 공공으로 경작하며, 그 수확 또한 공공으로 한다)를 실시하여 토지의 공공개념, 즉 오늘날의 토지공개념 필요성을 널리 전파하는 등 부동산에도 조예가 깊었다. 그는 무려 8대째 홍문관 벼슬을 역임한 명문가의 자손이었지만 자신뿐만 아니라 형제들이 줄줄이 신유박해라는 천주교 박해사건에 연루되어 집안이 풍비박산 나는 지경에 이르렀다. 정약용은 억울하게 유배를 가게 되자 세상 모든 부모 마음이 그러하듯 자식들만은 유복한 생활을 할 수 있도록 유배지에서 편지로 자식들에게 세상을 살아갈 비책을 가르쳤다.

"지금 내가 죄인이 되어 너희들에게 아직은 시골에 숨어 살게 하였다만, 앞으로는 오직 서울의 10리 안에서만 살아야 한다. 또 만약 집안의 힘이 쇠락하여 서울 한복판으로 깊이 들어갈 수 없다면 잠시 서울 근교에 살면서 과일과 채소를 심어 생활을 유지하다 재산이 조금 불어나면 바로 서울 한복판으로 들어가도 늦지는 않다"면서 자식들에게 절대로 서울 주변을 떠나서는 안 되며, 가능하면 서울 한복판으로 들어가 살아야 한다고 거듭 당부했다.

그 이유로 "중국은 문명한 것이 풍속이 되어 아무리 궁벽한 시골이나 변두리 마을에서 살더라도 성인이나 현인이 되는데 방해받는 일이 없으나, 우리 조선은 그렇지 못해서 서울 문밖에서 몇십 리만 벗어나면 태고처럼 원시사회가 된다. 그러면 마침내 노루나 산토끼처럼 문명에서 떨어진 무지렁이가 되고 만다. 문명의 혜택이 닿지 못하는 곳에 살다 보면 견문이 좁아져 영영 서울로 돌아오지 못하게 된다"라고 했다. 조선시대 정약용이 오늘날 우리나라 서울의 집중화 현상을 미리 예측한 것이다. 사람은 서울로, 말은 제주로 보내라는 금언은 여전히 유효하다.

게다가 2018년 2분기 기준 우리나라 상위 20%의 월 소득은 930만 원인데 이는 전년 동기 대비 100만 원 이상 증가한 수치다. 서울에만 상위 20%에 해당하는 연 1억 이상인 가구가 75만 가구나 된다. 주택시장에 있어서 가격을 쥐고 흔들 수 있는 절대적인 '갑' 위치에 있는 부류들이다. 이 정도면 강남을 기웃거려 볼 만하다.

모든 국민이 잠재적 수요자인 강남, 그렇다면 공급은 그에 따라주고 있는가. 강남, 서초, 송파 3구의 아파트는 약 33만 가구인데, 최근 각광받는 마용성(마포, 용산, 성동)의 15만 가구를 더해도 50만 가구 남짓이다. 문제는 50만 가구 중에서도 절반 정도는 수요자들이 외면하고 있는 허수에 가깝다.

예를 들어, 송파구만 봐도 리센츠, 트리지움, 레이크팰리스 외 몇 개의 단지에만 수요가 몰리고 있다. 입지도 좋고 지은 지 10년 미만인 신축아파트 10만 가구 정도를 걸러내고 나면 나머지 아파트는 별로 인기가 없다. 인구 60만 명의 송파구에서 실제 수요자들이 몰리는 아파트는 10만 가구를 두고 다투고 있는 형국이다 보니 집값은 오를 수밖에 없다. 강남 3구 중 공급량이 상대적으로 많다는 송파구가 이 정도니까 강남이나 서초는 이보다 더할 것이다.

이처럼 일부 인기 있는 단지에만 수요가 몰리다 보니 주변 아파트값이 덩달아 올라 서울 전체로 확산되는 것이다. 정부가 집값 잡기라는 명목으로 규제에 집중하고 있는 터라 팔고 싶어도 팔지 못하는 실정이다. 팔 사람도 없고 공급도 부족하니 그 무슨 대책이 약발이 먹히겠는가.

정부는 8·2 부동산 대책을 발표하면서 "서울과 수도권의 최근 주택공급량은 예년을 상회하는 수준으로 공급 여건은 안정적인 편"이라며 '주택 입주 물량'을 근거로 제시했다. 서울의 경우 최근 10년 평균 입주량은 6만 2,000가구, 5년 평균은 7만 2,000가구였는데, 2017년에는 그보다 많은 7만 5,000가구가 입주할 예정이라는 것이다. 하지만 그로부터 1년 후 서울 아파트값은 오히려 6.6% 뛰었다. 이전 1년간의 상승 폭인 4.7%를 훌쩍 뛰어넘었다.

공급이 부족하면 어떤 처방도 효과를 내기 어렵다. 따라서 정부는 시장을 겁주고 협박하는 거창한 대책보다는 공급 자체를 늘리는 게 급선무다. 시장에서 공급 부족을 이야기하자 정부는 서울 외곽에 3기 신도시를 건설하겠다고 발표했다. 앞서 언급했던 정약용의 말로 비추어보고 또 현실을 봐도 서울 외곽 3기 신도시의 성공을 장담하기 어렵다. 서울 외곽이 아닌 중심지에 공급을 늘리지 않는 한 서울 집값은 심리적 마지노선인 평당 1억 원을 돌파할 날도 머지않아 보인다.

02 정부 정책

1) 정부 정책을 믿지 말되 맞서지는 마라

우리나라에서 여러 분야의 정책 중 정부가 개입하여 일시적이나마 효과를 볼 수 있는 것이 부동산이다. 돌이켜보면 장기적으로는 별 실효성을 거두지 못했지만 정부는 여전히 그 유혹을 뿌리치지 못하고 있다. 따라서 정부 정책은 투자를 위한 의사결정에 영향을 미칠 수밖에 없다. 그동안 우리나라의 부동산 정책은 한 마디로 '집값 잡기'에 초점을 두었다. 전쟁의 폐허에서 속성산업화라는 급속한 경제성장기를 겪으면서 집값은 급등했지만 대다수의 국민들은 집값 폭등의 달콤한 열매를 맛보지 못했고 특정 소수의 전유물로 전락했다.

역대 어느 정부를 봐도 부동산 정책은 일관성이 없고 같은 정책이 정권을 넘나들며 반복되고 있다. 이는 우리나라에만 국한되는 것은 아니고 다른 나라들도 겪는 공통적인 현상이다. 욕망의 덩어리로 둔갑한 부동산의 특성상 정부가 개입하여 가격을 통제하는 데는 한계가 있을 수밖에 없지만 그럼에도 불구하고 정권 유지 차원에서라도 집값이 상승하면 가격을 누르는 시늉이라도 할 수밖에 없다.

따라서 투자자 입장에서는 썰물과 밀물이 반복되는 정부 정책에 맞서거나 비토하기보다는 일정한 패턴으로 반복되는 정책을 오히려 활용할 수 있는 혜안이 필요하다. 정부 정책이 늘 일관성이 있고 오락가락하지 않는다면 오히려 투자의 기회도 사라진다. 냉탕과 온탕을 오가는 틀 안에서 정책을 분석하고 예측하여 수익을 극대화하는 방법을 찾기 위해 우리가 정부 정책에 관심을 가지는 이유다.

<표 32> 역대 정권별 부동산 정책

구분	부동산 정책	집값 변동률(%) 전국	집값 변동률(%) 서울	주택공급량 (가구)	부동산 정책 기조
노태우	주택200만 가구 건설 계획	43.3	42.2	271만 8,012	규제
김영삼	부동산 실명제 도입	-2.0	-2.8	312만 5,797	완화
김대중	양도소득세 감면, 전매제한 폐지	19.3	33.2	234만 629	완화
노무현	종합부동산세 신설, 재건축 초과이익환수제 도입	24.1	42.9	253만 8,118	규제
이명박	부동산 관련 세제 완화	13.0	1.9	227만 6,092	완화
박근혜	가계부채관리, 청약조정대상지역 지정	8.6	7.5	244만 6,743	완화

* 자료 : 주택산업연구원

<표 32>에서 보듯이, 역대 정부의 부동산 정책 핵심기조는 크게 '규제'와 '완화'로 대별된다. 경제의 근간이 되는 부동산의 적절한 가격 상승은 내수시장 활성화에 도움이 되지만 가격이 폭등하면 규제할 수밖에 없다. 역대 정부의 부동산 정책을 규제와 완화로 구분해 보면, 노태우-규제, 김영삼-완화, 김대중-완화, 노무현-규제, 이명박-완화, 박근혜-완화, 문재인-규제(2019.9.현재)로 대별된다. 이 중 가장 강력한 규제는 노무현 정부였고, 문재인 정부도 이에 뒤지지 않고 있는데 앞으로도 전체적인 기조는 규제 위주로 이어갈 것이다.

역대 정부의 부동산 정책은 '규제-완화-완화-규제-완화-완화-규제'로 이어지면서 규제와 완화가 반복되는 추이를 보이고 있다. 부동

산은 경제의 근간이고 경제를 움직이는 동력은 결국 건설과 밀접한 관련이 있다. 건설 경기는 정부 정책으로 호황과 불황을 자유자재로 조절할 수 있는 유일무이한 방법이다. 따라서 역대 정부들도 이러한 유혹을 뿌리치지 못하고 경기가 침체기에 들어서면 건설경기를 부양해 경기를 회복시키는 '토건정책'을 펼쳐왔다.

실제 1980년대 급속한 산업화로 집값이 폭등하자 정부는 강력한 부동산 억제책을 내놓았고 1990년대 후반 외환위기로 경제가 곤두박질치자 당시 정부는 반대로 강력한 부동산 부양책을 발표했다. 이명박, 박근혜 정부의 부동산 정책은 규제와 완화를 반복하기는 했지만 기조는 완화에 두었다. 이명박 정부가 각종 세제감면을 통한 주택거래 활성화에 중점을 두었다면, 박근혜 정부는 2016년 가계부채 관리방안이라는 규제책을 내놓긴 했지만 전체적으로는 LTV(Loan To Value ratio, 담보인정비율)와 DTI(Debt To Income ratio, 총부채상환비율)를 완화하는 기조를 유지했다.

부동산 정책의 패턴이나 시장 상황을 보면 문재인 정부는 전체적으로 노무현 정부에 버금가는 강력한 규제 위주의 정책으로 갈 것으로 보인다. 다만 문재인 정부의 주요 부동산 정책이 과거 노무현 정부에서 발표했던 내용을 반복하고 있다는 것은 우려스러운 일이다. 노무현 정부의 실패를 반복하지 않겠다는 화풀이로 그쳐서는 곤란하다.

부동산 정책은 풍선효과가 가장 심한 분야다. 공급량이 받쳐주지 못하는 상황에서 지나치게 가격만 규제할 경우 일시적으로 집값을 잡을 수 있을지는 모르지만 그에 비례하여 엉뚱한 곳에서 풍선에 바람이 채워지고 있는지도 모른다.

2) 공공성 강화로 재탄생한 문재인 정부의 뉴스테이

그동안 우리나라의 임대주택 시장은 일부 공공임대를 제외하면 대부분 개인이 주도해 왔다. 뉴스테이(NewStay, 기업형 임대주택)는 박근혜 정부의 획기적인 작품이었다. '2016년 국정과제 세미나'에서 처음 언급되었는데 박근혜 대통령은 "이제 전세는 옛날 추억이 될 것"이며, "기업형 임대주택으로 갈 것"이라고 언급했다. 뉴스테이는 박근혜 정부의 주택 정책 중 가장 중요한 핵심이었다. 당시에는 우리나라 임대시장의 판을 뒤집어엎을 획기적인 시스템이었다.

뉴스테이는 서민의 주거안정을 대상으로 한 공공임대주택과 달리 중산층의 주거안정을 위해 8년 동안 연 5% 이내의 임대료 상승을 골자로 한 장기임대주택이다. 기업에게도 수익사업이 될 가능성이 높다고 보았다. 그야말로 임대시장을 해결할 수 있는 획기적인 시스템이었다. 정부가 많은 돈을 들여 임대주택을 건설하기보다는 기업임대사업자에게 정부 역할을 대신하게 했기 때문에 기존 임대주택의 핵심축이었던 개인 임대사업자들이 기업임대사업자와 경쟁하게 된 것이다. 개인이 기업과 같은 다양하고 차별화된 주거서비스를 제공하기가 쉽지 않아 개인 임대업자들의 고전이 예상된다.

그러나 문재인 정부 들어 뉴스테이는 '공공지원민간임대주택'(이하 '뉴스테이'라 한다)이라는 이름으로 재탄생했다. 신혼부부 등에게 우선 제공하는 등 기존 뉴스테이보다 공공성을 한층 더 강화하였다. 재개발 경우 사업이 지지부진하던 일부 재개발 사업장이 뉴스테이로 전환하여 사업이 원활하게 진행되는 곳이 있다. 대표적인 곳이 부산 남구 감만1 재개발구역이다. 감만1구역은 우리나라 재개발사업장 중 단일 아파트 단지로는 최대 세대수를 자랑한다. 무려 1만여 세대에 이르는 대단지인데다 부동산

시장이 침체되자 당초 관심을 보였던 건설사들이 미분양을 우려하여 손을 들자 사업은 지지부진해졌다. 때마침 정부의 뉴스테이 정책이 나오자 2016년 10월 일반분양이 없는 뉴스테이 연계형 재개발로 사업방식을 변경하여 승인받았다. 당시 많은 재개발 사업장들이 뉴스테이로 전환 신청을 했지만 대부분 승인받지 못했다. 그러나 부산에서는 감만1, 우암1,2 및 감천2의 4곳이 승인을 받아 진행되고 있다.

감만1구역이 뉴스테이 연계형 재개발로 사업방식을 변경하여 미분양 우려가 없어지고 용적률 인센티브까지 받게 되자 2017년 3월 시공사로 대우건설과 동부건설 컨소시엄이 7:3의 비율로 시공에 참여하였고, 기업임대사업자로는 한국토지신탁이 최종 낙점을 받았다. 감만1구역은 9,062세대라는 대단지에 부산항 바다 조망은 물론 45층이라는 높은 용적률이 강점이다. 부산시의 핵심사업인 북항 재개발 최대수혜지역인 동시에 용적률이 높아 조합원들의 추가부담금을 줄이고 기업임대사업자는 싼 가격으로 아파트를 매입하여 임대를 할 수 있어 수익원 확보도 가능하게 된 것이다.

그러나 상담하다 보면, 많은 투자자들이 임대아파트이기 때문에 가격상승을 기대하기 어렵지 않겠느냐고 우려한다. 우리나라의 임대아파트 종류는 행복주택, 국민임대주택, 영구임대주택 등 다양하다. 기업임대사업자가 운영하는 뉴스테이는 기존의 임대아파트들과는 완전히 다르다. 우선 서민을 대상으로 하는 임대아파트가 아니라는 점이다. 뉴스테이는 대상 자체가 중산층이다. 2015년 인천과 수원에 들어선 뉴스테이의 경우 보증금 3천만~6천만 원에 월세 43만~80만 원 선이었고, 서울 대림동·신당동에 들어서는 뉴스테이는 보증금 1천만~1억 원, 월세 65만~110만 원으로 월세 부담이 100만 원을 넘는다. 월 임대료가 43만 원부터 최고 110만 원까지 책정되었다.

이같이 높은 월세는 아파트 품질 자체에 차이가 없기 때문이다. 즉, 조합원아파트와 기업임대아파트의 품질 차이가 없다. 기존 임대아파트는 단지 내 위치가 좋지 않은 곳에 별도로 건설하거나 일반 아파트보다 품질이 떨어지는 경우가 많았지만, 뉴스테이는 조합원 아파트와 품질 면에서 차이가 없을 뿐 아니라 동·호수 역시 조합원 아파트와 다르지 않다. 즉 일반분양이 없기 때문에 미분양 자체가 없다. 아파트를 똑같이 지어 조합원에게 분양하고 조합원이 지정한 동·호수를 제외한 나머지는 모두 기업임대사업자들이 가져가 8년 동안 장기임대를 하게 된다. 일반 조합원 아파트와 임대아파트가 동별로 섞여 있는 구조여서 임대아파트와 일반 아파트를 구분할 필요도 없고 또 구분하기도 어렵다.

3) 부동산시장 침체에도 뉴스테이 청약은 뜨겁다

〈표 33〉에서 보듯이 비교적 높은 월세에도 불구하고 뉴스테이 청약 경쟁률은 높은 편이다. 부동산시장 침체로 일반분양이 맥을 못 추는 상

〈표 33〉 주요지역 뉴스테이 청약경쟁률

청약일	건설사	지역	아파트명	청약경쟁률
2015.9.	대림건설	인천도화 5블록, 6-1블록	이편한세상	5.5:1
2015.10.	한화건설	수원권선	꿈에그린	3.2:1
2016.5.	롯데건설	동탄2	롯데캐슬	4.16:1
2016.6.	GS건설	동탄2	레이크자이 더 테라스	26.3:1
2016.11.	한화건설	인천서창 2지구 13블록	꿈에그린	3.65:1

황에서도 주요지역의 뉴스테이 청약경쟁률을 보면 일반청약아파트의 청약경쟁률을 훨씬 웃돌고 있다. 이는 월세가 높은 만큼 입지나 아파트 브랜드, 품질이 뒷받침되기 때문이다.

우리나라 최초의 뉴스테이는 인천 도화지구의 이편한세상이다. 반면 서울의 첫 뉴스테이는 롯데건설의 문래 롯데캐슬이다. 이처럼 뉴스테이의 청약경쟁률이 높은 이유는 8년 동안 안정적 거주가 가능할 뿐만 아니라 8년 후 기업임대사업자로부터 주변 시세보다 싼 가격에 아파트를 살 수 있을 것이라는 기대감 때문이다. 기존 임대아파트의 경우 임대기간이 끝나면 시세보다 저렴한 가격으로 점유자 즉, 거주자에게 우선 매각해 왔기 때문이다.

그러나 뉴스테이의 경우 8년 임대기간 종료 후 매각해야 한다거나 어느 정도의 가격으로, 누구에게 매각한다는 명확한 기준이 정해진 것은 없지만 청약자들은 8년 거주 후 매입할 수 있다는 기대감을 숨기지 않고 있다. 관리처분계획인가를 앞두고 있는 감만1구역의 경우 장기임대할 경우 월세를 할인해 주는 방법 등이 고려되고 있다는 후문이다. 따라서 뉴스테이는 기존 임대아파트와 다르다는 것을 인식할 필요가 있다.

부산의 경우 감만1구역 외에도 우암2, 우암1, 감천2구역이 뉴스테이 연계형 재개발사업으로 진행되고 있다. 우암2구역은 이주 및 철거가 완료된 상태이고 감만1구역은 조합원 분양신청을 끝내고 관리처분계획인가를 앞두고 있는데 여전히 저평가된 유망한 투자처로 보인다.

지금까지 박근혜 정부의 대표작인 뉴스테이와 더불어 공공성이 강화된 문재인 정부의 새로운 뉴스테이와 역대 정부의 부동산 정책을 간략하게 살펴보았다. 지금 우리가 가장 주목해야 할 것은 현 정부의 부동산 정책이다. 문재인 정부는 2017년 5월 출범 이후 2019년 8월까지 부동산 관련 대책만 총 9회(6.19., 8.2., 10.24., 11.29., 12.13., 7.5., 8.27., 9.13., 8.12.) 발표했다. 출범 2년 3개월여 동안 역대 어느 정부보다 많은 부동산 관련 규제책을 발표했다.

이 중 가장 강력한 대책은 첫 대책이었던 6·19 대책을 시작으로 8·2 대책 그리고 9·13 대책과 8·12 대책의 4회다. 여기에는 재개발·재건축도 정부의 규제정책을 피해 갈 수 없었다. 재개발·재건축 관련 내용들도 다수 포함되어 있어 4회를 중심으로 살펴보고자 한다. 문재인 정부의 부동산 정책 흐름을 살펴보는 것은 향후 정책예측도 어느 정도 가능할 뿐만 아니라 투자를 위한 의사결정에도 중요한 자료가 될 수 있다.

4) 6·19 부동산 대책

이른바 '촛불혁명'으로 등장한 문재인 정부의 첫 부동산 대책인 6·19 대책(2017.6.19.)은 다주택자와 서울 집값 잡기에 중점을 두었는데 그야말로 시장의 예상을 뛰어넘는 강력한 한 방이었다. 조정대상지역을 추가로 지정하고 전매제한과 대출 규제 및 재건축을 규제하는 내용이었다.

'6·19 대책'은 현 정부가 출범한 지 한 달 보름여 만에 꺼내든 강력한 규제대책이자 이전 정부의 부동산 부양정책을 한 번에 뒤집는 정책이었다. 먼저 대출과 관련하여 조정대상지역의 LTV와 DTI 규제를 강화했다. LTV는 종전 70%에서 60%로, DTI는 60%에서 50%로 각각 10%씩 강화했다. 집단대출에 대해서도 동일하게 적용하지만 LTV와 DTI 공히 서민과 실수요자에게는 70%와 60%를 종전대로 적용하기로 하였다. 여기서 말하는 서민과 실수요자란 디딤돌대출 요건, 즉 부부합산 연소득 6천만 원 이하(생애최초구입자 7천만 원 이하)이고, 주택가격 5억 원 이하이면서 주택이 없는 세대주를 말한다.

<표 34> 6·19 부동산 대책 주요 내용

	주요내용	세부적용사항			
1	맞춤식 LTV·DTI	* 조정대상지역 LTV·DTI 규제비율 10% 강화			
			LTV	60%	실수요자 70%
			LTV 집단대출	60%	
			DTI	50%	실수요자 60%
			DTI 집단대출	50%	
2	조정대상지역 추가 선정	① 경기 광명, 부산 기장, 부산진구 3개 지역 추가 ② 종전 11·3 대책 시 37개 지역 + 3개 지역 = 총 40개 지역 ③ 맞춤형 청약제도			
3	전매제한기간 강화	서울 전 지역 전매제한 기간이 1년 6개월에서 소유권이전등기 시까지로 강화(6·19. 이후 입주자 모집 공고분부터 적용)			
4	재건축 규제 강화	① 재건축 조합원 주택공급 수 제한 ② 최대 3주택에서 1주택(60㎡ 이하 2주택 가능)			
5	주택시장 질서 확립	① 관계기관 합동 불법행위 점검 무기한 실시 ② 실거래가신고 활성화 ③ 불법행위 모니터링 강화			

그리고 조정대상지역을 추가로 선정했다. 종전 '11·3 대책' 때 처음 조정대상지역으로 지정된 곳은 37개 지역이었다. 그러나 청약경쟁률 및 주택가격상승률이 기존 조정대상지역과 유사하여 국지적 과열 현상이 발생할 것을 우려해 경기 광명, 부산 기장군, 부산진구의 3개 지역을 추가하여 총 40개 지역이 조정대상지역으로 지정되어 각종 규제를 받게 되었다. 조정대상지역으로 지정되면 전매제한 기간이 강화되고 1순위 및 재당첨을 제한한다. 또한 서울의 전매제한이 강화되었다.

이전까지는 강남 4구만 소유권이전등기 시까지 전매제한에 걸려 있었으나 이번 대책으로 나머지 21개 구 민간택지에 적용되던 전매제한

이 1년 6개월에서 소유권이전등기 시까지로 강화되었다. 즉, 서울 전 지역이 소유권이전등기 시까지 전매제한을 받게 되는 것이다.

게다가 투기수요를 차단한다는 이유로 재건축 조합원의 주택 공급 수도 제한했다. 종전에는 최대 3주택까지 가능했지만 이제는 원칙적으로 1주택만 허용된다. 초과이익환수제 부활까지 예정되자 재건축은 '왜 나만 갖고 그래!'를 외친다. 사실 서울 주택가격 상승의 촉매제 역할을 한 것 중 하나가 바로 재건축이었다는 사실을 부인할 수는 없다.

〈재건축 주택공급 기준〉

구분	6·19 대책 이전	6·19 대책 이후
과밀억제권역	최대 3주택까지 분양 허용	조정대상지역은 원칙적으로 1주택만 분양 허용
과밀억제권역 외	소유한 주택 수만큼 허용	

6·19 대책 이전까지는 재건축 조합원의 경우, 과밀억제권역(수도권 중 인구와 산업이 지나치게 집중되었거나 집중될 우려가 있어 이전하거나 정비할 필요가 있는 지역) 내에서는 최대 3주택, 그 외 지역에서는 소유한 주택 수만큼 분양받을 수 있었지만, 이후에는 조정대상지역인 경우 과밀억제권역 여부에 상관없이 원칙적으로 1주택만 가능하다. 물론 종전 소유의 주택가격 또는 주거전용면적 범위 내에서 1주택을 60m^2 이하로 할 경우, 예외적으로 2주택까지 가능하다. 이때 1주택을 반드시 60m^2 이하로 한 이유는 두 채를 모두 큰 평수로 주게 되면 투기에 악용될 수 있다고 보기 때문이다.

마지막으로 주택시장 활성화 방안으로 불법행위 근절을 위해 무기한 상시 점검을 실시하고, 실거래가 허위신고에 대한 신고제도를 강화함은 물론 불법행위 모니터링을 지속적으로 강화하겠다는 내용이 포함되었다. 그러나 대책은 대책일 뿐, 서울 집값은 놀란 척 잠시 웅크리더니 이

내 기지개를 켰다. 결과적으로 서울 집값은 오히려 올랐고 애꿎은 지방으로 불똥이 튀어 정책은 성공하지 못했다는 평가를 받고 있다.

5) 8·2 부동산 대책

문재인 정부는 대통령 취임선서에 잉크가 채 마르기도 전에 6·19 대책이라는 강력한 한 방을 날렸지만, 촛불 정부에 대한 기대감과 더불어 달아오르기 시작했던 서울 집값이 잡히지 않자 6·19 대책에 버금가는 8·2 대책(2017.8.2.)을 연이어 발표했다. 참여정부 시절 부동산 투기와의 전쟁에서 실패했던 전철을 밟지 않으려는 듯한 강력한 의지가 표출된 대책이었다. 8·2 대책은 '실수요자 보호와 단기 투기수요 억제를 통한 주택시장 안정화 방안'이라는 이름으로 발표한 주택시장 안정화 방안이다. 이 대책에는 투기과열지구와 투기지역 지정, 다주택자 양도소득세 중과, 1가구 1주택 양도소득세 비과세 요건 강화 및 청약 관련 규제 등 그야말로 고강도 대책이 담겼다. 실제 책으로 만들어야 할 만큼 내용도 많고 강도도 높았다. 동시에 재개발·재건축 시장 역시 조합원 지위 양도제한, 재건축 초과이익환수제 부활 등으로 주춤하게 되었다.

6·19 대책과 8·2 대책은 쌍벽을 이루는 부동산 종합규제세트라고 불린다. 실수요자 보호와 단기투기 수요 억제를 위해 투기지역과 투기과열지구 지정을 비롯하여 다주택자 양도소득세 중과, 재개발·재건축 조합원 지위 양도 제한, 대출 규제 강화, 재건축 초과이익환수제 부활 및 청약요건 강화 등 전 분야에 걸쳐 강도 높은 규제를 모두 들고 나왔다. 먼저 과열지역의 투기수요 유입을 차단하기 위해 서울 강남 4구를 포함한 11개 구와 세종시를 투기지역으로 지정하고, 서울 전 지역과 경기 과천시, 세종시를 투기과열지구로 확대 지정했다.

\<표 35\> 조정대상지역, 투기과열지구, 투기지역 비교		
조정대상지역	투기과열지구	투기지역
• 청약1순위 자격요건 강화 - 청약통장 가입 후 2년 경과 + 납입횟수 24회 이상 • 가점제 적용 확대(조정대상지역 75%, 투기과열지구 100%) • 오피스텔 전매제한 강화(소유권이전등기 시까지) 및 거주자 우선분양 적용(20%)		• 주택담보대출 건수 제한 - 차주당1건 → 세대당1건
• 양도소득세 가산세율 적용 - 2주택자 +10%p - 3주택자 이상 +20%p • 다주택자 장기보유 특별공제 적용 배제 • 1세대 1주택 양도세 비과세 요건 강화 - 2년 이상 거주요건 추가 • 분양권 전매 시 양도소득세율 50%로 일괄 적용	• 재개발·재건축규제정비 - 재개발 등 조합원 입주권 전매 제한 (소유권이전등기 시) - 정비사업 분양(조합원/일반) 재당첨 제한(5년) - 재건축 조합원 지위 양도제한 예외사유 강화 • 거래 시 자금조달계획, 입주계획 신고 의무화 - 거래가액 3억 원 이상 주택	
	LTV·DTI 40% 적용(주택담보대출1건 이상 보유세대 30%, 실수요자 50%)	
기존 40개 지역 유지	27개 지역 서울(전역, 25개 구), 경기(과천), 세종	12개 지역 서울(강남·서초·송파·강동·용산·성동·노원·마포·양천·영등포·강서), 세종

* 자료 : 국토교통부

먼저 조정대상지역을 보면, 다주택자를 압박하기 위해 양도소득세 중과(2018.4.1. 이후 양도분부터) 카드를 꺼내들었다. 2주택 이상인 경우 '기본세율 + 10%', 3주택 이상인 경우 '기본세율 + 20%'를 중과한다. 다주택자들로 하여금 주택을 빨리 처분하라는 경고다. 동시에 장기보유특별공제를 배제하고 1세대 1주택 비과세 요건을 2년 보유에서 2년 거주요건까지

〈표 36〉 조정대상지역·투기과열지구·투기지역 현황(2017.8.2. 현재)

조정대상지역
성남, 하남, 고양, 광명, 동탄2, 부산(해운대, 연제, 동래, 수영, 남, 기장, 부산진)

투기과열지구
서울(구로, 금천, 동작, 관악, 은평, 서대문, 종로, 중, 강북, 도봉, 중랑, 동대문, 광진), 과천

투기지역
서울(강남, 서초, 송파, 강동, 용산, 성동, 노원, 마포, 양천, 영등포, 강서), 세종

추가하였다. 또한 조정대상지역에서 분양권을 전매할 경우에는 보유기간에 관계없이 50%의 양도소득세를 납부하도록 했다. 양도소득세 1세대 1주택과 1세대 2주택 비과세 요건 및 중과세 적용 등에 대해서는 '제5장 입주권 관련 양도소득세'를 참조하면 된다. 이같이 다주택자들에 대한 규제가 강화되자 보유가치가 낮은 주택은 처분하고 소위 '똘똘한 한 채'로 집중되는 결과로 이어졌다.

그리고 투기과열지구의 경우, 재개발·재건축 조합원 입주권에 대한 전매제한 기간을 소유권이전등기 시까지로 확대하였다. 또한 재개발·재건축 관련 규제 내용도 있는데 한 마디로 조합원 지위 양도를 금지했다. 재건축의 경우, 조합설립인가 후부터 소유권이전등기 시까지 조합원 지위를 양도하는 것이 제한된다. 투기과열지구에 해당하는 재건축은 사업을 하지 말라는 것과 다름없다. 조합원 지위 양도가 되지 않는다면 해당 입주권은 매수자가 없어 거래가 불가능하다고 봐야 한다. 재개

발의 경우에는 관리처분계획인가 후부터 소유권이전등기 시까지 조합원 지위 양도가 금지되어 그나마 재건축보다는 나은 편이다. 다만 조합원 지위 양도 제한은 2017년 10월 24일 이후 최초로 사업시행인가를 신청하는 조합부터 해당된다는 점을 기억해야 한다. 이를 위반할 경우 조합원 자격은 박탈되고 현금청산 대상이 된다. 마지막으로 투기지역은 주택담보대출 건수가 차주당 1건에서 세대당 1건으로 제한되고 LTV와 DTI 비율은 40%로 하향 적용된다. 투기지역에서는 양도소득세가 기준시가 대신 실거래가로 부과되고 중과세도 적용된다.

투기과열지구 지정과 재개발·재건축 조합원 지위 양도제한 및 다주택자 중과세 등이 포함된 8·2 부동산 대책은 2005년 노무현 정부에서 발표했던 '8·31 부동산 종합대책'의 판박이라는 평가를 받고 있다.

정책의 핵심은 다주택자들의 대출을 옥죄어 서울 집값을 안정화시키겠다는 것이다. 그런데도 다주택자나 부자들이 대출을 더 많이 받고 있다. 〈2018년 가계금융·복지조사〉에 따르면, 가구당 평균 부채는 7,500만 원 정도로 1년 전보다 6.1% 상승했다. 그중 소득 상위 20%의 부채는 8.8%로 부자들이 더 대출을 많이 받는 부채의 빈익빈 부익부 현상이 가속화되고 있다. 결국 피해를 보는 것은 다주택자들이 아니라 애꿎은 서민들과 실수요자들이다. 국토교통부 장관까지 나서 '집은 끝났다'면서 집을 팔라고 압박했지만 결국 버티기에 들어간 다주택자들의 판정승으로 끝나자 국민들도 정부 정책을 더 이상 신뢰하지 않고 있다.

실제 8·2 대책 1년 후 받아든 성적표를 보면 낙제 수준이다. 서울과 지방의 양극화는 더 심화되었다. 서울 집값은 6.6%나 올랐다. 8·2 대책 시행 전 1년간 상승폭보다 더 높은 수치다. 반면 애꿎은 지방은 회복 불능일 정도로 하락했다. 전국에서 하락폭이 가장 큰 경남 거제의 경우 무려 20.52% 떨어졌다. 부산도 예외가 아니다. 8·2 대책 전 1년간 5.1% 올랐던 아파트값이 1.97% 떨어졌다. 참고로 부산의 조정대상지역 중 연제구, 남구, 기장군, 부산진구는 2018년 12월 해제되었고, 나머지 해운대구, 수영구, 동래구는 2019년 11월 6일 해제되어 부산지역의 조정대상지역은 모두 해제되었다.

6) 9·13 부동산 대책

기획재정부와 국토교통부 등 정부 부처가 공동발표한 '주택시장 안정화 방안대책'이라는 9·13 대책(2018.9.13.)은 양도소득세와 종합부동산세 등 세제와 임대주택등록이 주요 내용이다. 주택보유자와 투자자들이 관심을 가져야 할 내용이다.

먼저 양도소득세 관련 일시적 1세대 2주택 비과세 요건이 강화되었다. 그동안 대체취득으로 인한 1세대 2주택 비과세 요건은 '1취2보3양'이었다. 즉 종전주택을 취득한 날부터 1년 이상이 지난 후 대체주택을 취득하고(1취), 종전주택 양도일 기준 2년 이상 보유(2보), 대체주택을 취득한 날로부터 3년 이내에 종전주택을 양도할(3양) 경우, 비과세 혜택을 받을 수 있었다. 여기서 조정대상지역인 경우 마지막 '3양'이 '2양'으로 강화되었다. 즉 대체주택을 취득한 날로부터 2년 이내에 종전주택을 양도해야 비과세가 된다. 한 마디로 조정대상지역의 주택은 사지도 말고 이미 보유한 사람은 빨리 처분하라는 것이다.

그리고 9억 원을 초과하는 고가주택의 경우에도 지금까지는 장기보유특별공제를 3년 차부터 매년 8%씩 10년 이상이 되면 80%를 공제해주었다. 따라서 10년 이상 보유한 1주택자는 9억 원을 초과하는 부분에 대해서만 세금을 내고 거기다 장기보유특별공제를 최고 80%까지 받을 수 있었기 때문에 양도소득세 부담이 미미한 수준이었다. 이번 대책으로 앞으로는 2년 이상 거주한 경우에는 80%를 공제해 주고 2년 미만 거주자는 다주택자와 같이 15년, 최대 30%만 공제해 준다. 적용시기는 2020년 1월 1일 이후 양도분부터 적용하기 때문에 고가주택도 빨리 처분하라는 것이다.

그리고 투기과열지구에서 3억 원 이상 주택취득 시 자금조달계획서를 징구하고 있는데 앞으로는 자금조달계획서를 더 상세하게 작성해야 함은 물론 주택이 두 채 이상이면 지자체나 국세청에 통보하여 면밀히 조사한다. 가급적 투기과열지구의 3억 원 이상 주택을 매입하지 않는 것이 상책이다. 매입하는 순간 국세청이 호루라기를 불며 달려올 것이

〈표 37〉 9·13 부동산 대책 주요 내용

구분	세부내용
종합부동산세	① 종합부동산세율 구간별로 0.2~0.7% 인상 ② 종합부동산세율 과표 3억~6억 구간 신설 ③ 2주택 이상, 조정대상지역 2주택 이상 보유자 종합부동산세 최고 3.2% 중과 및 세부담 상한선 150%에서 300%로 상향 ④ 공정시장가액비율 80%에서 연 5%씩 100%까지 인상
양도소득세	조정대상지역 내 일시적 1세대 2주택자 양도소득세 감면 요건을 3년 내에서 2년 내 처분으로 강화
주택담보대출	2주택 이상 규제지역 내 주택구입 및 규제지역 내 비거주 목적 고가주택 구입 시 주택담보대출 금지
임대사업자대출	투기지역 및 투기과열지구의 주택담보 임대사업자 대출 LTV를 80%에서 40%로 강화
전세자금대출	1주택자 부부합산소득 1억 원 이하까지 HUG 보증 제공
주택공급	① 도심 내 규제완화, 수도권 공공택지 30곳 개발하여 30만 가구 공급 ② 수도권 분양가상한제 주택 전매제한기간 최대 8년으로 확대

고 세무조사는 덤이다.

2018년 9월 14일 여론조사기관인 〈리얼미터〉가 실시한 여론조사 결과, 정부의 종합부동산세 강화, 주택담보대출 제한 등을 골자로 한 '9·13 주택시장 안정 대책'에 대해 국민의 70%가 적절하거나 미흡하다고 답했다. 지나친 규제라는 응답은 20%에 불과했다. 지역별로는 모든 지역에서 미흡하거나 적절하다는 인식이 대다수였지만 부산·울산·경남에서는 미흡 55.2%, 과도 18.1%, 적절 17.7%로 미흡하다는 응답이 가장 높았다. 한 마디로 요란했지만 실효성 없는 대책이었다는 의견이 지배적이다. 사실 '부자세'로 불리는 종합부동산세는 대다수 국민들에게는 그림의 떡이자 내고 싶어도 낼 수 없는 세금이다. 주택 소유자 1,331만 명 중 종합부동산세 과세대상자는 27만 4,000명(2016년)으로 전체 주택 소유자의 2% 수준에 불과하기 때문이다.

9·13 부동산 대책에는 여러 가지 복잡하게 얽혀 있는 대출에 대한 규제가 포함되어 있지만 핵심은 두 가지이다. 주택을 소유한 경우라면 규제지역에서는 추가로 주택담보대출을 아예 받지 못하도록 했다는 점이다. 다른 하나는 그동안 공공기관 보증으로 낮은 금리로 누구나 전세대출을 자유롭게 받을 수 있었으나 여기에 소득 제한을 두겠다는 것이다. 이를 무주택자와 1주택자 및 2주택자로 구분하여 정리해 보자.

먼저 무주택자의 경우, 규제지역에서 공시가격 9억 원(매매가격이 아님)을 초과하는 주택(매매가 기준 13억 원 정도)을 구입할 때는 실거주 목적(2년 내 전입)일 경우에만 주택담보대출을 받을 수 있다.

주택임대사업자의 경우 조정대상지역의 주택을 취득하여 임대주택으로 등록을 하더라도 양도소득세 중과를 피할 수 없을 뿐 아니라, 종합부동산세와 합산한다는 것은 이중과세의 소지도 있어 선뜻 받아들이기 어렵다. 정부 발표대로라면 사실상 정부에서 권장했던 임대사업자에게 세제 혜택을 줄인다는 의미다. 한 마디로 규제지역에서는 실수요자만 주택을 구입하라는 것이다. 실수요자들로는 한계가 있기 때문에 투기수요는 규제지역이 아니라 결국 일반지역으로 확산될 소지가 많다.

게다가 실수요자들이나 무주택자들이 내심 기대했던 LTV와 DTI를 완화하여 적용하지 못했다는 점은 아쉬움으로 남는다. 이들에게 LTV와 DTI를 예외적으로 완화시켜 청약과 내 집 마련을 할 수 있게 제도적으로 지원했어야 했는데, 정책을 포괄적으로 적용하다 보니 정작 필요한 사람들에게는 거대한 장벽으로 다가와 피해를 보게 되는 것이다. 다주택자 잡으려다 애꿎은 서민들과 실수요자들만 잡는 격이다. 결과적으로 9·13 대책은 겁만 잔뜩 주고 내 집 마련을 꿈꾸는 사람들에게는 빛 좋은 개살구에 불과했다.

7) 8·12 부동산 대책

발표 한 달 전부터 정부가 분양가상한제 카드를 들고 나올 것이라는 냄새는 풍겼지만 그래도 설마설마했는데 '민간택지 분양가상한제 개선방안'이라는 내용으로 8·12 대책(2019.8.12.)이 발표됐다. 정말이지 설마가 사람 잡았다. 적용 시점은 2019년 10월부터 별도의 유예기간 없이 시행된다. 2018년 9·13 부동산 안정 대책을 내놓은 지 11개월 만에 '민간택지 분양가상한제'를 들고 나왔다.

분양가상한제란 감정평가된 토지비, 정부가 정해 놓은 기본형 건축비에 가산비용(개별 아파트에 따라 추가된 비용)을 더해 신규 아파트 분양가격을 산정하는 방식인데, 공공택지 아파트는 이미 분양가상한제를 적용해 왔다. 각 지방자치단체의 분양가심사위원회가 일일이 공공택지 아파트의 가산비를 포함한 분양가 적정성을 심사·승인하고 있다. 국토교통부는 기존 민간택지에 대한 분양가상한제 기준을 '직전 3개월 주택가격상승률이 물가상승률의 2배 초과'를 '주택가격상승률이 물가상승률보다 현저히 높아 투기과열지구로 지정된 지역'으로, 또 '직전 12개월 분양가격상승률이 물가상승률의 2배 초과'라는 선택요건을, '직전 12개월 평균 분양가격상승률이 물가상승률의 2배 초과'(단 분양실적 부재 등으로 분양가격상승률 통계가 없는 경우 주택건설지역의 통계를 사용)로 바꿔 지금까지 유명무실했던 민간택지에 대한 가격 규제를 강화했다.

역대 정부의 부동산 대책은 지난 50년간 규제와 완화를 반복해 왔지만 민간택지 분양가상한제는 그야말로 최후의 카드인데 너무 일찍 레

〈표 38〉 8·12 부동산 대책 주요 내용

주요 내용	세부적용사항		
민간택지 분양가상한제	• 적용대상 : 민간택지 중 주거정책심의위원회 심의를 거쳐 국토교통부장관이 지정하는 지역의 공동주택 • 지정기준 : 필수요건+선택요건 중 1개 이상 충족 시		
	필수요건	① 주택가격	주택가격상승률이 물가상승률보다 높아 투기과열지구로 지정된 지역
	선택요건	② 분양가격	최근 1년 평균 분양가격상승률이 물가상승률의 2배 초과
		③ 청약경쟁률	최근 2개월 월평균 모두 5:1 초과 (국민주택규모 10:1)
		④ 거래	최근 3개월 주택거래량이 전년 동기 대비 20% 이상 증가
	• 판단기준 : ①+(② 또는 ③ 또는 ④) • 지정시점 : 최초 입주자모집 승인신청한 단지부터 (일반주택사업과 동일)		
전매제한	• 대상 : 수도권 투기과열지구 내 • 기간 : 5~10년(인근 주택 시세 대비 분양가 수준에 따라)		

드카드를 뽑아든 것은 아닌지. 물론 당장은 서울 집값 상승의 주범이었던 재개발·재건축 시장이 급격히 위축되고 가격이 진정되기는 하겠지만, 장기적으로는 공급 부족으로 인한 풍선효과로 가격이 상승할 수 있기 때문이다.

민간택지 분양가상한제 관련하여, 먼저 적용대상은 집값 급등 우려가 큰 투기과열지구로 확대하여 투기지역과 투기과열지구 31곳이 대상이며 민간택지 중 주거정책심의위원회 심의를 거쳐 국토교통부 장관이 지정하는 지역의 공동주택이 대상이다. 적용기준은 필수요건에 해당하면서 선택요건 중 1개 이상이 해당할 경우이다. 논란이 되는 것은 적용시점인데 재개발·재건축의 경우 관리처분계획인가 신청에서 입주자모집공고 승인신청으로 변경되었다. 이미 관리처분계획인가를 받은 서울의 주요 재건축 단지들은 발등에 불이 떨어졌다. 그리고 전매제한기간은 기존 3~4년에서 인근 주택 시세 대비 분양가 수준에 따라 최고 10년간 전매가 제한된다.

구분	전매제한기간
분양가격이 인근 시세의 100% 이상	5년
분양가격이 인근 시세의 80~100%	8년
분양가격이 인근 시세의 80% 미만	10년

"분양가상한제, 재건축에 '직격탄', 조합분담금 '억대 인상' 불가피."
"둔촌주공, 추가분담금만 1억 원 이상, 재건축 조합들 소급입법 금지 헌법소원도 검토."
"진행 중인 재건축 사업도 접을 판, 강남 대어급 단지 직격탄."

8·12 대책 관련 언론들의 기사 제목이다. 이미 관리처분계획인가를 받은 강동구 둔촌주공, 강남구 상아2차, 서초구 신반포3차·경남 등 강남권 주요 재건축 단지를 포함해 서울에서 관리처분계획인가를 마치고 분양을 준비 중이던 아파트 66개 단지, 6만 8,000여 가구가 직격탄을 맞을 것으로 보인다. 해당 조합들은 재산권 침해라면서 헌법소원을 예고하는 등 후폭풍이 거세다. 이미 관리처분계획인가를 받은 단지들은 그간 '설마, 소급적용은 하지 않겠지' 하면서 정부의 규제 강도를 주시해 왔는데 졸지에 뒤통수를 맞은 것이다.

먼저 분양가상한제가 적용되면 조합원들의 추가분담금은 상승하고 수익성이 악화되는 것은 불을 보듯 뻔하다. 재건축은 조합원 물량을 제외한 일반 분양분을 통해 벌어들인 돈으로 사업비를 충당하게 되는데, 분양가상한제로 분양수입이 줄어들면 조합원들이 그만큼 추가로 돈을 내서 메꿔야 하기 때문이다. 투자자 입장에서도 조건이 더욱 나빠졌다. 지금까지도 일부 예외를 제외하고는 투기과열지구 내 재건축의 경우에는 조합설립인가 후, 재개발의 경우에는 관리처분계획인가 후 해당 구역의 지분을 매수하게 되면 조합원 자격을 박탈해 왔기 때문이다.

향후 시세차익 가능성이 더 작아져 실수요자가 아니라면 거래 자체가 되지 않을 가능성이 높다. 그러나 국토교통부는 분양가상한제로 분양가가 시세보다 20~30% 정도 낮아질 것으로 예상하고 이것이 인근 단지로 확산되어 전체적으로 집값이 떨어질 것이라고 보는 것이다. 서울 주요 재건축 단지들의 경우 정부 발표대로 시행된다면 추가분담금이 1~2억 원 늘어날 것으로 조합들은 예측하고 있다.

또한 재건축단지 조합원들을 중심으로 적용시기를 소급 적용함에 따라 '재산권 침해'를 주장하고 있다. 이에 대해 정부는 재건축 단지 조합원들이 주장하는 손해의 대상은 법률상 보호되는 재산권이 아닌 '기대이익'에 불과하다면서 "관리처분계획인가를 받은 경우라도 분양 승인을 받기 전이라면 분양에 대한 사실관계가 확정된 것이 아니다"라면서 일축했다. 나아가 "관리처분계획인가에 포함된 예상 분양가격과 사업 가치도 법률상 보호되는 확정 재산권이 아닌 기대이익에 불과하다"는 것이다.

이와 관련하여 '입주권은 주택이 아니지만 주택 수에 포함된다'는 부분이다. 분양권은 주택이 아니므로 문제될 게 없지만 입주권은 다른 주택을 양도할 때 주택으로 보기 때문이다. 2018년 9·13 대책에서 이미 1주택자가 입주권을 취득하면 2주택자가 되어 대출 및 청약규제는 물론 세금도 부과하고 있는데 이는 곧 입주권을 주택으로 보고 있다는 반증이다. 다시 말하면 재개발·재건축에서 관리처분계획인가가 난 입주권은 이미 주택으로 보고 각종 규제와 세금을 부과하고 있다면 이미 주택인데 분양가상한제를 적용한다는 것은 말이 안 된다는 것이다. 주택이기 때문에 이미 확정된 재산권으로 봐야 한다는 것이다. 이와 관련 정부 입장은 '입주권은 법률상 확정된 재산권이 아니라 기대이익에 불과하다'는 것이다. 그렇다면 확정된 재산권이 아닌 입주권을 주택으로 봐서 각종 규제와 세금을 부과하는 것은 아이러니하다.

이 같은 극약처방식 8·12 대책이 나오게 된 이면에는 정부가 서울 강남 등 일부 지역 재건축 아파트 등의 높은 분양가가 전체 부동산시장 재과열을 이끌고 있다는 판단 때문으로 보인다. 공공이 아닌 민간택지에 대한 분양가상한제 도입은 정부가 시장 가격을 직접 통제한다는 점에서 많은 지적을 받는 정책이다. 하지만 지금까지 서울지역 아파트 가격, 특히 서울 강남지역을 필두로 이른바 '마용성(마포구, 용산구, 성동구)' 최근엔 광진구·강동구의 재건축·재개발 예정지와 신규 아파트 분양가격이 급등해, 주변 다른 지역에도 악영향을 주고 있다는 분석이 나오면서 정부가 민간택지 분양가상한제를 꺼내들기에 이르렀다.

국토교통부는 최근 1년간(2018.6.~2019.6.) 서울 아파트 분양가격 상승률이 21.02%로 기존주택 가격상승률 5.74%에 비해 약 3.7배 정도로 높고, 이 같은 분양가 상승이 인근 기존주택 가격 상승을 견인해 집값 상승을 촉발하고 결국 실수요자의 내 집 마련 부담을 가중시키고 있다고 판단했다. 서울 집값을 잡아야 한다는 문재인 정부 내부 공감대도 국토교통부의 이 같은 결정에 한몫했다. 하지만 이 같은 극약처방이 현 경제상황에서 부적절하다면서 발표 직전까지 정부 내부에서 이견이 존재해 적잖은 논란을 일으켰지만 "국민의 주거안정이라는 공익이 조합원의 기대이익보다 크다"면서 공공택지뿐만 아니라 민간택지 아파트의 분양가도 정부가 적정 수준에서 엄격히 관리하겠다는 것이다.

결과적으로 분양가상한제는 '집값 불안'을 해소하겠다는 정부의 강력한 의지다. 정책의 초점이 무주택자, 실수요자에게 맞춰진 것은 아니지만 집이 없는 실수요자가 보다 저렴한 비용으로 내 집을 마련할 수 있는 여건은 분양가상한제 시행 이전보다 훨씬 유리해진 것은 사실이다. 분양가격이 시세보다 20~30% 떨어지는 만큼 신규주택 마련 총비용이 그만큼 적게 들어가고 전체 주택시장도 안정되면서 가수요도 줄어들기 때문이다. 주택 청약가점이 높거나 특별공급 자격을 갖춘 무주택 실수요자에게 상대적으로 낮은 분양가로 내 집 마련이 가능한 청약시장이 열린 것이다.

이에 따라 무주택 조건이나 청약가점 체계 등을 점검해 서울 강남권 등 주요지역을 중심으로 적극적인 청약 전략을 세울 필요가 있다. 벌써 청약을 위한 움직임이 빨라지고 있다. 2019년 7월부터 정부는 민간택지 분양가상한제 카드를 꺼내들 것이라고 냄새를 풍기기 시작한 시점이다. 이에 청약통장 가입자 수가 2,500만 명을 돌파했다. 국민 2명당 1명꼴이다. 특히 서울은 전월 대비 3배나 상승했다. 금융결제원에 따르면 7월 말 기준 전체 청약통장(주택청약종합저축, 청약저축, 청약예금·부금) 가입자는 총 2,506만 1,226명으로 집계됐다. 6월 말 2,497만 9,730명에서 지난달 처음으로 2,500만 명을 넘어선 것이다. 7월은 민간택지 분양가상한제가 본격적으로 공론화된 기간이다.

세부적으로 보면 신규 가입이 가능한 청약종합저축의 가입자가 7월에 9만 932명 늘면서 전체 가입자 증가를 이끌었다. 특히 전역이 투기과열지구로 지정돼 상한제 적용이 유력시되는 서울의 경우, 청약종합저축 가입자 증가 규모가 1만 9,679명으로 전달(6,940명) 대비 무려 3배 가량 늘었다. 청약통장 신규가입자 수는 지난해 '9·13 대책' 이후 청약 요건이 까다로워지면서 증가폭이 줄어들었지만 올해 들어 분양가 통제가 더욱 강화되면서 다시 늘기 시작했다. 이런 상황에서 상한제까지 나오면서 급격히 늘어난 것이다. 하지만 10억 원이 넘는 분양가에 대출도 금지되어 청약에 당첨된다 하더라도 현금이 없는 당첨자들이 감당할 수 있을지는 미지수다.

하지만 업계에서는 분양가상한제로 인한 분양수입 손실을 최소화하기 위해 일반분양을 임대로 돌린 뒤 4년이 지난 후 분양하는 '임대 후 분양'이나 건설사들이 마감재의 수준을 낮추는 등 각종 편법이 난무하지 않을까 우려하고 있다. 임대 후 분양이란 임대주택사업자로 등록하고 주택을 지어서 4~8년 의무 임대 기간을 채운 뒤 분양하는 것이다. 서울 용산구 한남동 단국대 용지에 지은 '한남더힐'이 대표적이다. 인근에서 올해 분양한 '나인 원 한남(분양전환가격 3.3㎡당 평균 6,100만 원 정도)'도 이 방식을 택했다. 임대 후 분양은 분양가 책정이 자유롭다는 점에서 자금력이 좋은 시행사들이 선호하는 방식이다.

이에 따라 서울 중구 세운상가와 용산구 유엔사 부지 등이 이를 검토하는 것으로 알려졌다. 하지만 임대 후 분양으로 전환하려면 사업시행계획부터 관리처분계획까지 정비사업계획을 바꿔 변경 인가 절차를 다시 밟아야 한다. 문제는 재개발·재건축의 경우 서울시가 조례로 임대전환을 하지 못하도록 하고 있다는 것이다. 편법을 차단하겠다는 것이다. 또 상한제를 피할 목적으로 임대 후 분양으로 돌리는 '꼼수 분양'을 막기 위해 주택도시보증공사(HUG)의 임대보증 기준을 대폭 강화하는 방법도 찾고 있어 향후 추이가 주목된다.

민간택지 분양가상한제의 후유증은 곳곳에서 나타나고 있다. 분양가상한제 발표 후 서울 송파구의 '송파 시그니처 롯데캐슬'이 1순위 접수에서 최고 420대 1의 경쟁률을 기록했다. 429가구 공급에 2만 3,565명이 신청해 평균 54.93대 1의 높은 경쟁률을 기록했다.

특히 11가구가 분양된 전용 59㎡에는 4,626명이 몰리며 420.55대 1을 기록했다. 또한 포스코건설의 '송도 더샵 센트럴파크 3차'는 258가구 모집에 5만 3,181명이 신청해 평균 경쟁률 206.1대 1을 기록했다. 전용 80㎡에서는 33가구 모집에 무려 3만 3,801명이 몰리면서 1,024.3대 1의 네자릿수 경쟁률을 나타냈다. 그리고 송도 더샵 프라임뷰 F20-1블록도 398가구 모집에 4만 5,916명이 몰렸다. 평균 경쟁률은 115.3대 1이었다.

가히 '청약전쟁'이라는 말이 나올 정도로 온통 청약이라는 블랙홀로 빨려 들어가는 모양새다. 분양가상한제로 인한 '공급 절벽'이 현실화되면서 수요자들이 대거 청약시장에 뛰어들 것이라는 우려가 현실화되고 있는 것이다. 이 같은 현상은 무엇보다 분양가상한제 시행을 앞두고 공급 위축을 우려한 수요자들이 대거 몰렸기 때문이다.

분양가상한제의 풍선효과로 오피스텔과 수익형부동산도 기지개를 켜고 있다. 〈아파트투유〉에 따르면, 2019년 8월 청약을 마친 '브라이튼 여의도' 오피스텔은 849실 모집에 2만 2,42명이 몰려 26:1의 청약경쟁률을 보였으며, 전체 청약자의 68.4%가 서울 청약자로 나타났다. 8·12대책의 틈새시장으로 일반지역의 수도권 미분양 아파트나 입지가 좋은 지방의 아파트가 주목받을 전망이다.

03 심리

1) 대중에 묻혀가지 마라

우리 안에 원숭이 네 마리를 집어넣고 천장에 바나나 한 묶음을 걸어놓고 바나나에 다다를 수 있게 사다리를 놓는다. 얼마 안 있어 배고픈 원숭이 한 마리가 바나나를 먹으려고 용기 있게 사다리에 올라타는 순간, 천장에서 찬물이 쏟아진다. 이를 본 다른 원숭이들은 사다리에 오르면 찬물을 맞게 된다는 것을 터득한 나머지 아무도 바나나 근처에 가지 않았다.

이후 천장의 물을 잠그고 물벼락을 맞은 원숭이 한 마리를 우리에서 꺼내고 대신 다른 원숭이를 들여보낸다. 바나나를 발견한 새 원숭이는 찬물이 쏟아진다는 것을 모르는 상태이므로 곧장 사다리를 타려고 한다. 그 순간 나머지 세 마리 원숭이들은 찬물이 쏟아지는 것을 피하기 위해 사다리에 올라가려고 하는 원숭이를 공격한다. 공격을 받은 원숭이는 자기가 왜 공격을 받는지 이유를 알지 못한다. 찬물을 뒤집어썼던 원숭이들을 차례로 다른 원숭이로 교체해도 또 같은 일이 벌어진다. 시간이 흘러 우리 안에는 한 번도 찬물을 맞은 적이 없는 원숭이들만 존재하게 됐는데도 아무도 사다리를 타고 올라가려 하지 않는다. 막대기에 올라가면 안 되는 이유도 모른 채 그저 막대기를 멀리한다.

런던 비즈니스스쿨 게리 해멀Gary Hamel 교수와 미시간 경영대학원 프라할라드C. K. Prahalad 교수가 공동으로 저술한 『미래를 위한 경쟁』에 나오는 '원숭이 실험'이다. 인간사나 부동산투자를 대입해도 별반 다르지 않다. 열정으로 똘똘 뭉친 누군가가 여태까지 생각할 수 없었던 새로운 방식을 시도하려고 하면 어쭙잖은 경험이라는 것으로 교묘히 포장하여 십중팔구는 부정적인 인식을 보인다. 대부분의 투자는 투자자들이 몰리는 곳이 편안하지만 먹을 건 적을 수밖에 없다. 그래서 부자들이나 투자의 귀재들은 대중의 반대편으로 간다.

관성화된 맹목적 경험으로 위장한 채 별다른 의구심 없이 답습하는 많은 대중들에게 경고를 보내는 사례다. 찬물을 뒤집어쓰기를 감수하고 사다리를 탈 용기 있는 사람들은 많지만 주위 사람들의 제지와 공격으로 그들의 용기는 점점 꺾이게 되고 결국 대중 속으로 묻혀가는 편안함을 택하게 된다. 니체의 말이다.

"안전하게 살고자 하는가? 그렇다면 항상 군중 속에 머물러 있어라. 그리고 군중에 섞여 너 자신을 잃어버려라."

우리가 찾고 있는 바나나는 과연 무엇일까?

2) 투자는 심리다

만약 주식을 소유한 사람이 심리적 혹은 경제적 압박감으로 주식을 매도하려고 하는데, 돈을 가진 매수자는 매수할 마음은 있지만 꼭 사야 한다는 압박감이 없다면 그 주식은 떨어진다. 그러나 돈을 가진 사람이 급하게 매물을 찾고 주식을 가진 사람이 당장 팔아야 할 압박감이 없다면 주식은 상승한다.

'투자의 대부'로 불리는 앙드레 코스톨라니 Andre Kostolany의 저서 『투자는 심리게임이다』에 나오는 말이다. '주식'을 '부동산'으로 바꾸어도 별 차이가 없다. 주식이든 부동산이든 결국 가격을 결정하는 것은

'money+psychology'로 대별된다. 부동산은 인간의 심리와 욕망을 담고 있는 풍선이다. 심리상태나 욕망의 크기에 따라 부풀어 터지기도 하고 쪼그라들기도 한다.

워런 버핏Warren Buffett이나 피터 린치Peter Lynch라는 이름은 익히 들어봤을 것이다. 그러나 코스톨라니는 생소한 인물로 느껴질지 모르지만 우리나라에서도 투자자들 사이에서는 우상으로 추앙받는 인물이다. 헝가리 출생으로 철학과 미술사를 전공하고 '유럽의 버핏', '투자의 신'으로 불리는 코스톨라니의 투자총서 3권, 『돈, 뜨겁게 사랑하고 차갑게 다루어라』, 『투자는 심리게임이다』, 『실전투자강의』는 우리나라에서 선풍적인 인기를 끌었고, 그 인기는 지금도 계속되고 있다. 투자에 관심이 있는 사람이라면 곁에 두어야 할 책이다. 그는 단순히 지식을 전달하는 데 그치지 않는다. 화려한 문체와 철학을 전공한 덕분인지 인문학적 식견을 토대로 투자와 인간 심리를 능수능란하고 정확하게 전달하는 한 편의 문학이자 소설 같은 책이다.

또한 그는 "투자는 내가 똑똑해서 수익을 내기보다는 다른 사람들의 어리석음으로 더 큰 수익을 낸다"고 했다. 따라서 더 똑똑하지는 못할지언정 어리석지 않을 정도의 공부는 필요하다. 물론 공부를 많이 해도 투자에 실패할 수 있지만 공부를 하지 않으면 백발백중 실패로 귀결된다. 그 공부의 정점은 결국 인문학으로 화룡점정畵龍點睛을 찍는다. 투자는 결국 사람과 사람 간의 머니게임이다.

돈이란 다른 사람의 호주머니에서 강제성 없이 내 호주머니로 들어오게 해야 한다. 자발적으로 돈을 움직이게 하기 위해서는 인간에 대한 연구와 분석 그리고 이해가 바탕이 되어 있어야 한다. 과거에 인문학은 결코 식량이 되지 못했지만 지금은 식량도 되고 부를 축적할 수 있는 바탕이 되고 있다. 정보통신 기술로 양산된 정보나 통계도 사람의 해석에 따라 쓸모가 달라진다. 어떤 분야든 바탕에 인문학이 가미되어야 온전히 빛을 발할 수 있다.

부동산도 예외가 아니다. 자세히 보라. 위대한 투자자는 경제학자가 아니라 인문학자다. 위대한 CEO는 경영학자가 아니라 인문학자다. 이병철 회장이 생전에 청년들에게 "경영학은 금방 배울 수 있으니 인문학을 전공하라"고 권유한 일화는 유명하다. 세상을 바꾼 휴대폰의 핵심은 기술이 아니라 인문이자 역사의 산물이다. 몇 년 전 서울 잠실체육관에서 열린 청년 토크 콘서트 '열정락서'의 강연자로 나선 삼성전자 미디어솔루션센터 사장은 강연장을 빼곡히 채운 대학생들에게 "역사서를 꾸준히 읽으라"고 했다. 과거 전화기와 MP3, PC를 하나로 조합한 것이 스마트폰이듯, 역사를 연구하고 재해석하다 보면 아무도 생각하지 못했던 창조적 결과물이 나올 수 있다는 것이다.

위대한 투자자들에게서 가장 두드러지는 특징은 '인문학 DNA'를 가지고 있다는 점이다. 책상에 앉아 정해진 시간에 하는 공부가 아닌 '일상으로서의 학습'이다. 앞서간 사람들의 경험과 이론에 살을 붙이고 색을 칠해서 자신만의 투자 철학과 기준을 만든다. 그 어떤 학습도 처음에는 다른 사람을 따라하면서 시작된다. 모방에서 출발하여 노력과 시간이 축적되면 비로소 자신만의 창조가 나온다.

따라서 고수는 심리학이나 인문학에 관심을 두지만 하수는 지표나 통계에 집중한다. 기업실적이 뛰어난 미국의 CEO들은 인문학 책을 끼고 다니지만 우리나라 CEO들은 경영학 책을 끼고 다닌다는 이야기를 결코 흘려들어서는 안 된다. 미국은 경영을 심리나 인문의 차원으로 보지만 우리나라는 관리와 통제의 차원으로 본다는 증거다. 물론 주식시장에서는 차트를, 부동산시장에서는 지표나 통계로 대별되는 기술적 정보가 필요하다. 중요한 것은 기술적 정보를 의사결정을 위한 보조자료로 보느냐, 핵심자료로 보느냐이다. 물론 기술적 정보는 사람들의 어제와 오늘의 움직임이 어떠했는지를 확실하게 보여준다.

그러나 그것으로 끝이다. 그런데도 그것을 내일의 정보로 활용하려 한다면 짝퉁 정보가 될 뿐이다. 사실 주식이나 부동산은 수학적으로 정확하게 분석하고 예측할 수 있는 성질의 것이 못 된다. 만약 객관화가 가능하다면 주식이든 부동산이든 존재할 이유가 없다. 심리라는 불확실성이 내포되어 있기 때문에 '허가 난 도박장', '자본주의의 꽃'으로 존재하고 있는 것이다. 부동산투자에서 기술적 정보로 돈을 벌었다는 사람은 있어도 부자가 되었다는 사람은 드물다. 기술적 정보를 맹신한 사람들은 한두 번 운 좋게 돈을 벌기는 했지만 머지않아 모두 영혼까지 탈탈 털리는 거지가 되기 일쑤다. 그래서 증권시장에서는 차트를 분석하여 밥벌이하는 사람들을 일컬어 '젊어서는 전문가, 늙어서는 거지'라는 말이 떠돌고 있다.

주식시장에서 증권사의 가장 중요한 고객은 단타매매자들의 수수료다. 부동산 역시 장기보유가 원칙이다. 미국 월스트리트에서 큰돈을 번 억만장자는 "내가 큰돈을 벌 수 있었던 것은 결코 분별력 때문이 아니다. 시장에서 꾸준하게 오래 버틴 결과이다"라고 했다. 특히 우리는 지구촌에서 둘째가라면 서러울 정도로 매사가 급하다. 그 덕분에 전쟁의 폐허 속에서 급속한 산업화를 이루어 먹고사는 걱정에서 탈출했고, 겉으로 보기에는 민주화도 안정단계에 접어들었다. 그러나 햇빛이 있으면 그늘이 생기는 법, 머리는 복잡해지고 마음은 텅텅 비어가고 있다.

『군중심리학』 저자 구스타브 르봉 Gustave Le Bon은 단도직입적으로 "대중은 무지하다"고 일갈했다. 한마디로 군중 속의 개인은 원시인들과 유사하다. 껍데기 정보에 쉽게 현혹될 뿐만 아니라 전염성이 있어 한쪽으로 급속히 쏠린다. 금방 혹하다 급격하게 비난으로 바뀌는 현상을 반복한다.

투자시장에서는 언론, 지라시 정보 등과 같은 수많은 소음이 판단력을 흐리게 한다. 특히 온갖 비정상이 판치는 주식시장에서 특정 기업의 주가가 이유 없이 폭등하면 우르르 몰려가지만 결과는 껍데기뿐이다. 천재들 100명을 좁은 공간에 몰아넣으면 이들은 이성에 의해서가 아니라 감정에 의해 지배된다고 한다. 인간은 이성적인 동시에 감정적 동물이지만 돈과 관련된 문제에서는 대개 감정의 지배를 받는다.

재개발 입주권을 보유한 A는 사업진행이 늦어지자 몇 날 며칠 고민한 끝에 내일은 반드시 자신이 보유한 입주권을 팔겠다고 다짐했다. 다음날 아침에 출근하던 그는 부동산사무실에 투자자들이 들락거리는 것을 보고는 재개발 진행이 낙관적이라 생각하고 입주권 파는 것을 포기한다. 이성이 아닌 감정에 지배를 받는 것이다. 따라서 미쳐 날뛰는 군중들과 인터넷 가격정보로부터 조금 떨어져 있어야 한다.

증권사나 언론, 네이버부동산에서 알려주는 기계적인 가격에 집중하는 사람은 결코 큰돈을 벌 수 없다. 마키아벨리도 『군주론』에서 "대중은 강자의 논리에 휘둘리고, 힘을 가진 자에게 아부하고, 줏대가 없고, 자기 이익을 위해 생각을 밥 먹듯이 바꾸고, 얼이 빠진 짐승처럼 돼지우리에 갇혀 사는 노예에 불과하다"고 일갈했다.

3) 찌질하게 징징대지 마라

만나는 사람마다 정부의 부동산 규제책이 연이어 발표되고 대출도 막히는 통에 부동산시장이 침체되고 불확실성이 높다고 아우성이다. 마치 기다렸다는 듯이 언론들도 일제히 절망적인 기사들로 대중들을 선동한다. 이에 대중들은 가랑비에 옷 젖듯 빠져든다. 물론 정부 정책이나 대출, 금리와 같은 지표들에 영향을 받을 수밖에 없는 측면이 있긴 하지만 돌이켜보라. 부동산시장이 과연 평안했고 예측 가능했던 적이 있었던가. 늘 상승과 하락의 연속이었다.

부동산시장이 확실하고 가격이 상승하기만 한다면 그것은 경쟁 시장이라 할 수 없다. 이같이 겉으로 드러난 정책이나 지표보다는 오히려 투자자들 스스로가 떼로 모여 설익은 뉴스에 부화뇌동하고 시시콜콜한 잡담으로 시장을 흐리는 것이 진짜 문제다. 그렇게 흙탕물을 만들어놓고 낚시를 하려니 고기가 잡힐 리 없다.

어떤 투자든 불확실성과 불투명성이 존재한다. 위험이 없는 확실한 투자란 없다. 은행도 망할 수 있고 집에 현금을 보관하다가 도둑을 만날 수도 있다. 불확실성을 싫어하는 투자자들의 특징은 대중이 몰려 부동산이 오를 때 사려고 한다는 것이다. 거래량이 증가하면 대중이 몰려 오를 것처럼 보이지만 사실 거래량 증가는 폭락의 전조증상인 경우가 많다. 주식시장 객장에 아기를 업은 아주머니가 나타나면 끝물이라는 격언이 있지 않은가.

부동산시장도 다르지 않다. 재개발과 재건축을 구분도 못 하는 아주머니들이 강사가 찍어주는 현장에 떼를 지어 몰려다니면 그 구역은 이미 상투이거나 끝물이다. 시장이 절망에 빠져 있을 때 이때다 싶어 요란하게 등장하는 사람들이 있다. 바로 전문가라는 사람들이다. 미래를 예측하는 것은 결국 신의 영역이다. 전문가는 과거의 현상에 대한 전문가이지 미래의 전문가는 아니다. 과거와 달리 정보가 시시각각 변하는 통에 전문가가 존재하기 어렵다. 전문가가 되려고 노력하는 사람들이 있을 뿐이다. 전문가에서 'ㄴ' 받침 하나만 빼면 아무것도 모르는 전무가가 된다.

"전문가들은 두 눈을 가린 검투사와 같다. 이들의 예측은 거의 설득력이 없고 현란한 말장난에 불과하다. 어쩌다 맞출 수는 있지만 원숭이보다 확률이 낮다. 따라서 믿을 게 못 된다. 그들의 주 고객은 투자의 새내기들뿐이다. 그들의 말 중 90% 이상이 광고나 조작이다"라고 일갈한 코스톨라니의 말을 가볍게 넘길 수 없다.

주식시장과 마찬가지로 부동산도 밀물과 썰물처럼 상승과 하락, 폭락과 폭등을 반복해 왔다. 밀물과 썰물은 기술로 정확하게 예측이 가능하지만 부동산의 상승과 하락은 정확하게 예측하기 어렵다. 그 기저에 사람들의 종잡을 수 없는 심리가 내포되어 있기 때문이다. 부동산은 더 이상 부동산이 아니라 동산화動産化되고 있다. 인간의 필요나 욕망에 의해 시시각각 변하기 때문이다. 인간의 욕망은 고정되어 있지 않고 사회 수준이나 경제 성장 속도에 따라 변한다. 영원할 것 같았던 '합리적 경제인'이라는 정통 경제학의 명제는 경제학자가 아닌 심리학자에 의해 박살 났다. 경제와 관련하여 인간은 결코 합리적이지도 이성적이지도 않다는 반증이다. 따라서 그 어떤 수치나 기술도 결국 산출된 답을 해석하는 데서 가치가 발현된다. 기술이나 통계는 무결점의 산물이 아니다. 종종 편향되거나 왜곡될 수 있기 때문이다.

기술과 통계의 결점을 보완하는 데 사람의 분석과 수정이 반드시 필요하다. 부동산이 직면한 여러 문제의 해결책을 찾으려면 데이터뿐 아니라 인간적 맥락에 대한 근본적 이해가 필요하다. 기술이나 데이터가 지금보다 좀 더 인류와의 공존을 위해 여러 문제를 해결하고 좋은 변화를 이끌어내려면 그 중심에 인문학이 탄탄하게 자리 잡고 있어야 한다. 물론 수치화된 지표가 인간심리를 반영한 결과일 수 있지만 그것은 합리적 시장이거나 이성적 판단을 한다는 전제에서 가능하다.

4) 대중은 부자들의 호구다

부동산은 경제는 물론 사회현상, 문화, 금융, 가치관 등을 아우르는 종합선물세트다. 사회가 선진화될수록 세상은 투명해지고 정의로워지고 있지만 부동산시장은 여전히 희뿌연 안갯속이다. 투기세력들이 시장을 왜곡하고 정부 정책은 애꿎은 개미들만 구렁텅이로 몰아넣고 있다. 쌈짓돈 모아 레버리지 대출을 활용하여 일어서 보려는 서민들에게 차렷 자세를 강요한다. 정부의 부동산 정책이라고 해봐야 결국 대출 옥죄기 그 이상도 그 이하도 아니다. 문제를 만들어낸 시스템으로는 문제를 해결할 수 없는 법인데 정부 정책은 재탕, 삼탕이다. 과거 초등학생들의 장래희망은 소방관, 경찰관이었지만 요즘은 빌딩주인이라고 한다. 아이들 탓할 일이 아니다.

'조물주 위의 건물주'라는 세간의 인식은 더욱 견고해지고 있다. 최근 KB금융지주 경영연구소가 발표한 '2018 한국 부자 보고서'에 따르면 100억 원 이상 자산가의 총자산에서 빌딩·상가가 차지하는 비중이 39.3%였으며, 50억 원에서 100억 원 사이는 25.5%, 30억 원에서 50억 원 사이는 17.3%로 조사되었다. 이는 자산이 많은 부자일수록 빌딩이나 상가 등 건물을 많이 보유한다는 것을 의미한다. 한국 부자들의 '건물사랑'이 그대로 증명된 셈이다.

자산이 많은 자산가일수록 빌딩·상가 등 건물 투자 비중이 높은 것으로 나타났다. 하지만 문재인 정부의 부동산투자 억제 정책에도 불구 오히려 한국 부자들의 부동산 자산은 1년 새 크게 불어나는 반면, 집 없는 서민들의 전세대출은 크게 증가하는 등 사회적인 모순도 그대로 드러났다. 부동산에서 태어나 부동산에서 살다가 부동산으로 가는 게 인생이니 인간의 부동산 사랑을 지나치게 폄훼할 필요는 없지만 기울어진 운동장에서 개미들은 대개 부자들의 밥이 되고 있다. 정의롭지도, 공정하지도 않은 게임 룰이 시장을 지배하고 있다. 부동산으로 돈을 번 소위 부자들은 부동산시장을 깡통처럼 찌그러트려 개미들이 발도 못 붙이게 해버렸다. 게다가 시장의 공정한 심판자이자 감시자가 되어야 하는 정부는 하루가 멀다 하고 각종 규제 정책을 남발하지만 다주택자, 건설사 등 부동산시장의 기득권층 눈치 보기에 급급하다.

시장을 주무르고 있는 이른바 전문가들도 별반 다르지 않다. 철 지난 통계를 근거로 그들의 이익이 되는 쪽으로 가공해서 정보를 재생산하는 수준이다. 주식시장 전문가들 역시 휘황찬란한 네온사인 같은 차트를 들고 잘난 척을 하며 자신의 이익을 위해 알 수도 없는 복잡한 통계를 들먹인다. 오죽했으면 항간에 주식 관련 보고서의 90% 이상은 친기업적인 시각에서 배출된 자료라고 하겠는가. 그들이 추천하는 종목을 벌떼처럼 달려가 산 개미들은 하룻밤만 지나면 주가가 폭락하는 경험을 하곤 한다.

시장 감시자의 역할을 하는 최후의 보루, 언론도 마찬가지다. 광고를 무기 삼아 횡포를 부리는 건설사의 손아귀에서 자유롭지 못하기 때문이다. 이처럼 부동산시장을 좌지우지하는 이해관계자들은 '가진 자', '가진 회사'의 이익을 대변하는 방향으로 전개되어 왔기 때문에 개미들만 죽을 맛이다. 대출받기가 어려워 부동산을 기웃거릴 여력조차 없는 개미들이지만 부자들은 은행 돈은 거들떠보지도 않는다. 장롱 속 현금을 들고 나와 알짜 물건들을 싹쓸이하고 있다.

5) 자본주의의 바보가 되지 마라

통계청 자료(2017년)에 따르면, 우리나라 전체 땅덩어리는 46,968㎢이고, 2,200만 필지에 전체 토지가액은 2,740조 4,650억 원에 이른다. 이 중 민간 토지 소유현황을 보면, 전체 인구의 상위 1%인 50만 명이 전체 개인토지 55.2%를 소유하고, 이를 상위 10%인 500만 명으로 확대하면 이들이 97.6%를 가지고 있다. 국민 70%는 평생 땅 1평도 보유해 보지 못하고 있는 것이다. 고급 외제차 옆에서 종이박스를 이불 삼아 잠을 자는 노숙자가 증가하는 건 별다른 뉴스거리도 되지 않는다.

이처럼 우리나라 사람들끼리도 땅따먹기가 전쟁 수준인데 그 와중에 외국인들도 우리나라 땅을 꾸역꾸역 사들이고 있다. 외국인이 보유한 국내 토지 면적은 243.25㎢를 넘어섰다. 이는 여의도 면적의 83.9배, 공시지가 기준으로는 30조 원이 넘는다. 무덤에 있는 『진보와 빈곤』의 저자 헨리 조지Henry George가 통탄할 일이지만 자본주의와 경제 규모가 성장할수록 인간은 더 이기적이고 치사해지고 한정된 땅은 몇몇 사람들이 독차지하고 있다.

'헬조선', '헬부동산', '아파트공화국'으로 명명되는 우리나라에서 부동산이란 무엇일까? 사회는 진보하고 경제는 눈부시게 성장하면서 인권을 넘어 동물권을 논하는 지금, 민주주의가 자리 잡아 간다고 자부하는 지금도 부동산만큼은 인간의 존엄과 가치보다 우선시되고 있다. 개인과 개인, 개인과 집단, 개인과 국가, 집단과 집단, 국가와 국가 사이에서도 토지는 독자적이고 독보적인 자리를 차지하며 자본과 신성한 노동을 빠르게 잠식해 나간다. 자본주의의 요상한 괴물인 부동산이라는 콘크리트

덩어리가 인간의 욕망이라는 본능과 결합하면서 어느새 부의 상징으로써 힘과 권력을 완성해 나간다.

바나나 100개를 두 마리의 원숭이에게 주면 바나나 때문에 서로 다투지 않는다. 그러나 만물의 영장이라는 인간은 다르다. 100억 원을 가진다 해도 만족하지 못한다. 1,000억 원을 가진 부자가 부럽기 때문이다. 1,000억 원을 손에 쥐어도 아쉽기는 마찬가지다. 1조 원을 가진 재벌에 비하면 자신은 턱없이 초라하게 느껴지기 때문이다. 1,000억 원이나 1조 원이나 평생 써도 다 쓰지 못할 돈이다.

인간의 역사가 욕망의 역사이듯 부동산의 역사도 욕망의 범주를 벗어나기 어렵다. 때로 비도덕의 원흉이 되기도 하지만 욕망은 인간 사회의 진보와 발전의 원동력임을 간과할 수 없다. 에리히 프롬Erich Fromm의 『소유냐 존재냐』를 들추지 않아도 욕망의 정점을 찍는 것은 존재가 아니라 소유다. 존재로서의 피조물에 만족하지 못하고 무엇이든 소유해야 직성이 풀리는 것이다. 그러다 보니 정작 소유할 수 없는 정신적인 것까지 소유의 대상인 것처럼 하나의 물건으로 환원시키려는 것이다. 프롬은 이러한 소유욕을 정신병의 한 부류라고 했다. 부동산 소유욕이 강하다 보니 이제는 사람도 소유할 수 있다고 생각하는 것이다.

따라서 부동산은 인위적으로 통제하는 정부 정책으로는 본래의 효과를 내기 어렵다. 부동산은 인간 심리와 욕망의 결정체이기 때문이다. 심리나 욕망은 수치화할 수 있을 만큼 단순하지 않다. 태생적으로 통계와 수치로 객관화될 수 있는 피조물이 아니기 때문이다.

2019년 8월 〈매일경제〉가 각계 부동산 전문가 50인을 대상으로 설문조사를 실시했다. 결과를 보면, 집값 잡기 정책의 핵심인 서울 집값은 계속 올라갈 것으로 예상했다. 이른바 '규제의 역설'이다. 현 정부 역시 철 지난 정책들을 재탕 삼탕하면서 전문성이 떨어지고 변화된 시장을 이해하지 못하고 있다고 생각하는 것이다. 그리고 향후 가장 매력적인 투자처로 부동산이라는 응답이 60%에 달해 저금리 등으로 갈 곳 잃은 유동자금은 결국 부동산으로 몰릴 것이다. 주식시장이 크게 요동치고 지구촌 경제도 크게 술렁이는 상황에서 여차하면 '쪽박'을 찰 수 있는 유가증권보다 실물자산인 부동산이 낫다고 보는 것이다.

부동산 중에서는 재건축 아파트에 투자해야 한다는 응답이 30%로 가장 높게 나타났다. 8·12 대책으로 분양가상한제를 재건축 아파트에 정조준했지만 그럼에도 전문가들은 오히려 투자 가치가 높다고 보았다. 정부 정책을 신뢰하지 않는다는 반증이다. 적정 투자시기로는 무려 84%가 2020년 상반기까지라고 답했다. 따라서 규제보다는 공급량 자체를 늘려야 집값을 잡을 수 있는데 공급은 3기 신도시 등 서울 밖에서만 하고 서울, 특히 도심의 공급은 막고 있어 문제에 대한 진단과 처방이 엇박자를 내고 있다. 부동산 자본주의가 고착화되면서 이젠 월급만으로는 살아갈 수 없는 시대가 되었다. 부동산과 담을 쌓은 채 그들만의 리그로 치부한다면 자본주의의 바보로 전락할 수밖에 없다.

6) 바람잡이 두 명만 있으면 대중은 불나방처럼 모여든다

상담하다 보면 자신의 투자기준이나 철학보다는 귀동냥한 자료와 언론의 설익은 정보 또는 '찍어주는 곳'에 투자하겠다는 경우가 있다. 대중 속에 묻혀가겠다는 것이다. 그러면 찬바람을 맞을 필요도 없고 온실처럼 편하기 때문이다. 설령 투자에 실패하더라도 나만 실패한 것이 아니라 다른 사람들도 실패했다는 것으로 위안을 삼을 수 있다. 따라서 독불장군처럼 혼자만 투자했다가 실패할 경우 주위 사람들의 손가락질과 비웃음을 견딜 재간이 없기 때문에 사람들이 몰리는 지역으로 달려간다. 이처럼 대중심리는 통계나 진실을 덮을 만큼 강력한 힘이 되기도 한다. 오래전부터 소위 '투자의 귀재'들이 투자는 대중의 반대편으로 가라고 설파하지만 여전히 대중들에게는 소귀에 경 읽기다.

내셔널 지오그래픽National Geographic의 〈브레인게임〉이라는 프로그램에서 강연과 관련된 재미있는 실험을 했다. 브레인게임의 진행자 제이슨이 강연을 진행하고 있다. 사실 이 강연은 군중심리와 관련된 사회실험을 위해 마련된 강연이었다.

강연자는 처음에는 그럴듯한 내용으로 청중들의 집중력을 끌어올리다 어느 정도 강의를 진행한 후 주제를 바꿔 본래 강의 내용과는 아무 관련이 없는 헛소리를 늘어놓기 시작한다. 그러자 곧 몇몇 청중들의 표정이 이상해지기 시작했다. 그중 일부는 다른 사람들의 반응을 살피며 이상한 기운을 감지했지만 신기하게도 이의를 제기하거나 자리를 뜨는 사람은 아무도 없었다.

마침내 강연자 제이슨은 강연을 무사히 마쳤다. 강연이 끝나자마자 맨 앞에 앉은 두 명의 청중이 기립박수를 보냈다. 그러자 나머지 청중들도 일어나 이 엉터리 강연자에게 기립박수를 보내기 시작했다. 사실 최초 기립박수를 시작한 청중은 제작진에서 미리 심어놓은 바람잡이였다. 군중심리를 실험하기 위한 장치였다. 엉터리 강연의 결과는 대성공이었다. 브레인게임의 제작진은 군중심리 실험이 끝난 후 청중들과 인터뷰를 진행했다. 청중들의 의견을 종합해 보면 "다른 사람들과 다르게 보이고 싶지 않기 때문에 이의를 제기하지도 않았고 자리를 뜨지도 않았다"는 것이다. 군중심리가 얼마나 강력한지 볼 수 있는 실험이다. 이러한 군중심리는 모든 투자에서 고려해야 하는 요인으로 등장했다. 부동산투자도 마찬가지다. 유명세를 떨치는 바람잡이 두 명만 나서서 한 곳을 찍으면 대중은 묻지마식으로 달려간다.

"우리는 인생에서 가장 중요한 교차로들에 신호등이 없다는 사실에 익숙해져야 한다"는 헤밍웨이의 말을 잊지 말아야 한다. 가장 중요한 갈림길에서의 선택은 결국 스스로 해야 한다. 중요한 선택을 해야 할 경우 누군가가 "이렇게 해라", "저렇게 해라"는 식으로 진심을 가지고 도와주는 경우는 흔치 않다. 인간이란 부동산을 만나면 이성은 온데간데없고 탐욕스러워지기 때문이다.

사실 진짜 돈을 벌 수 있는 기회 앞에서는 친구 간에도 알짜 정보는 잘 알려주지 않는다. 다른 분야도 마찬가지지만 노하우를 100% 가르쳐주는 교육도, 전문가도 없다. 스스로 부동산에 대한 학습을 통해 안목을 키워야 한다. 그렇지 않으면 선택이 폭을 좁히거나 아예 선택을 하지 못하고 맹목적으로 따라가는 레밍과 같은 행동을 반복할 수밖에 없다.

7) 친구 따라 강남 가지 말고 차라리 맨땅에 헤딩하라

악단을 태운 마차가 떠들썩하게 거리를 지나가면 처음에는 한두 사람이 마차를 뒤따르지만 시간이 지날수록, 참여자가 많아질수록 더 많은 사람이 동참하고 무리는 점점 커진다. 이런 현상을 '밴드왜건 효과Band wagon effect'라고 한다. 이 용어는 집단행동이 사람의 행동에 영향을 미치는 모습을 설명할 때 주로 사용된다. 퍼레이드를 이끄는 밴드왜건을 본 따 만든 용어로 대다수의 사람들이 선호하는 제품을 따라하려고 하는 심리를 말한다. 유행이라는 것이 생겨나는 가장 직접적인 동기가 되는 것이다.

일찍이 아리스토텔레스는 "인간은 사회적 동물이다"라고 설파했다.

사실 인간은 태어나 할 수 있는 게 아무것도 없다. 혼자서 스스로 살아갈 수 없어 보호받아야 한다. 3개월은 있어야 목을 가눌 수 있고, 6개월은 있어야 기어 다닐 수 있고, 보통 혼자 걸을 수 있으려면 12개월 정도 걸린다. 나아가 나이만 먹는다고 어른이 될 수 있는 것이 아니다. 수많은 인간관계 속에서 사회화되고 어른이 되는 것이다. 따라서 사회적이라는 말 속에는 상황에 따라 정치적이기도 하고, 경제적이기도 하고, 종교적이기도 하고, 이기적이기도 한 동물이라는 말이 내포된 것일 게다. 그러한 사회화의 결과 사람들이 많이 사는 상품이 더 잘 팔리는 것이다. 맛집을 찾을 때도 사람이 없는 곳보다 사람이 붐비는 식당에 가고 싶어 사람들이 더 몰리고 줄까지 선다.

한때 우리나라를 휩쓸었던 청소년들의 노스페이스 바람막이가 그러했고, 허니버터칩 열풍이 그랬다. 최근 쉑쉑버거도 밴드왜건 효과의 대표적인 사례다. 고급 수제 버거를 가장 먼저 선점하려는 소비자들이 한꺼번에 몰려 쉑쉑버거 매장 앞은 자연스레 줄이 생겨나게 된다. 그 후 밴드왜건 효과가 본격적으로 발동되어 아직 줄을 서지 않은 이들로 하여금 자연스레 궁금증을 유발하여 쉑쉑버거를 먹지 않으면 유행에 뒤처지는 듯한 느낌을 받게 만든다.

부동산도 예외가 아니다. 갭투자 열풍이나 똘똘한 한 채, 꼬마빌딩이 휩쓴 배경에도 밴드왜건 효과가 작용한 것이다. 혼자 공부해서 투자처를 찾는 생고생을 하기보다는 남들이 투자하는 곳에 투자하면 시간도 절약되고 심리적 안정도 가져오기 때문이다.

그렇다면 사람들이 이처럼 무의식적으로 다른 사람들의 행동을 따라하는 이유는 무엇 때문일까. 바로 무리에 속해 있을 때 얻는 안정감 때문이다. 인류가 시작될 때부터 내려온 무의식적인 본능에 가깝다. 원시

시대에는 무리를 벗어난다는 것은 곧 죽음이었다. 지금도 대도시에 사람들이 몰려 사는 이유도 이와 무관하지 않다. 이처럼 대중의 행동을 살펴 그 행동을 믿고 따라하는 전략은 때로는 편리하면서도 합리적인 방법이기도 하다. 많은 사람들이 하는 것을 그대로 따라하면 맨땅에 헤딩을 하지 않아도 되고 또 직접 정보를 수집하고 분석하는 데 드는 시간과 노력을 아낄 수도 있다. 그래서 사람들은 자신이 노력하지 않고 그 집단의 많은 사람들이 하는 행동과 지식이 정답이라고 믿게 되는 편리한 착각에 빠진다.

문제는 여기서 시작된다. 재앙이 싹트기 때문이다. 부동산에 투자하는 사람이 늘어날수록 시세는 오르고, 그러면 더 많은 사람이 몰려서 가격은 점점 더 올라간다. 그렇게 폭탄 돌리기가 지속되면 정부 정책이나 작은 시장변화에도 하루아침에 공든 탑이 무너질 수 있다. 결국 정보를 대하는 사람들의 집단주의적 태도 때문이다. 대다수의 사람들은 자신의 투자가 성공하기를 바란다.

예를 들면 자신이 재개발에 대해 공부하여 그러한 정보들을 공유하는 사람들과 함께 투자에 나선다. 하지만 투자에 대해 비관적인 정보를 양산하는 사람들도 분명히 존재하기 마련이다. 이러한 상황에 처하게 되면 즉 자신이 알고 있는 정보와 상반되는 정보를 접하게 되면 그러한 정보들을 무시하거나 제거해 버린다는 것이다. 하나의 생각에 꽂히면 다른 의견이나 정보에 귀를 닫아버린다는 것이다. 다른 사람들은 투자에 실패해도 자신은 성공할 수 있다고 믿는 것이다. 이를 심리학적 용어로 '통제의 환상'이라고 부른다.

많은 사람들이 부동산이나 금융 공부를 해서 새로운 정보를 습득하려는 것처럼 보이지만 실은 자신이 믿고 있는 정보를 확인하여 확신을 가지기 위해서인 경우가 많다. 부동산이든 주식이든 그 어떤 투자도 과거처럼 요행수가 통하는 시대가 아니다. 이러한 자기 아집적 투자는 투자가 아니라 투기에 가깝다. 대다수의 사람들이 몰려가는 곳으로 가지 않고 혼자 독야청청 새로운 길을 가는 것은 말처럼 쉽지 않다. 그러나 대박은 지식이나 투자금이 많은 사람에게 돌아가는 것이 아니라 대중이 가지 않는 곳으로 가는 자의 몫이다. 그러기 위해서는 늘 귀를 열어두는 것은 물론 각종 정보들을 객관적으로 정리할 수 있는 투자철학이 선행되어야 한다.

"많은 사람이 열광할 때가 가장 위험하다"는 말은 주식시장에서만 통용되는 것이 아니다. 이를 뒤집으면 많은 사람들이 머뭇거리고 절망적이라고 할 때 투자에 나서는 것도 하나의 전략이 될 수 있다.

8) 고수와 하수는 지식이 아니라 행동으로 판가름 난다

어느 분야에서든 고수의 향기를 내는 사람들이 있다. 겉만 보고도 단박에 핵심을 집어내는 능력을 가진 사람들, 이른바 '직관의 고수'들이다. 반면 직관보다 더 깊이 있게 오랫동안 외형을 관찰하여 해결책을 집어내는 능력자들은 '통찰의 고수'들이라 할 수 있다. 직관 그 너머에 통찰이 있는 것이다. 직관과 통찰은 시간과 깊이의 차이, 즉 내공의 정도로 판단할 수 있다. 통찰력이 중요하지만 그렇다고 직관을 얕보면 큰코다친다.

직관을 넘어 통찰력을 가진 사람들은 상당히 깊이 있고 전문적인 내용을 간단하고 쉽게 설명한다. 부동산 고수다. 분야를 막론하고 흔히 고수, 하수라는 말을 즐겨 사용한다. 고수와 하수의 차이는 바로 통찰력에서 좌우된다. 그 주제에 대해 얼마나 많은 노력과 시간을 쏟았는지, 노하우가 얼마나 축적되어 있는지에 따라 결정되는 것이다. 부동산에서도 같은 상황을 두고 고수와 하수는 다르게 생각하고 서로 다른 모습으로 행동하고 결국 상반된 결과물을 내놓는다.

예를 하나 들어보자. '미분양'이라는 단어를 접하는 순간, 미분양은 피해야 할 대상이라고 생각한다면 하수일 가능성이 높다. 고수들은 오히려 투자의 기회라고 생각한다. 시기를 저울질하다 미분양 물량이 감소하는 타이밍에 맞춰 저렴하게 취득한다. 미분양이 해소되기를 기다려 본래 가격을 회복하거나 새집에 대한 선호도가 올라 가격에 반영되면 매도한다. 그러나 하수들은 정반대의 행보를 보인다. 미분양은 일단 피하고 물러난다. 미분양이 해소되어 가격이 정상화되면 그때 매입 타이밍을 잡는다. 이 같은 일은 지금도 반복되고 있다.

재개발 투자에도 고수와 하수는 다르게 접근한다. 일반적으로 재개발은 '구역지정 – 조합설립 – 시공사선정 – 사업시행인가 – 관리처분계획인가 – 철거 – 입주'의 단계를 밟는다. 감만1재개발구역의 경우 2007년 구역이 지정되어 10년 넘게 진행되어 왔다. 당초 일정보다 조금 늦어지는 것은 사실이다. 그러나 세대수가 우리나라에서 가장 많은 1만 세대에 가깝고, 조합원 수가 2,700여 명에 이르는 뉴스테이 연계형 재개발이다. 2017년 3월 시공사가 선정되고 사업시행인가를 거쳐 관리처분계획인가를 앞두고 있다. 통상 사업시행인가가 나면 재개발은 진행된다고 보는 것이 무방하다.

그런데도 "재개발이 안 되면 어떡하냐?", "투자 위험은 없냐?", "수익률은 높은가?"와 같은 질문을 한다. 한 마디로 난처하다. 조합, 시공사, 관할 구청 그 누구도 확실하게 답할 수 없다. 곳곳에 변수들이 도사리고 있다. 따라서 과거 여러 재개발 지역에 대한 진행과정을 토대로 향후 일정을 예상해 보는 것이 최선이다. 위험이 없는 투자는 없다. 위험이 싫다면 투자할 이유가 없다. 재개발은 다소의 위험과 불확실성이 존재하는 시장이다. 위험을 피하면서 고수익을 올릴 수 있는 투자는 없다. 수익률은 위험에 대한 일종의 보상이기 때문이다.

또한 하수들은 재개발 지역에만 집중한다. 사실 재개발이 어느 정도 진행되면 프리미엄이 오른 상태이다. 또한 투자하고 긴 시간을 기다려야 하는 장기 투자의 성격이 강해 돈도 묶인다. 그러나 고수들은 재개발 인근 지역에도 관심을 가진다. 재개발이 진행되어 관리처분계획인가 단계가 되면 재개발구역에 거주하고 있던 조합원이나 세입자들이 이사를 가게 되는데 가장 먼저 찾게 되는 것은 주택이 된다. 재개발로 집을 구해야 하는 수요는 단기간에 폭발적으로 늘어나므로 기존 주택 가격은 상승하기 마련이다. 또 재개발이 완료되면 주변 환경이 좋아지면서 덩달아 기존 재고 주택도 수혜를 입을 수 있으므로 매도 차익을 챙길 수 있다.

또한 정부 정책이나 금리 인상 등으로 부동산시장이 침체되면 하수들은 부동산 가격이 더 떨어지지 않을까 걱정하며 매수를 꺼리게 된다. 그래서 매매시장은 더 얼어붙는다. 하지만 고수들은 '때가 왔다'는 듯 기지개를 켜고 매수에 나서지만 하수들은 부동산시장이 상승하면 지금이라도 집을 사야 하나, 말아야 하나 걱정하다 더 오를 것 같다는 생각에서 덜컥 매입한다. 반대로 집값이 떨어지기 시작하면 더 내릴 것 같다는 생각에 갖고 있던 집을 처분한다. 여기서도 고수들은 반대로 움직인다. 집값이 떨어질 때 저렴한 가격으로 집을 사고, 집값이 오르면 팔아서 수익을 낸다. 그리고 다시 집값이 하락하는 지역을 끊임없이 찾는다.

부동산투자에서 위기를 위기로 보면 그 위기를 돌파할 해법을 찾기 어렵다. 늘 준비만 하다 기회만 보다가 투자는 하지 못하고 다른 사람들의 투자 경험담만 이야기하게 된다. 부동산 고수는 사람을 연구하고, 부동산 하수는 부동산을 연구한다. 부동산 고수는 숲을 보고, 부동산 하수는 나무를 본다.

9) 원숭이도 셰익스피어가 된다

우리는 스스로를 '만물의 영장'이라고 자화자찬하며 바나나를 움켜쥔 원숭이를 대수롭지 않게 생각한다. 그러나 원숭이도 셰익스피어의 『희곡』이나 플라톤의 『대화』, 애덤 스미스의 『국부론』을 한 글자도 틀리지 않고 완성해 낸다.

그럴 리가 없다고! 말도 안 되는 소리라고! 그런데 정말 설마가 사람 잡는다. 19세기 진화생물학자 토머스 헉슬리Thomas Henry Huxley가 농담처럼 말했던 것이 진짜 현실이 됐다. 무수히 많은 원숭이가 각자 노트북 앞에 앉았다. 원숭이들은 무수히 많은 시간 동안 자판을 두드린다. 그러다 보면 어느 날 그중 한 원숭이는 〈도시 및 주거환경정비법〉 원문을 글자 하나 틀리지 않고 모두 완성해 낸다는 것이다. 이것이 나심 니콜라스 탈렙Nassim Nicholas Taleb의 저서 『행운에 속지 마라Fooled by Randomness』에 '타자기 치는 원숭이' 이야기다.

탈렙은 이 이야기를 통해 투자에 수많은 사람들이 참가한다면 그중에서 운이 아주 좋은 한 명의 성공자가 나올 수 있다는 것이다. 그는 '타자기 치는 원숭이'를 비유하며 월가의 부자들 역시 '운이 좋은 사람들'이라고 했다. 소위 능력 있다는 사람들이 수없이 새로 들어오고 그중 많은 사람들이 또 실패자가 되어 쫓겨나는 월가에서 워런 버핏Warren Buffett 같은 사람이 있다는 것은 단지 운이 좋았기 때문이라고 일갈했다. 원숭이

한 마리가 타자기로 셰익스피어의 『희곡』이나 플라톤의 『대화』를 완성할 확률은 거의 없다. 하지만 무한대의 원숭이와 타자기가 있다면 완성할 확률이 있다는 것이다. 특히 성공한 투자자들의 자서전을 보면 자신의 비범한 능력 때문이라고 하지만 통계적으로는 수많은 투자자들 중 어쩌다 운이 좋은 또 다른 한 마리의 원숭이에 불과하다는 것이다.

문제는 여기서 그치지 않는다. 그렇다면 아담 스미스의 『국부론』을 완성한 원숭이가 아인슈타인의 〈상대성이론〉도 완성할 수 있느냐 하는 점이다. 대다수의 투자자들은 어쩌다 한 번 결과가 좋으면 그 방식을 좀처럼 버리려 하지 않는다. 아파트에 투자하여 수익을 낸 방식을 토지 투자에도 그대로 적용하려 한다. 탈렙은 한 분야의 성과를 다른 분야에 그대로 적용시키는 것은 위험하다고 지적한다. 인간군상이 모인 투자시장에서는 어떤 분야에 대한 성과는 그 분야로 끝나는 것이고 다른 분야와의 인과관계가 크지 않다는 것이다.

심리학자들에 따르면 인간은 본래 합리적이지도, 이성적이지도 않고 사회적 모욕감을 참기도 어렵다고 지적한다. 설령 합리적이고 이성적인 인간이 된다고 해도 삶의 위안을 얻을 수 있느냐 하는 것은 또 다른 문제다. 부동산 일을 하고 있지만 그동안 미쳐 날뛰었던 부동산시장에서 과연 합리적으로 생각하고 행동한다는 것이 가능한 일인지 자주 반문하고 있다. 합리적이지도 이성적이지도 않은 환경에서 합리적이고 이성적이 되려고 노력하기보다는 차라리 같이 미쳐 날뛰는 편이 바람직할지도 모른다.

부동산투자에 실패한 사람들로만 구성된 하나의 투자집단이 있다. 그들의 기대수익률을 마이너스로 가정해 보자. 이제 로또를 추첨하는 항아리에서 공을 꺼낸다. 항아리에는 검은색 공 45개와 흰색 공 55개로 모두 100개가 들어 있다. 투자자는 검은 공이 나오면 1만 달러를 벌고, 흰색 공이 나오면 1만 달러를 잃는다. 이 경우 투자자는 평균적으로 매년 1,000달러를 손해 보게 된다. 그러나 이것은 어디까지나 평균이 그렇다는 것이다. 그럼에도 불구하고 확률적으로 보면, 첫해 이익을 내는 투자자가 4,500명, 그다음 해에는 그 숫자의 45%인 2,025명이 나올 것이다. 이어 그다음 해에는 911명, 4년이 되는 해에는 410명, 5년째는 184명이 나올 것이다. 장기적으로 보면 대부분의 투자자들은 손해를 보지만 운이 좋은 몇 명은, 무한대의 원숭이가 타자기를 두드려『국부론』을 완성하듯이 '운 좋은 원숭이'일 뿐이라는 것이다.

투자에 실패한 사람들 중에서도 성공자가 나온다는 것이다. 우리는 이들이 높은 수익을 낸 이유가 운이 좋아서가 아니라 다른 사람들과 구별되는 그들만의 '한 방'이 있을 거라고 생각하지만 사실 그 한 방은 없고 단지 운이 좋았을 뿐이라는 것이다. 따라서 한두 번 성공한 투자결과를 가지고 자신의 능력 덕분이라고 과신해서는 안 된다. 능력 때문이라고 생각하게 되면 교만해지고 행운 때문이라고 생각하게 되면 겸손해지고 늘 학습을 하게 된다.

10) 인간은 도덕이 아닌 이익으로 움직인다

『손자병법』의 마지막 부분에서 손자는 '도대체 왜 전쟁을 일으키는가?', '인간은 왜 싸우는가?'라는 근원적이고 본질적인 질문을 던진다. 손자가 내린 답은 '이익을 얻기 위해서'이다. 이익이 있는 곳에 싸움이 있다. 한비도『한비자』에서 "인간은 이익을 찾아 움직이는 동물이다. 인간의 마음을 움직이는 동기는 사랑도, 배려도, 인정도, 의리도 아니다. 오로지 이익뿐이다"라고 일갈했다. 기업도 마찬가지다. 도덕 운운하며 고상한 척 떠들어도 이익이 안 나는 기업은 존재할 수 없다. 충성심과 애사심이 하늘을 찌를 듯했던 직원들도 두 달만 월급이 밀리면 욕지기를 하며 미련 없이 짐을 싼다. 이익이 나지 않는 기업에 사회적 책임이니, 기업철학이니, 기업문화니, 핵심가치가 어쩌고 비전이 저쩌고 해봐야 뜬구름 잡는 소리일 뿐이다.

그러나 이익을 위해서는 감정에 휘둘려선 안 된다. 싸움은 분풀이 대상이 아니다. 이익을 챙기는 게임이기 때문에 냉철하고 이성적이어야 한다. 이익이 없다면 싸울 필요가 없다. 싸움을 시작했다면 물불 가리지 말고 이겨야 한다. 이기지 못했을 경우, 죽은 사람을 되살릴 수 없고 무너진 나라를 다시 세울 수도 없다. 『손자병법』은 '싸우지 않고 이기는 것'을 권한다. 피를 흘리지 말고 이기라는 것이다. 영화 〈친구〉의 "밟을 때는 쳐다만 봐도 오줌을 지릴 정도로 확실하게 밟아줘야 한데이. 그래야 다시는 개길 생각도 못 한데이!"라는 대사가 떠오른다. 싸움에서 가장 중요한 것은 '개길 생각도 못 하게', '싸울 생각도 못 하게' 하는 것이 최고다. 누울 자리를 보고 다리를 뻗어라. 계란으로 바위를 치면 계란만 박살 난다. 이길 수 없는 싸움을 피하는 건 부끄러운 일이 아니다. 남들의 비아냥거림을 감수하면서 고개를 숙이는 건 용기다. 손가락질을 받더라도 이기는 싸움만 해야 하는 이유다. 그것도 싸우지 말고 말이다. 주식이든 부동산이든 투자의 목적을 한 글자로 하면 '돈' 때문이다. 이혼하는 사람들의 60%, 자살하는 사람들의 70%가 돈 때문이라고 한다. 역사를 봐도 이익이 없으면 인간은 한 발짝도 움직이지 않는다. 『한비자』의 비내편에 나오는 말이다.

사람은 착해서 좋은 일을 하는 게 아니다. 왕량은 말을 사랑하기를 자식 대하듯 했다. 왜 그랬겠는가. 부려 먹기 위해서였다. 월왕 구천은 사람을 자식처럼 아꼈다. 전쟁에 쓰기 위해서였다. 의원이 환자의 고름을 빠는 것은 혈육처럼 사랑해서가 아니다. 치료비 덕이다. 수레를 만드는 사람은 사람들이 부귀해지기를 빈다. 수레를 더 많이 팔기 위해서다. 관을 만드는 사람은 사람들이 많이 죽기를 빈다. 악해서 그런 게 아니다. 사람이 죽어야 관이 잘 팔리기 때문이다.

유럽인들이 호주 대륙에 발을 들여놓은 것은 1770년 4월, 영국의 탐험가인 제임스 쿡 선장이 동부 해안을 탐험한 이후다. 발견 초기 영국은 신대륙 호주에 관심이 없었지만, 미국독립전쟁이 벌어지면서 상황은 달라졌다. 영국은 당시 식민지였던 미국을 중죄수 추방용 유형지로 삼고 있었는데, 1776년 미국 독립으로 새로운 유형지가 필요했고 호주에 눈독을 들였다. 1786년 호주의 식민지 뉴 사우스 웨일스의 초대 총독으로 임명된 아서 필립이 이끄는 열한 척의 배로 구성된 선단이 1788년 1월 죄수 732명을 포함한 1,373명을 태우고 시드니 항구에 상륙하면서 본격적인 호주 개척사가 시작되었다. 하지만 죄수들을 호주로 옮기는 과정에서 생각지 못했던 문제가 발생했다. 오랜 항해를 견디지 못한 죄수들이 이송 과정에서 많이 죽은 것이다. 1790년부터 3년간 호주로 출발한 죄수 4,082명 중 498명이 항해 도중 죽었다.

아무리 죄수지만 너무 가혹하다는 비판이 거세지자 영국 정부는 대책 마련에 애쓰다 마침내 묘안을 내놓았다. 죄수 호송비 지급 기준을 기존의 '죄수 1인당 지급'에서 '살아서 도착한 죄수 1인당 지급'으로 바꾸었다. 인센티브 원리를 도입한 것이다. 죄수들이 살아서 도착해야 운임을 더 많이 받을 수 있었기 때문에 항해 과정에서 선장들은 이전과 달리 죄수들의 건강을 내 몸처럼 챙겼다. 그 후 세 척의 배가 422명의 죄수를 이송했는데 사망자는 단 한 명뿐이었다. 그 덕분에 영국은 약 16만 명의 죄수들을 호주로 안전하게 보낼 수 있었다.

마키아벨리의 『군주론』에는 더 섬뜩한 말이 나온다.

"인간이란 부모·형제의 죽음은 쉽게 잊어도, 자기 재산상의 손실은 좀처럼 잊지 못한다."

이는 많은 사람들의 입방아에 오르내리는 구절 중 하나다. 부모·형제가 죽은 것은 시간이 해결해 주지만 자기의 재산상 손해는 두고두고 잊지 못한다는 것이다. 시청률 좀 나온다 하는 드라마의 단골 메뉴들도 이를 증명한다. 부모의 죽음보다 부모가 남긴 재산을 두고 불꽃 튀는 소송전을 벌인다. 진나라 여불위呂不韋도 『여씨춘추呂氏春秋』에서 사람들이 이익을 위해 달려드는 현실을 보며 이렇게 한탄했다.

"인간의 이익에 대한 태도는 마구 날아오는 화살의 빗발도 거슬러 가고, 번뜩이는 칼날 위도 밟고 가며, 사람의 피를 흘리고 간을 빼서라도 이익을 찾는다."

도 랑 치 고 가 재 잡 는 재 개 발 재 건 축

제 7 장

정비구역 해제

01 일몰제로 인한 정비구역 해제 본격화

최근 정비사업이 해제되는 구역이 심심찮게 등장하고 있다. 대도시에서는 한 동네 건너 한 곳이 재개발·재건축 사업장일 정도로 우후죽순 생겨났던 정비구역들이 하나둘 해제되고 있다. 우리나라의 정비사업이 지역의 특성이나 문화 및 역사적 가치들을 뒤로한 채 사업성만 따져 전면철거방식이라는 천편일률적인 사업방식에 대한 피로감이 누적되어 온 결과다. 따라서 투자자 입장에서도 정비구역 해제 여부를 따져봐야 할 시점이다.

2019년 6월 서울 서북권 알짜 사업지로 꼽혔던 은평구 수색·증산뉴타운의 증산4구역이 정비구역에서 해제됐다. 정비구역 일몰제로 인한 제1호 해제구역이다. 증산4구역의 경우 추진위원회가 설립된 이후 조합설립 동의율인 75%를 기간 내 채우지 못하면서 일몰제 연장을 위해 조합원 32%의 동의로 서울시에 신청했지만 결국 정비구역에서 해제되었다.

또한 서울시가 직권해제하여 현재 갈등을 빚고 있는 종로구 사직2구역은 2012년 9월 사업시행인가를 받고 롯데건설을 시공사로 정해 아파트 건축을 추진했지만, 서울시가 2017년 3월 정비구역에서 직권해제해 버렸다. 사직2구역이 한양도성에 인접한 주거지로 역사 문화적 가치 보전이 필요하다는 이유에서였다. 이에 주민들은 2017년 5월 서울 행정법원에 무효소송을 제기했고, 2019년 4월 25일 대법원이 "역사 문화적 가치 보전이라는 사유는 재개발 추진과 직접적인 관계가 없다"며 조합의 손을 들어줬지만 서울시가 쉽게 물러서지 않고 있어 갈등은 계속되고 있다.

이처럼 정비사업이 일정 기간 내에 다음 단계로 진행되지 못하면 시·도지사가 직권으로 구역을 해제하는 경우가 잦아지고 있다. 전면철거 방식의 무분별한 재개발에 제동을 걸겠다는 것이다. 우후죽순 사업장이 늘어나면서 사업이 잘 진행되기도 하지만 간혹 조합원 간 이해관계의 대립이나 정부의 연이은 부동산 규제정책의 여파로 분양이 되지 않고 대출도 막히는 등의 사유로 사업이 지연되는 사업장도 늘고 있다. 게다가 투기과열지구의 민간택지에까지 분양가상한제를 도입하는 '8·12대책'은 부동산 규제정책의 하이라이트였다. 민간택지 분양가상한제는 부동산 정책의 최후 대책이다. 이보다 더 강력한 대책은 없다는 이야기다. 특히 재건축은 해묵은 초과이익환수제 부활 등으로 어려움을 겪고 있다.

사실 그동안은 정비사업이 비교적 순조롭게 진행되어 정비구역 해제 대상 사업장도 적었을 뿐만 아니라 해제 사유가 되어도 조합원들이 연장 신청을 하면 대부분 연장해 주었다. 그러나 최근에는 해제권자가 연장 요청을 받아들이지 않는 추세이다.

게다가 서울은 2020년 3월 도래하는 일몰제로 정비구역 해제는 더욱 늘어날 것으로 보인다. 서울시는 재건축 단지 23곳, 재개발구역 15곳 등 38곳이 일몰제 적용대상인데 이들 사업장의 경우 2020년 3월까지 조합설립인가 신청을 못 하면 구역에서 해제된다. 문제는 서울시의 입장이 그 어느 때보다 적극적이어서 연장 신청을 받아들이지 않고 해제할 가능성이 높다는 것이다.

일몰제로 인한 정비구역 해제는 2020년 3월 본격적으로 실체를 드러

낼 전망이다. 그전에는 정비구역 해제는 일몰제가 아니라 지정권자인 시·도지사의 직권해제나 토지등소유자의 동의에 의해서만 해제되어 왔기 때문이다. 물론 정비구역 해제 후 다시 진행되는 곳도 있지만 한 번 해제되면 사업을 다시 추진하기가 쉽지 않다.

따라서 추진위원회는 승인 후 2년 안에 조합설립인가 신청을 마쳐야 한다. 또 조합을 설립한 뒤에도 3년 안에 사업시행계획인가를 신청하지 못하면 역시 정비구역에서 해제될 수 있다. 앞으로 증산4구역과 유사한 사례가 더 늘어날 것으로 예측되고 있다. 2012년 1월 31일 이전에 정비구역으로 지정된 곳은 2020년 3월까지 조합설립인가를 신청해야 하기 때문이다.

부산의 경우에도 정비구역으로 지정된 곳은 150여 곳을 육박한다. 정비구역으로 지정되면 해당 구역 내 조합원들은 여러 가지 규제를 받게 된다. 속된 말로 내 집이지만 내 맘대로 할 수 없고, 내 땅이지만 손을 댈 수 없고 물건을 쌓아놓는 것도 못 한다. 정비구역이 지정되는 순간 〈도시정비법〉 제19조 및 시행령 제15조에 의거 건축물의 건축, 공작물 설치, 토지 형질변경, 토석 채취, 토지 분할, 심지어 나무를 심거나 베는 일, 나대지에 물건을 쌓아놓는 것도 허가를 받아야 하기 때문이다. 한마디로 손대지 말고 가만히 놔두라는 의미다. 이처럼 정비구역이 지정되면 재산상 규제가 가해지는데 그나마 사업이라도 빨리 진행되면 불편함과 피해가 덜하지만 조합원 간 이해가 대립하여 사업이 지연되기라도 하면 주택 보수 등을 하지 못하기 때문에 금방 동네가 흉흉해진다.

그래서 〈도시정비법〉에서는 2012년 1월 31일 이전에 정비구역으로 지정된 곳은 사업이 일정기간 진척이 없으면 정비구역을 해제할 수 있도록 하고 있다. 정비구역 일몰제다. 일몰제란 시간이 지나면 해가 지듯이 법률이나 각종 규제의 효력이 일정기간 지나면 자동적으로 없어지도록 하는 제도이다. 입법이나 제정 당시와 여건이 달라져 법률이나 규제가 필요 없게 된 이후에도 한 번 만들어진 법률이나 규제는 좀처럼 없어지지 않는 폐단을 없애기 위해 도입된 것이다. 일몰제는 법적 용어는 아니지만 전면철거라는 정비사업을 방지하기 위해 일몰제와 연계한 정비구역 해제가 본격화될 전망이다. 〈도시정비법〉 제20조에서는 다음과 같은 사유가 발생할 경우에는 직권으로 해제해야 한다는 강행규정을 두고 있다.

〈도시 및 주거환경정비법〉 제20조
1. 정비예정구역에 정비구역지정 예정일부터 3년이 되는 날까지 시장·도지사·군수 등이 정비구역을 지정하지 않거나, 구청장 등이 지정을 신청하지 않은 경우
2. 조합이 시행하는 재개발, 재건축사업 중 다음 하나에 해당하는 경우
  ㉠ 토지등소유자가 정비구역으로 지정·고시된 날부터 2년 이내에 추진위원회 승인신청을 하지 않은 경우
  ㉡ 토지등소유자가 정비구역으로 지정·고시된 날부터 3년 이내에 조합설립인가를 신청하지 않은 경우
  ㉢ 추진위원회가 추진위원회 승인일부터 2년이 되는 날까지 조합설립인가를 신청하지 않은 경우
  ㉣ 조합이 조합설립인가를 받은 날부터 3년 이내에 사업시행인가를 신청하지 않은 경우
3. 토지등소유자가 시행하는 재개발사업으로 정비구역으로 지정·고시된 날부터 5년 이내 사업시행인가를 신청하지 않은 경우

다음 〈표 39〉에서 보듯이 전체적으로 정비구역 해제요건은 아홉 가지 경우가 있는데, 이 중 ⑥의 경우가 특이하다. 대부분 정비사업은 조합 시행방식으로 진행하는데 토지등소유자 시행방식이기 때문인데, 이

경우에는 정비구역지정·고시된 날부터 5년이 되는 날까지 사업시행인가 신청을 하지 아니하는 경우에 정비구역이 해제된다.

그리고 ①~⑧의 공통점은 지정 기간 내에 '조합설립인가, 사업시행인가를 받아야 한다'가 아니라 '조합설립인가 신청, 사업시행인가 신청'처럼 신청을 하지 아니한 경우이므로 유의해야 한다. ⑨의 경우 추진위원회 승인이 취소되거나 조합설립인가가 취소되는 경우에는 당연히 해제된다.

또한 정비구역의 지정권자는 〈도시정비법〉 제21조에 의거 다음 중 하나에 해당하는 경우 지방도시계획위원회의 심의를 거쳐 정비구역 등

〈표 39〉 정비예정구역 해제요건

구분	해제요건
정비예정구역	① 기본계획에서 정한 정비구역지정예정일부터 3년이 되는 날까지 정비구역지정신청을 하지 않는 경우
• 주택정비형 재개발사업 • 주택재건축사업	② 정비구역지정·고시된 날부터 2년이 되는 날까지 조합설립추진위원회 승인신청을 하지 아니하는 경우 ③ 정비구역지정·고시된 날부터 3년이 되는 날까지 조합설립인가 신청을 하지 아니하는 경우(공공관리 시행에 따라 추진위원회를 구성하지 아니하는 경우) ④ 추진위원회 승인일부터 2년이 되는 날까지 조합설립인가 신청을 하지 아니하는 경우 ⑤ 조합설립인가를 받은 날부터 3년이 되는 날까지 사업시행인가 신청을 하지 아니하는 경우
도시정비형 재개발사업	⑥ 토지등소유자가 시행하는 경우로써 정비구역지정·고시된 날부터 5년이 되는 날까지 사업시행인가 신청을 하지 아니하는 경우 ⑦ 조합이 시행하는 경우로써 추진위원회 승인일부터 2년이 되는 날까지 조합설립인가 신청을 하지 아니하는 경우 ⑧ 조합이 시행하는 경우로써 조합설립인가를 받은 날부터 3년이 되는 날까지 사업시행인가 신청을 하지 아니하는 경우
기타	⑨ 추진위원회의 승인 또는 조합설립인가가 취소되는 경우

을 해제할 수 있고, 구체적인 기준 등 필요한 사항은 시·도 조례로 정한다.

㉠ 정비사업의 시행으로 토지등소유자에게 과도한 부담이 발생할 것으로 예상되는 경우
㉡ 정비구역 등의 추진 상황으로 보아 지정 목적을 달성할 수 없다고 인정하는 경우
㉢ 토지등소유자의 30% 이상(추진위원회 구성되지 아니한 구역)이 해제를 요청하는 경우
㉣ 주거환경개선사업(현지개량방식)의 정비구역이 지정·고시된 날부터 10년 이상 경과하고, 추진 상황이 지정 목적을 달성할 수 없다고 인정되는 경우 중 토지등소유자 2/3 이상이 해제에 동의하는 경우

정비구역을 해제하여 추진위원회 구성 승인 또는 조합설립인가가 취소되는 경우 지정권자는 정비구역이 해제될 경우 사용한 비용의 일부, 즉 매몰비용을 대통령령이 정하는 범위에서 시·도 조례로 정하여 보조할 수 있다. 동법 제21조의 본 조항은 지정권자가 직권으로 해제할 수 있는 경우이다. 강행규정은 아니고 임의규정이다.

02 부산지역 정비구역 해제 현황

부산 역시 서울과 마찬가지로 정비구역 해제가 늘어나고 있는데 가장 큰 이유는 출산율 감소와 고령화가 두드러져 공급량을 제한하려는 것이 일차적 목표다. '2018 인구주택총조사' 결과를 보면, 부산시 인구는 2018년 한 해에만 전년 대비 0.6%인 2만 2,000명이 감소했다. 게다가 집값도 2018년 8월 현재 무려 100주 연속 하락하고 있다. 민선 7기 오거돈 시장이 취임한 후 정비사업의 용적률 인센티브를 축소하는 등 공공성을 강화하는 것도 이와 무관하지 않다.

다음의 〈표 40〉은 2013년 1월부터 2018년 11월까지 부산의 정비구역 해제 현황을 보여주고 있다. 정비구역이 해제된 연도별로 보면, 2013년부터 시작해 재개발·재건축 정비구역에서 해제되는 지역이 증가하기 시작했다. 2013년에는 10곳이, 2014년에는 11곳이 재개발·재건축구역에서 해제되었다. 2015년에는 해제된 구역이 급격히 늘어 26곳이 해제됐고, 2016년에는 12곳, 2017년에는 7곳 그리고 2018년에는 3곳이 해제되었다.

2012년부터 재개발·재건축 사업추진 절차가 미진한 지역에 얼마간의 시간이 지나면 자동으로 이를 해제하는 '일몰제'를 적용했는데, 이 때문에 2015년부터 재개발·재건축 정비구역에서 해제되는 곳이 증가한 것이다. 재개발·재건축 구역지정일로부터 2년 동안 추진위원회가 설립되지 않거나 추진위원회가 설립된 후 2년간 조합이 설립되지 않으면 일몰제가 적용돼 해제된다. 조합 구성 후 3년간 사업시행인가를 받지 못하는 경우에도 정비구역에서 해제된다.

해제년도	해제순서	구역명	구분	
			재개발	재건축
2013	1	우암4	○	
	2	구포9	○	
	3	감천1	○	
	4	장전2	○	
	5	장전4	○	
	6	남포1	○ (도시)	
	7	초량1-2	○ (도시)	
	8	온천1	○	
	9	구포5	○	
	10	구포6	○	
2014	11	당감3	○	
	12	당감8	○	
	13	좌천3	○	
	14	용호4	○	
	15	초량1-4	○ (도시)	
	16	온천2-3	○ (도시)	
	17	장전6	○	
	18	부암2	○ (도시)	
	19	전포2-2	○	
	20	우암3	○	
	21	문현5	○	

	22	주례4	○	
	23	주례3	○	
	24	괘법2	○ (도시)	
	25	모라1	○	
	26	감전2	○	
	27	감전1	○	
	28	모라1		○
	29	당감10	○	
	30	남천1		○
	31	광안3	○	
	32	민락2	○	
	33	동삼1		○
2015	34	남항1	○ (도시)	
	35	범일1	○	
	36	주례1		○
	37	학장1		○
	38	온천2		○
	39	사직3		○
	40	명장1		○
	41	명장2		○
	42	감만2	○	
	43	전포4	○	
	44	만덕1	○	
	45	구포4	○	
	46	부암4	○	
	47	암남1	○	

연도	번호	구역명		
2016	48	범천3	○	
	49	구포8	○	
	50	구포1	○ (도시)	
	51	덕천4		○
	52	수정1		○
	53	당감1	○	
	54	용호5	○	
	55	남부민1		○
	56	남부민2	○	
	57	구포2	○	
	58	엄궁2	○	
	59	괘법1	○	
2017	60	암남2	○	
	61	구포7	○	
	62	당감7	○	
	63	부전4	○ (도시)	
	64	전포3	○	
	65	부암2	○	
	66	삼락1	○	
2018	67	당감9	○	
	68	연산2		○
	69	연산3		○
합계			55	14

* 주1 : 부산광역시 정비사업통합홈페이지 자료(2018.11. 기준)
* 주2 : (도시)는 도시정비형재개발(구 도시환경정비사업)을 의미함

2013년부터 2018년 11월까지 부산의 재개발·재건축구역 해제 현황을 16개 구군별로 보면 다음과 같다.

부산진구	14	수영구	3 (재건축 1 포함)
사상구	12 (재건축 1 포함)	금정구	3
북구	10 (재건축 4 포함)	영도구	2 (재건축 1 포함)
남구	6	연제구	2 (재건축 2 포함)
동래구	6 (재건축 4 포함)	사하구	1
동구	5	중구	1
서구	4 (재건축 1 포함)	이상 총 69개 지역(재건축 14 포함)	

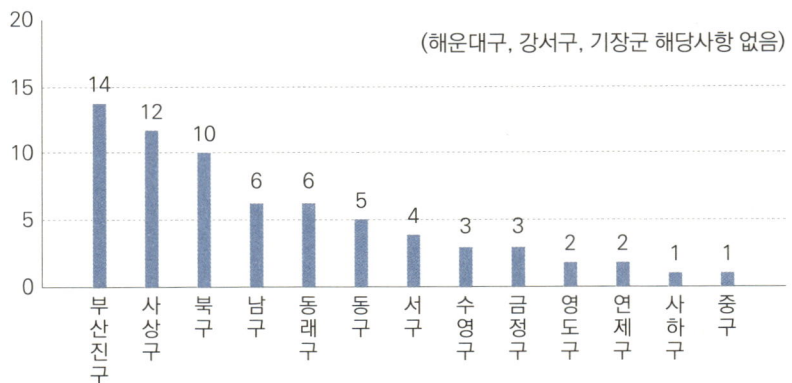

 부산지역의 재개발·재건축은 2013년부터 6년여간 전체적으로 69곳에서 정비구역이 해제되었다. 해제구역을 세분해서 보면 부산진구가 14곳으로 가장 많고 북구가 10곳으로 뒤를 이었다. 남구와 동래구는 각 6곳이었고 동구가 5곳, 다음으로 서구 4곳, 수영구와 금정구가 각 3곳, 영도구와 연제구가 각 2곳이었으며, 사하구와 중구는 각 1곳이 해제되었다. 해운대구와 강서구, 기장군은 해제된 구역이 없었다. 같은 기간

재건축은 총 14곳에서 해제되었는데 북구와 동래구가 각 4곳으로 가장 많았고 연제구가 2곳으로 뒤를 이었으며, 사상구, 수영구, 서구, 영도구가 각 1곳으로 나타났다.

참고로 〈부산시 정비사업 통합홈페이지〉 자료에 의하면, 2019년 6월 기준 부산에서 추진 중인 재개발 정비구역은 모두 129곳이다. 이 중 8곳이 정비구역지정 과정에 있고 6곳은 추진위원회가 설립됐다. 18곳은 조합설립까지 마쳤고 8곳은 사업시행인가를 받은 상태다. 관리처분계획인가를 받은 곳은 24곳이고, 28곳은 착공에 들어갔다. 37곳은 공사를 마쳤다. 반면 재건축은 전체 89곳 가운데 26곳은 추진위원회가 승인되지 않은 상태이고 12곳은 추진위원회 승인을 받았다. 11곳은 정비구역으로 지정됐고, 10곳은 조합이 설립된 상태이다. 그리고 사업시행인가를 받은 곳은 2곳이며 4곳은 관리처분계획인가를 받았다. 4곳은 착공했고 20곳은 이미 사업이 끝났다.

부산 역시 앞으로는 재개발·재건축 방식이 변경되면서 새롭게 지정되는 재개발·재건축 구역은 별로 없을 것이다. '2030 도시정비기본계획'에 따라 주민이 원할 경우 등과 같이 정비구역지정요건 자체를 강화하고 있다. 게다가 용적률을 줄이고 고층 고밀도를 지양하는 등 심사가 현재보다 까다로워지고 있다.

하지만 부산의 노후 아파트 비율은 다른 지자체에 비해 최대 2배에 이른다. 그만큼 신규 주택 공급이 원활하지 못했다는 반증이다. 국토교통부 자료에 의하면, 사용승인 후 20년이 지난 부산의 노후 아파트 비율은 36%에 달한다. 특히 사상구는 그 비율이 60%에 달해 노후 아파트가 가장 많았고, 이어 영도구 58%, 사하구가 54%로 뒤를 이었다. 그리고 해운대구 51%와 47%인 북구 순이었다.

일반적으로 노후 아파트 비율이 높은 지역은 새 아파트를 선호하는 잠재수요자들이 많은 것을 가늠하는 척도가 된다. 또 상대적으로 새 아파트의 공급이 원활하게 이뤄지지 않았다는 반증이자 재개발·재건축 등의 정비사업이 활발히 진행될 가능성이 크다는 뜻이기도 하다. 사업 지연이라는 악재를 딛고 최근 관리처분인가가 난 사상구 덕포1구역 재개발에 관심이 집중되는 이유다. 〈금융결제원〉에 따르면, 지난 2009년부터 현재까지 부산에서 일반분양된 새 아파트는 14만 1,660가구에 달했지만, 강서구와 기장군 등 신도시 위주로 공급이 이루어져 일부 지역에 물량이 집중되는 현상을 보였다. 반면 사상구, 중구, 영도구 등 지역에는 신규 공급이 거의 없었다.

앞서 서울시의 경우 해제 사유가 발생하면 토지등소유자 30%의 동의를 얻어 연장 신청을 하더라도 이를 받아들이지 않고 직권해제한 것에서 볼 수 있듯, 부산지역도 향후 해제사유가 되면 연장 신청에도 불구하고 직권으로 해제할 가능성이 높아 보인다. 그렇다고 지정권자가 무턱대고 해제할 수는 없고 〈도시정비법〉 제20조에서 정한 해제사유에 해당되어야 해제가 가능하다.

물론 해제사유에 해당되더라도 해제종료일 전에 토지등소유자의 30% 이상의 동의로 해당 연장을 요청할 수 있다. 이때 해당 구역의 추진 상황으로 보아 주거환경의 계획적 정비 등을 위하여 정비구역 등의 존치가 필요하다고 인정되는 경우에는 2년 이내로 연장해 줄 수 있지만 이것은 어디까지나 강행규정이 아니라 임의규정이기 때문에 지정권자의 의지가 중요하다.

정비구역에서 해제되는 구역은 대부분 정비사업 초기단계에서 상당 기간 사업진행이 되지 않는 구역이 대상이며, 해제권자는 원칙적으로 부산시장이지만 구청장 및 토지등소유자가 부산시장에게 해제를 요청하거나 부산시장이 직권으로 해제할 수 있다. 물론 정비구역에서 해제되면 각종 규제도 함께 사라지게 되므로 토지등소유자나 건설사가 직접 개발하거나 지역주택조합 등을 설립하여 개발할 수는 있다. 2015년 9월 16일 동래구 럭키아파트 재건축이 주민들의 사업추진 의지가 낮아 해제된 바 있지만 최근 다시 추진하고 있다. 또한 남구 대연8구역 재개발의 경우에도 2020년 3월까지 조합설립인가 신청을 하지 않으면 해제사유가 된다.

부산의 재개발구역 중 오거돈 부산시장이 들어서 가장 잡음이 심한 곳은 부산시민공원 주변 재정비촉진구역(촉진1, 2-1, 3, 4) 재개발이다. 2008년 부산시가 공청회와 주민공람 및 관계기관과의 합의를 거쳐 확정하여 원만하게 진행되는 듯했다. 그러나 2018년 7월 시민공원 주변 재정비촉진구역 재개발에 대한 경관심의가 '유보'되는 결정이 나오자 사업은 거의 중단상태가 되었다.

부산시민공원은 우선 규모가 어마어마하다. 총면적 53만㎡에 이르며 하야리아 미군 부대가 철수한 자리에 들어선 부산의 대표 공원이자 시민들이 가장 많이 찾는 도심 한복판에 있는 공원이다. 부산시는 기존의 합의가 있었더라도 이미 10년 전의 일이고, 주변 환경이나 시민들의 의식이 많이 변경되었기 때문에 새로운 사회적 합의가 필요하다는 것이다. '도시계획과 건축정책의 공공성 강화'라는 오거돈 시장의 도시계획 정책의 기본 방향과도 맞물린다. 공원이란 특정인의 전유물이 되어서는 안 되고 모든 시민들이 즐길 수 있는 쉼터가 되어야 하는 것은 당연하다.

시민공원 주변 재개발로 인해 60층 이상의 고층아파트가 공원을 둘

러싼다면 시민들의 접근성 및 조망 면에서도 제한을 받게 된다. 시민 대다수는 공원이 주변의 고층아파트들의 앞마당으로 전락할 우려가 있는 재개발을 반대하거나 용적률을 대폭 낮추라는 것이다. 기존 용적률대로 공사를 강행하겠다는 조합과 시민들의 반대 사이에서 이러지도 저러지도 못하던 부산시는 장고 끝에 묘책을 도출했다. 바로 시민자문위원회다. 교수, 시민단체 등으로 구성된 시민자문위원회의 결정을 가급적 수용하겠다는 것이다. 3개월여의 논의 끝에 2019년 8월 시민자문위원회는 용적률 5~5.5% 인하 등을 내용으로 하는 1차 결론을 도출했지만 부산시는 미흡하다고 보고 계속 협의를 진행 중이다.

스카이라인 확보와 용적률 인하는 불가피할 것으로 보이지만 어떤 식으로 결론 날지는 미지수다. 이는 오거돈 시장의 탓만은 아니고 시장이 누가 되었든 공공성 강화라는 도시계획의 기본 정책은 더욱 강화될 것이다. 이는 재개발사업이 지지부진한 경우 과거와 달리 직권으로 해제시키는 사업장이 늘어나는 추세와 무관치 않다.

결론적으로 향후 정비구역 해제는 지정권자의 의지가 강해 일몰제로 인한 정비구역 해제가 빈번할 것으로 전망된다. 물론 전면철거방식이라는 우리나라 정비사업에 제동을 거는 동시에 철거와 보존을 겸비한 정비사업으로의 전환점이 될 것이다.

아무튼 정비구역이 해제되면 당연히 정비계획으로 인해 변경되었던 용도지역 및 정비기반시설 등은 정비구역지정 이전의 상태로 환원된 것으로 본다. 또한 정비구역의 지정권자는 해제된 정비구역 등을 주거환경개선구역(현지개량방식인 경우)으로 지정할 수 있다. 그리고 추진위원회 구성 승인 또는 조합설립인가는 취소된 것으로 보고, 시장·군수 등은 해당 지방자치단체의 공보에 그 내용을 고시하여야 한다.

〈도시정비법〉 제22조
① 제20조 및 제21조에 따라 정비구역 등이 해제된 경우에는 정비계획으로 변경된 용도지역, 정비기반시설 등은 정비구역지정 이전의 상태로 환원된 것으로 본다. 다만, 제21조제1항제4호의 경우 정비구역의 지정권자는 정비기반시설의 설치 등 해당 정비사업의 추진 상황에 따라 환원되는 범위를 제한할 수 있다.
② 제20조 및 제21조에 따라 정비구역 등(재개발사업 및 재건축사업을 시행하려는 경우로 한정한다. 이하 이 항에서 같다)이 해제된 경우 정비구역의 지정권자는 해제된 정비구역 등을 제23조제1항제1호의 방법으로 시행하는 주거환경개선구역(주거환경개선사업을 시행하는 정비구역을 말한다. 이하 같다)으로 지정할 수 있다. 이 경우 주거환경개선구역으로 지정된 구역은 제7조에 따른 기본계획에 반영된 것으로 본다.
③ 제20조제7항 및 제21조제2항에 따라 정비구역 등이 해제·고시된 경우 추진위원회 구성승인 또는 조합설립인가는 취소된 것으로 보고, 시장·군수 등은 해당 지방자치단체의 공보에 그 내용을 고시하여야 한다.

정비구역이 해제될 경우 가장 문제가 되는 것은 매몰비용이다. 정비구역 해제로 추진위원회 승인 및 조합설립인가는 취소된 것으로 보며, 지정권자는 매몰비용의 일부를 시·도 조례로 지원할 수 있다. 재개발사업 매몰비용 부담과 관련하여 우리나라의 첫 판결은 부산 북구 금곡2-1구역이다. 2018년 8월 시공사로 신동아건설이 선정되어 사업시행인가를 앞두고 있다. 공급 물량은 300여 가구로 작은 편이지만 율리역과 접한 초역세권이라는 게 가장 큰 장점이다.

금곡2-1구역은 당초 2008년 6월 사업시행인가까지 받았지만 건설경기 위축 등으로 사업진행이 여의치 않자 조합원들 스스로 조합을 해산시켰다. 조합이 해산되자 당시 시공사였던 일동건설이 조합원들을 상대로 매몰비용을 돌려달라는 소송을 제기했지만 총회 결의 없이는 이미 투입된 비용을 조합원들에게 부담시킬 수 없다는 판결이 나왔는데, 이것이 조합원의 매몰비용 분담 의무에 대한 우리나라 최초의 판결이다. 재판부는 "조합원들이 납부할 금액과 징수 방법은 총회 의결을 거쳐야 하는데, 거친 적이 없다"며, "조합 정관의 조합원 비용납부 의무 조항이나 시공사선정에 대한 총회로는 이를 갈음할 수 없다"고 판단했다. 매몰비용을 조합원들에게 부담시키려면 조합 총회 의결을 거쳐야 한다는 것이다.

03 정비구역 해제 후 재지정되는 경우

정비구역에서 해제되었으나 입지가 우수하거나 주변 환경의 변화로 다시 정비구역으로 지정되는 경우도 있다. 정비구역 해제 후 다시 정비구역으로 지정되는 경우 다른 절차는 동일하지만 문제가 되는 것은 조합원 분양자격 산정을 어느 시점으로 할 것인가이다. 이때 분양자격은 재지정일 기준이 아니라 당초 지정일을 기준으로 한다.

> 어느 재개발구역의 조합원 P는 구역 내 노후화된 다가구주택을 소유하다 2015년 3월 구역지정이 해제되자 2017년 5월 다가구주택을 헐고 그 자리에 다세대주택을 신축하여 8세대에게 분양했다. 구역이 재지정될 경우 분양자격은 어떻게 될까.

일자	내용	면적
2005.11.	정비구역지정	10만㎡
2015.3.	정비구역 해제	-
2017.5.	조합원 P가 다가구주택을 다세대주택으로 신축하여 8세대에게 분양	-
2018.11.	정비구역 재지정	12만㎡(20% 증가)

원칙적으로는 P에게 주어지는 분양자격은 1개이다. 정비구역 재지정의 경우, 분양자격산정 기준일은 재지정일이 아니라 최초지정일인 2005년 11월이 기준이 된다. 그리고 면적이 최초 지정 당시에는 10만㎡였으나 재지정되면서 20%가 새로 편입되면서 12만㎡가 되었다.

이 경우 증가한 2만㎡에 대한 권리산정 기준일을 언제로 할 것인가도 문제다. 이 경우에도 증가한 면적에 대한 권리산정 기준일 역시 재지정일이 아니라 최초 구역지정일인 2005년 11월 기준이다. 동일 구역 내에서 서로 다른 권리산정 기준일을 적용할 수 없기 때문이다. 물론 현장에서 실무적으로는 P와 같은 사례가 많을 경우, 조합설립 동의율을 맞추기 어려워 사업이 무산될 수 있기 때문에 조합 정관으로 별도의 분양자격을 규정하여 8명에게 분양자격을 주거나 아니면 보류지로 대체하는 것이 일반적이다.

결론적으로 향후 재개발·재건축에 투자하려면 구역지정 무렵에 선투자하여 대박을 꿈꾸기보다 최소한 조합설립인가가 난 사업장 중에 선별 투자하는 것이 바람직하다.